하이퍼레저
프로젝트 완전정복

- 패브릭부터 인디까지 -

역자소개

금오공과대학교 컴퓨터공학과를 졸업하고, 포항공대 전산학과에서 그리드 컴퓨팅 보안으로 석사 학위를, 한국과학기술원 전산학과에서 모바일 컴퓨팅 프라이버시로 박사 학위를 받았다.

15년간 ETRI 인증기술연구팀에서 사용자 인증 기술 분야의 다양한 프로젝트를 수행했고, 국가연구개발 우수성과 100선에 3과제 연속으로 선정되었다.
2017년부터 블록체인 기반 ID 관리 기술 과제를 수행했고, 본인이 개발한 기술이 ETRI에서 블록체인 분야로 기술이전되는 첫 번째 기술이 되었다.
지금은 블록체인 기술의 실무 적용 및 상용화에 관심을 두고, 스타트업에서 프라이빗 블록체인 기반 수익형 부동산 거래소를 개발하고 있다.

IT 전반 기술과 보안 분야에 관심이 있으며, 옮긴 책으로 '파이썬 예제와 함께하는 **강화학습 입문**(홍릉과학출판사)'이 있다.

하이퍼레저 프로젝트 완전정복

- 패브릭부터 인디까지 -

Xun (Brian) Wu · Chuanfeng Zhang · Andrew Zhang 지음
김승현 옮김

최신 하이퍼레저 블록체인 프레임워크를 활용한 다양한 예제 수록

Packt>

홍릉과학출판사

Hyperledger Cookbook

by Xun(Brian) Wu, Chuanfeng Zhang, Andrew Zhang

Copyright © Packt Publishing 2019.
First published in the English language under the title 'Hyperledger Cookbook - (9781789534887)'
Korean Translation Copyright © 2020 by HongReung Science Publishing co.
All rights reserved.

The Korean edition was published by arrangement with Packt Publishing Ltd. through Agency-One, Seoul.

패브릭부터 인디까지
하이퍼레저 프로젝트 완전정복

인 쇄: 2020년 1월 10일 초판 1쇄	역자와의
발 행: 2020년 1월 20일 초판 1쇄	협의하에
	인지생략

역 자: 김승현
발행인: 송 준
발행처: 홍릉과학출판사
주 소: 01093 서울시 강북구 인수봉로 50길 10
등 록: 1976년 10월 21일 제5-66호

전 화: 02-999-2274~5, 903-7037
팩 스: 02-905-6729
e-mail: hongpub@hongpub.co.kr
http://www.hongpub.co.kr
ISBN: 979-11-5600-717-3

정 가: 25,000원

낙장 및 파본은 구입처나 본사에서 교환하여 드립니다.

이 책의 한국어판 저작권은 에이전시 원을 통해 저작권자와의 독점 계약으로 홍릉과학출판사에 있습니다.
저작권법에 의해 한국 내에서 보호를 받는 저작물이므로 무단전재와 무단복제를 금합니다.

서문

Hyperledger는 블록체인을 구축하고 실험하기 위한 프로젝트로, 모듈식 오픈소스 프레임워크 및 도구로 구성됩니다. 이 책에서는 모든 Hyperledger 프로젝트에 대한 실습을 제공하고 관련 사례를 소개합니다. Fabric, Sawtooth, Burrow, Iroha, Indy 등 다양한 허가형 비즈니스 블록체인 기술뿐만 아니라 Composer, Explorer, Caliper 등 블록체인 프레임워크와 함께 작동하는 도구도 배울 수 있습니다.

각 장에는 여러분들이 Hyperledger 블록체인과 도구에 익숙해지도록 도와주는 예제들이 포함되어 있어서, Hyperledger 기술을 여러분의 문제에 적용하는 데 도움이 될 것입니다.

이 책이 필요하신 분들은

이 책은 Hyperledger를 배우고 싶은 블록체인 개발자를 대상으로 합니다. 분산원장 네트워크, 스마트 컨트랙트 엔진, 클라이언트 라이브러리, Hyperledger 기술의 다양한 도구를 활용하는 풍부한 예제를 통해, 블록체인 개발자는 기업용 분권화^{decentralized} 분산원장 시스템을 신속히 개발할 수 있습니다.

숙련된 블록체인 개발자의 경우, 이 책에서 다루는 예제를 통해 기업용 블록체인을 선택하고 구축하는 방법 및 비즈니스 유즈케이스를 만족하는 새로운 접근법을 얻을 수 있습니다.

이 책이 다루는 것들은

1장, 'Hyperledger Fabric 구동'은 기본 Fabric 아키텍처 및 구성 요소를 살펴봅니다. Fabric 설치, Fabric 네트워크 구축, 채널에 조직 추가, CouchDB와 통합, 첫 Fabric 어플리케이션 작성 예제를 다룹니다.

2장, '**Hyperledger Fabric 구현**'은 간단한 디바이스 관리 DApp 개발을 설명합니다. 이 장은 체인코드 스마트 컨트랙트의 설계 및 작성, Fabric 체인코드의 컴파일 및 배포, 스마트 컨트랙트의 실행 및 테스트, 클라이언트 SDK API를 통한 Hyperledger Fabric 체인코드와의 연동 방법을 예제로 다룹니다.

3장, '**Hyperledger Composer로 비즈니스 네트워크 모델링**'은 Composer로 유즈케이스 개발, Composer 모델 언어로 블록체인 비즈니스 네트워크 구축, Composer CLI로 BNA 배포/테스트/내보내기^{export}, SDK를 통한 Composer와의 연동 방법을 예제로 다룹니다.

4장, '**Hyperledger Fabric과 Explorer의 통합**'은 Hyperledger Explorer의 설치/설정/구성, Hyperledger 프레임워크와의 통합, Hyperledger Explorer 어플리케이션 실행 예제를 다룹니다.

5장, '**Hyperledger Sawtooth 구동**'은 Hyperledger Sawtooth와 함께 DApp 설치/배포/실행을 위한 예제를 다룹니다. Hyperledger Sawtooth의 모듈식 아키텍처, 분산원장, 분산 데이터 스토리지, 분권화 컨센서스, 트랜잭션 프로세서 구축, 네임스페이스 및 주소 디자인, Sawtooth 네트워크의 권한 부여, Sawtooth RestAPI와 SDK로 클라이언트 어플리케이션 개발 예제를 보입니다.

6장, '**Hyperledger Burrow로 Ethereum 스마트 컨트랙트 운영**'은 Solidity로 스마트 컨트랙트 작성, Burrow에서 Ethereum 스마트 컨트랙트 배포 및 연동, Seth CLI와 RPC로 스마트 컨트랙트 호출, Seth에서 외부 소유 계정 생성 예제를 다룹니다. 또한 Ethereum EOA 권한, Seth의 컨트랙트 계정을 설명합니다.

7장, '**Hyperledger Iroha 구동**'은 Hyperledger Iroha 설치 및 구성, 클라이언트 라이브러리로 Hyperledger Iroha와의 연동과 예제를 다룹니다. 또한 Iroha CLI를 사용하여 암호화폐를 생성하는 예제를 제공합니다.

8장, '**Hyperledger Indy 구동**'은 Hyperledger Indy 설치, Hyperledger Indy로 Indy CLI 탐색 예제를 다룹니다.

9장, '**Hyperledger 블록체인 확장성 및 보안**'은 Hyperledger Caliper를 사용한 Hyperledger

블록체인 성능 측정, 확장성이 뛰어난 Hyperledger 블록체인 설계 및 구현, Fabric CA로 안전한 Hyperledger 컨소시엄 네트워크 구축 예제를 다룹니다.

부록, 'Hyperledger **블록체인 생태계**'는 분산원장 기술과 허가형 블록체인을 잘 모르는 독자를 대상으로 합니다. Hyperledger 생태계의 중요한 기술 설계 방법론인 Hyperledger 블록체인 개념, 실제 유즈케이스를 통한 Hyperledger 기술 적용 시점을 다룹니다.

이 책을 최대한 활용하려면

블록체인 기술 및 암호 개념, JavaScript/Go/Python 프로그래밍 언어, 쉘 명령어와 같은 유닉스 기술, Amazon AWS와 같은 클라우드 환경에서의 어플리케이션 구동 및 실행 흐름을 간단히 알고 계신다면, 이 책의 예제를 이해하는데 도움이 될 것입니다.

예제 코드를 다운받으려면

PACKT사 공식 홈페이지(www.packt.com)에서 여러분의 계정으로 이 책의 예제 코드 파일을 다운로드 할 수 있습니다. 이 책을 다른 곳에서 구입한 경우 www.packt.com/support를 방문하여 등록하면, 예제 코드 파일을 이메일로 직접 받을 수 있습니다.

다음 단계에 따라 코드 파일을 다운로드 할 수 있습니다.

1. www.packt.com에 로그인하거나 회원가입 합니다.
2. **SUPPORT** 탭을 선택합니다.
3. '**Code Downloads & Errata**'를 클릭합니다.
4. **Search**에 책 이름을 입력하고 화면의 지시를 따릅니다.

파일을 다운로드한 뒤, 운영체제 별로 최신 버전의 압축 프로그램을 사용하여 압축을 풉니다.

- Windows: WinRAR, 7-Zip
- Mac: Zipeg, iZip, UnRarX

- Linux: 7-Zip, PeaZip

이 책의 코드 번들은 GitHub에서도 호스팅됩니다. 주소는 `https://github.com/PacktPublishing/Hyperledger-Cookbook`입니다. 코드가 업데이트되면, GitHub 저장소에도 업데이트됩니다.

또한 `https://github.com/PacktPublishing/`에서 제공되는 다양한 서적 및 비디오 카탈로그의 코드 번들도 있습니다. 확인해 보세요!

사용된 표기법

이 책 전체에서 여러 가지 표기법을 사용했습니다.

`CodeInText`: 텍스트, 데이터베이스 테이블 명, 폴더 명, 파일 명, 파일 확장자, 경로 명, 더미 URL, 사용자 입력, Twitter 핸들의 코드 단어를 표시합니다. 예를 들어, npm은 다음과 같이 표시됩니다. "Node.js, npm, Python 설치"

코드 블록은 다음과 같이 설정됩니다.

```
type Chaincode interface {
    Init (stub ChaincodeStubInterface) pb.Response
    Invoke (stub ChaincodeStubInterface) pb.Response
}
```

모든 커맨드라인^{command-line} 입력 또는 출력은 다음과 같이 작성됩니다.

```
$ sudo apt-get update
```

볼드체: 새로운 용어, 중요한 단어, 컴퓨터 화면에 보이는 단어를 표시합니다. 예를 들어 메뉴나 대화 상자의 단어가 볼드체로 표시됩니다. "**Query Chaincode** 버튼을 클릭하십시오."

경고 또는 중요 참고 사항은 이렇게 표시됩니다.

팁과 요령은 이렇게 표시됩니다.

섹션

이 책에는 자주 등장하는 몇 가지 제목이 있습니다(사전 준비, 수행 절차, 작동 원리, 추가 정보, 참고 사항).

정확한 방법으로 예제를 완성하고 싶다면, 다음의 섹션 제목들이 가리키는 대로 따라와 주십시오.

사전 준비

이 섹션은 예제에서 예상되는 내용, 예제에 필요한 준비물을 설정하는 방법을 설명합니다.

수행 절차

이 섹션에는 예제를 수행하는데 필요한 단계를 설명합니다.

작동 원리

이 섹션은 이전 섹션(수행 절차)의 결과물을 자세히 설명합니다.

추가 정보

이 섹션은 예제를 더 잘 이해하기 위한 추가 정보를 제공합니다.

참고 사항

이 섹션은 예제와 관련된 유용한 정보의 링크를 제공합니다.

연락하기

독자의 의견은 언제나 환영합니다.

일반적인 피드백: 이 책의 내용에 대해 궁금한 점이 있으면, 이메일 제목에 책 제목을 적어서 customercare@packtpub.com으로 보내주십시오.

정오표errata: 책 내용의 정확성을 보장하기 위해 모든 주의를 기울였지만 실수는 발생하기 마련입니다. 이 책의 실수를 발견했다면 우리에게 알려 주시길 부탁드립니다. www.packt.com/submit-errata를 방문하여 책을 선택하고, 정오표 제출 양식 링크를 클릭한 후 세부 정보를 입력해 주십시오.

불법 복제: 인터넷에서 어떤 형식으로든 불법 복제물을 발견한 경우, 웹사이트 주소나 이름을 알려주시면 감사하겠습니다. 불법 복제물의 링크를 copyright@packt.com으로 보내주십시오.

저자가 되고 싶으시다면: 전문 지식이 있고, 책을 쓰거나 기여하고 싶은 주제가 있으면 authors.packtpub.com을 방문해 주십시오.

후기

후기를 남겨주십시오. 이 책을 읽은 뒤에 구입한 사이트에서 리뷰를 남겨 주실 수 있을까요? 잠재적 독자는 여러분의 편견 없는 의견을 보고 구매 결정을 내릴 수 있습니다. Packt사는 제품에 대한 여러분의 생각을 이해할 수 있습니다. 저자는 자신의 책에 대한 여러분의 의견을 볼 수 있습니다. 미리 고맙습니다!

Packt에 대한 자세한 내용은 packt.com을 방문하십시오.

차례

CHAPTER 1 Hyperledger Fabric 구동

Hyperledger Fabric 아키텍처와 구성 요소 살펴보기 — 2
- 사전 준비 — 4
- 수행 절차 — 4
- 작동 원리 — 5

AWS에 Hyperledger Fabric 설치하기 — 6
- 사전 준비 — 6
- 수행 절차 — 7
- 작동 원리 — 9

Fabric 네트워크 구축하기 — 11
- 수행 절차 — 11
- 작동 원리 — 21

채널에 조직 추가하기 — 22
- 사전 준비 — 22
- 수행 절차 — 23
- 작동 원리 — 24
- 추가 정보 — 28

CouchDB 사용하기 — 29
- 수행 절차 — 29
- 작동 원리 — 33

첫 어플리케이션 개발하기 — 33
- 수행 절차 — 33
  - SDK를 사용하여 API에 접근 — 35
- 작동 원리 — 38
- 참고 사항 — 40

CHAPTER 2 Hyperledger Fabric 구현

재고 자산 관리   41

체인코드로 스마트 컨트랙트 작성   43
- **사전 준비**   43
  - Go 언어를 사용한 체인코드 작성   44
- **수행 절차**   45
  - OrgAsset 엔터티   47
  - Init 함수   48
  - Invoke 함수   49
  - Query와 getHistory 함수   51
- **작동 원리**   52
  - Init 함수   52
  - Invoke 함수   52
  - query 함수   52

Fabric 체인코드 컴파일 및 배포   53
- **사전 준비**   53
- **수행 절차**   54
  - 샘플 Fabric 네트워크 시작   54
  - 체인코드 작성 및 배포   55
- **작동 원리**   57

스마트 컨트랙트 실행 및 테스트   58
- **수행 절차**   58
  - assermgr 체인코드 설치   59
  - assermgr 체인코드 초기화   59
  - assermgr 체인코드 호출   60
- **작동 원리**   62

SDK로 Hyperledger Fabric용 어플리케이션 개발   63
- **수행 절차**   64
  - startFabric.sh 작성 및 실행   64
  - 클라이언트 프로젝트 설정   66
  - 서버 측 Node.js 코드 작성   69
  - 클라이언트 측 Node.js 코드 작성   70
  - 웹 어플리케이션 실행   71
- **작동 원리**   73

CHAPTER 3 Hyperledger Composer로 비즈니스 네트워크 모델링

Hyperledger Composer 비즈니스 네트워크 및 개발 컴포넌트   78
- 사전 준비   79
- 수행 절차   79
  - 프로세스 흐름   80
  - 엔터티   80
  - 자산   81
  - 쿼리   81
- 작동 원리   82

Hyperledger Composer 사전 환경 설정   83
- 사전 준비   83
- 수행 절차   84
- 작동 원리   84

개발 환경 설정   85
- 사전 준비   85
- 수행 절차   86
- 작동 원리   88

Composer 비즈니스 네트워크 구성   89
- 수행 절차   90
- 작동 원리   91

모델, 트랜잭션 로직, 접근제어, 쿼리 정의 구현   91
- 사전 준비   91
- 수행 절차   92
- 작동 원리   97
- 추가 정보   99

Composer 커맨드라인 인터페이스를 사용한 비즈니스 네트워크 아카이브의 배치, 테스트, 내보내기   101
- 사전 준비   101
- 수행 절차   101
- 작동 원리   102

RESTful API를 통한 Composer와 상호 작용   103
- 사전 준비   103

| 수행 절차 | 104 |
| 작동 원리 | 107 |

CHAPTER 4 Hyperledger Fabric과 Explorer의 통합

기술적 요구사항 — 111

Hyperledger Explorer 환경 설정 — 112
- 사전 준비 — 112
- 수행 절차 — 113

Hyperledger Explorer 설치 및 데이터베이스 설정 — 114
- 수행 절차 — 114

Fabric과 연동하는 Hyperledger Explorer 구성 — 116
- 사전 준비 — 116
- 수행 절차 — 118
- 작동 원리 — 119

Hyperledger Explorer 구축 — 119
- 수행 절차 — 120

Hyperledger Explorer 어플리케이션 실행 — 124
- 사전 준비 — 125
- 수행 절차 — 125

CHAPTER 5 Hyperledger Sawtooth 구동

소개 — 129

Hyperledger Sawtooth 설치 — 132
- 사전 준비 — 132
- 수행 절차 — 134

Hyperledger Sawtooth 설정 — 136
- 수행 절차 — 136
- 작동 원리 — 137

네임스페이스와 주소 설계 138
- 사전 준비 139
- 수행 절차 139
- 작동 원리 141
  - 네임스페이스와 주소 체계 142
- 추가 정보 143

트랜잭션 제품군 구현 143
- 수행 절차 143
- 작동 원리 145

트랜잭션 프로세서 구축 146
- 사전 준비 146
- 수행 절차 147
  - 트랜잭션 핸들러를 트랜잭션 프로세서에 등록 147
  - 트랜잭션 핸들러 클래스 구현 148
  - 커맨드라인 스크립트 작성 152
  - 트랜잭션 프로세서를 서비스로 설정 152
  - 파이썬 egg 파일 만들기와 파이썬 패키지 설치 154
  - 트랜잭션 프로세서 서비스 구동 155
- 작동 원리 155

Sawtooth 네트워크에서의 권한 부여 158
- 수행 절차 159
- 작동 원리 160
- 추가 정보 161

Sawtooth REST API와 SDK를 사용한 클라이언트 어플리케이션 개발 162
- 수행 절차 163
  - 1단계-개인키/공개키 쌍 생성 및 서명자 인스턴스 생성 163
  - 2단계-트랜잭션-페이로드 인코딩 구현 164
  - 3단계-네임스페이스 접두사와 주소 체계 구현 164
  - 4단계-트랜잭션 헤더와 트랜잭션 작성 164
  - 5단계-배치 작성 165
  - 6단계-REST API를 사용하여 배치 제출 166
  - 7단계-클라이언트 어플리케이션 빌드 167
  - 8단계-샘플 클라이언트 테스트 168
- 작동 원리 172

CHAPTER 6 Hyperledger Burrow로 Ethereum 스마트 컨트랙트 운영

소개   178
- Seth 소개   179

AWS에 Hyperledger Burrow 설치   180
- 사전 준비   180
- 수행 절차   181
- 작동 원리   183

Solidity로 스마트 컨트랙트 작성   184
- 사전 준비   184
- 수행 절차   185
- 작동 원리   187
  - pragma 버전 사용 및 다른 소스파일 임포트   187
  - 컨트랙트 사용   188

Burrow에서 Ethereum 스마트 컨트랙트 배포 및 호출   191
- 사전 준비   191
- 수행 절차   192
- 작동 원리   194

AWS에서 Docker로 Hyperledger Seth 설치   196
- 수행 절차   196
- 작동 원리   199

Seth에서 외부 소유 계정 생성 및 Solidity 컨트랙트 작성   200
- 수행 절차   200
- 작동 원리   203

Seth CLI와 RPC를 사용한 Ethereum 컨트랙트 배포 및 호출   204
- 수행 절차   204
- 작동 원리   209

Seth의 Ethereum EOA와 컨트랙트 계정 권한 허용   210
- 수행 절차   210
- 작동 원리   213

CHAPTER 7 Hyperledger Iroha 구동

AWS에 Hyperledger Iroha 설치하기   217
- 수행 절차   217
- 작동 원리   219

Hyperledger Iroha 설정하기   220
- 사전 준비   220
- 수행 절차   221
- 작동 원리   223

CLI로 Hyperledger Iroha와 상호 작용하여 암호화폐 생성하기   225
- 사전 준비   225
- 수행 절차   226
- 작동 원리   229
- 추가 정보   232

클라이언트 라이브러리로 Hyperledger Iroha와 상호 작용하기   232
- 사전 준비   233
- 수행 절차   235
- 작동 원리   240

CHAPTER 8 Hyperledger Indy 구동

소개   243

AWS에 Hyperledger Indy와 Indy CLI 설치하기   245
- 사전 준비   245
- 수행 절차   245
- 작동 원리   247
- 추가 정보   248

Indy CLI로 Hyperledger Indy 탐색하기   249
- 사전 준비   254
- 수행 절차   254
  - Indy CLI 실행   254
  - 지갑 생성, 열기, 나열하기(listing)   255
  - DID 생성, 가져오기, 사용하기   255

Indy 노드 풀 생성, 연결, 나열하기	257
원장에게 NYM 트랜잭션 보내기	257
자격 증명 스키마 및 자격 증명 정의 트랜잭션을 원장에 게시하기	259
작동 원리	261

CHAPTER 9 Hyperledger 블록체인 확장성 및 보안

Hyperledger 블록체인 확장성 및 성능	263
수행 절차	264
블록 크기 스케일링	265
보증인 스케일링	267
보증인 정책	267
채널 및 리소스 할당	269
Hyperledger 블록체인 보안	269
수행 절차	270
Fabric CA 서버	270
Fabric CA 클라이언트	271
Fabric CA 데이터베이스	272
작동 원리	274
Hyperledger 성능 측정	277
사전 준비	279
수행 절차	279
의존성 설치	280
벤치마크 실행	280
작동 원리	282
적응 계층	283
인터페이스 및 코어 계층	283
어플리케이션 계층	284
참고 사항	287

APPENDIX Hyperledger 블록체인 생태계

Hyperledger 제품군 소개	290
프레임워크 프로젝트	290
도구 프로젝트	291

Hyperledger 프레임워크 계층 구축 ... 292
- 한눈에 보는 Hyperledger 설계 철학 ... 293
- 프레임워크 아키텍처 개요 ... 294
  - 합의 계층 ... 295
  - 스마트 컨트랙트 ... 296

Hyperledger로 비즈니스 문제 해결 ... 297
- IBM과 Walmart-Hyperledger Fabric으로 식품 안전을 위한 블록체인 구축 ... 297
  - 문제 ... 298
  - 접근 방식 ... 298
  - 결과 ... 298
- ScanTrust와 Cambio Coffee-Hyperledger Sawtooth가 결합된 공급망 블록체인 ... 299
  - 문제 ... 300
  - 접근 방식 ... 300
  - 결과 ... 300
- BC와 VON-Hyperledger Indy로 정부의 불필요한 행정 규제(red tape) 제거 ... 301
  - 문제 ... 301
  - 접근 방식 ... 302
  - 결과 ... 302

찾아보기 ... 305

CHAPTER 1

Hyperledger Fabric 구동

Hyperledger Fabric은 Hyperledger 제품군에서 가장 널리 사용되는 허가형 블록체인입니다. 모듈 타입으로 설정이 자유로운 아키텍처인 기업용 오픈소스 플랫폼입니다. Hyperledger Fabric은 금융, 은행, 의료, 보험, 공공부문 뿐만 아니라 공급망 및 디지털 자산 관리를 포함한 광범위한 산업계의 유즈케이스에 최적화되어 있습니다.

Hyperledger Fabric은 스마트 컨트랙트 개발에 Java, Go, Node.js와 같은 범용 프로그래밍 언어를 지원합니다. 또한 Hyperledger Fabric은 공유 네트워크에서 참가자 간의 신뢰를 구축하기 위해 거버넌스 모델로 운영되고 있습니다.

이 장에서는 다음과 같은 예제를 다룹니다.

- Hyperledger Fabric 아키텍처와 구성 요소 살펴보기
- AWS에 Hyperledger Fabric 설치하기
- Fabric 네트워크 구축하기
- 채널에 조직 추가하기
- CouchDB 사용하기
- 첫 어플리케이션 개발하기

Hyperledger Fabric 아키텍처와 구성 요소 살펴보기

본 예제는 다양한 Hyperledger Fabric 구성 요소와 아키텍처를 검토하고 시험합니다. Hyperledger Fabric에는 피어, 오더링 서비스, Fabric CA라는 세 가지 핵심 구성 요소가 있습니다.

- 피어peer: 네트워크의 노드로, 원장ledger의 상태를 유지하고 체인코드를 관리합니다. 다수의 피어가 네트워크에 참여할 수 있습니다. 피어는 트랜잭션을 실행하는 보증인endorser이거나, 승인내역을 확인하고 트랜잭션 결과를 검증하는 커미터committer일 수 있습니다. 보증인은 커미터 역할도 수행합니다. 피어들은 가십gossip이라는 P2P 네트워크를 형성합니다. 피어는 이벤트 허브events hub를 관리하고, 구독자subscriber에게 이벤트를 전달합니다.

- 오더링ordering 서비스: 트랜잭션의 패키지는 블록 형태로 피어에게 전달되고, 피어들끼리만 주고 받습니다. 오더링 서비스는 네트워크의 근간genesis입니다. 오더링 서비스의 클라이언트는 피어와 어플리케이션이 있습니다. 오더러orderer 그룹은 오더링 서비스라고 불리는 통신 서비스를 실행하여 원자성atomic 브로드 캐스트를 제공합니다. 오더링 서비스는 트랜잭션을 수락하고 블록을 제공합니다. 오더링 서비스는 모든 설정configuration 트랜잭션을 처리하여, 네트워크 정책(독자reader, 작성자writer, 관리자 포함)을 구성합니다. 오더러는 변경할 수 있는plug-gable 신뢰 엔진(CFT 또는 BFT)을 관리합니다. 여기서 신뢰 엔진은 트랜잭션의 순서를 결정합니다.

- Fabric CA: Fabric CA는 PKI 기반 인증서를 네트워크 멤버 조직과 사용자에게 발급하는 인증 기관certificate authority입니다. Fabric CA는 사용자 인증을 위한 LDAP[1]과 보안을 위한 HSM[2]을 지원합니다. Fabric CA는 멤버 조직에게 루트 인증서를 발행하고, 인가된authorized 사용자에게 등록 인증서를 발행합니다.

---

1 (역자) LDAP(Lightweight Directory Access Protocol): 경량 디렉터리 접근 프로토콜
2 (역자) HSM(Hardware Security Module): 하드웨어 보안 모듈

Hyperledger Fabric에는 몇 가지 중요한 주요 기능과 개념이 있습니다.

- **Fabric 원장**: 각 피어가 유지 관리하는 것으로, 블록체인과 월드 스테이트world state라는 두 부분으로 이루어져 있습니다. 트랜잭션 읽기/쓰기, 채널 설정 세트는 블록체인에 기록됩니다. 참여하는 각 피어의 각 채널마다 별도의 원장이 유지 관리됩니다. 월드 스테이트에는 LevelDB 또는 CouchDB 중에 저장소를 선택할 수 있습니다. 여기서 LevelDB는 간단한 키-값 저장소이고 CouchDB는 복잡한 쿼리를 허용하는 문서 저장소입니다. 스마트 컨트랙트smart contract는 월드 스테이트에 무엇을 기록할지를 결정합니다.
- **채널**channel: 서로 다른 원장 간의 프라이버시를 제공하며, 프라이버시의 제공 범위는 채널 내에 국한됩니다. 전체 피어 네트워크에서 채널이 공유될 수 있으며, 한 피어가 여러 채널에 참여할 수도 있습니다. 채널은 특정 참가자들에게만 접근권한을 부여할 수 있습니다. 체인코드는 피어에 설치되어 월드 스테이트에 접근합니다. 체인코드는 특정 채널에서 초기화instantiate 됩니다. 채널은 또한 성능과 확장성을 위해 동시concurrent 실행을 지원합니다.
- **조직**organization: Fabric 블록체인 네트워크에서 경계를 정의합니다. 각 조직은 관리자administrators, 사용자, 피어, 오더러의 신원identity, ID을 위해 MSP를 정의합니다. 네트워크는 여러 조직, 즉 컨소시엄consortium을 포함할 수 있습니다. 각 조직은 개별적인individual ID로 식별됩니다.
- **보증**endorsement **정책**: 트랜잭션이 보증되기 위한 조건들입니다. 트랜잭션은 해당 정책에 따라 보증된 경우에만 유효한 것으로 간주됩니다. 각 체인코드는 보증 정책과 함께 배포됩니다. **보증 시스템 체인코드**Endorsement system chaincode, ESCC는 보증인 피어가 응답한 프로포절proposal에 서명하고, **검증 시스템 체인코드**validation system chaincode, VSCC는 보증 내역을 검증합니다.
- **멤버십 서비스 제공자**Membership Services Provider, MSP: Fabric 네트워크 내에서 신원 집합을 관리합니다. MSP는 피어, 오더러, 클라이언트 애플리케이션, 관리자에게 신원을 제공합니다. Fabric CA 또는 외부 CA가 신원을 발급한 경우, MSP는 인증, 유효성 검사validation, 서명, 발급issuance을 제공합니다. MSP는 변경할 수 있는 인터페이스를 통해 다양한 암호화 표준을 지원합니다. 한 네트워

크에는 여러 MSP가 포함될 수 있으며(일반적으로 조직 당 하나), MSP는 암호화 통신을 위한 TLS[3] 암호정보를 포함할 수 있습니다.

사전 준비

Hyperledger Fabric에서 샘플 트랜잭션 흐름을 살펴보겠습니다. 다음 그림에 표시된 것처럼 Fabric은 실행^{execute}-오더^{order}-검증^{validate} 블록체인 트랜잭션 흐름 아키텍처를 사용합니다.

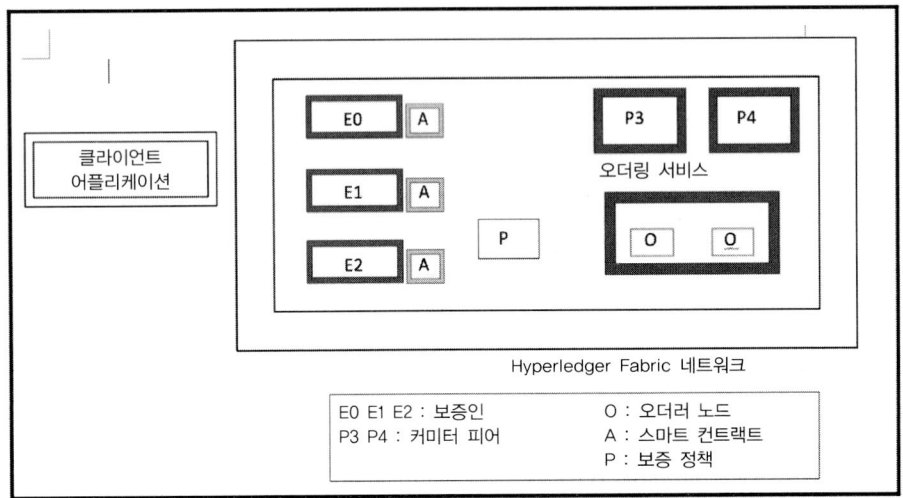

수행 절차

이 섹션에서는 Hyperledger Fabric 네트워크에서 트랜잭션을 생성하는 방법을 살펴보겠습니다.

1. **클라이언트 어플리케이션**은 스마트 컨트랙트 **A**에 대한 트랜잭션 프로포절을 네트워크에 제출합니다. 보증 정책에 따르면 세 보증인(**E0, E1, E2**)이 함께 서명해야 합니다.

2. 보증인은 프로포절된 트랜잭션을 실행합니다. 이때, 세 보증인(**E0, E1, E2**)은

---

[3] (역자) TLS(Transport Layer Security): 전송 계층 보안

각각 프로포절된 트랜잭션을 독립적으로 실행할 것입니다. 이들 실행 중 어느 것도 원장을 업데이트하지 않습니다. 각 실행은 일련의 **읽기 및 쓰기(RW[4])** 데이터를 캡처하고 Fabric 네트워크에 전파합니다. 모든 트랜잭션은 서명되고 암호화되어야 합니다.

3. 트랜잭션 프로포절 및 RW 세트가 클라이언트 어플리케이션에게 비동기적으로 반환됩니다. RW 세트는 각 보증인이 서명했고 나중에 처리됩니다.

4. Fabric 네트워크에서 반환된 모든 트랜잭션은 오더를 위해 제출됩니다. 어플리케이션은 오더를 수행할 트랜잭션을 응답으로 제출할 수 있으며, 오더는 다른 어플리케이션이 제출한 트랜잭션들과 동시에 Fabric 전체에서 발생합니다.

5. **오더링 서비스**는 트랜잭션을 수집해서 프로포절 블록을 만들고, 커미팅 피어에게 분배합니다. 프로포절 블록은 계층hierarchy 내의 다른 피어에게 전달될 수 있습니다. 오더링 알고리즘으로는 SOLO(개발을 위한 단일 노드)와 Kafka(제품을 위한 충돌 결함 허용crash-fault-tolerance) 두 가지가 있습니다. 상용 시스템에서는 Kafka를 사용하는 것이 좋습니다.

6. 커미팅 피어는 트랜잭션의 유효성을 검증합니다. 모든 커미팅 피어는 보증 정책에 따라 유효성을 검사하고 RW 세트가 여전히 현재 월드 스테이트에 유효한지 확인합니다. 유효하지 않은 트랜잭션은 월드 스테이트의 갱신없이 원장에 보류retain되지만, 검증된 트랜잭션은 월드 스테이트에 적용됩니다.

7. 클라이언트 어플리케이션은 트랜잭션 상태, 트랜잭션의 성공/실패 여부, 원장에 블록이 추가될 때를 통지하도록 등록할 수 있습니다. 클라이언트 어플리케이션은 독립적으로 연결된 각 피어로부터 통지됩니다.

작동 원리

Fabric에서 트랜잭션 흐름이 작동하는 방식을 살펴봤습니다. Fabric은 다음 7단계로 이루어진 실행-오더-검증 모델을 사용합니다.

1. 클라이언트 어플리케이션이 트랜잭션 프로포절을 제출합니다.

---

[4] (역자) RW: Read and Write

2. 보증인은 프로포절된 트랜잭션을 실행합니다.
3. 클라이언트 어플리케이션은 트랜잭션 프로포절 응답을 받습니다.
4. 오더를 위해 트랜잭션이 제출됩니다.
5. 트랜잭션은 커미팅 피어에게 전달됩니다.
6. 검증된 트랜잭션은 월드 스테이트에 적용됩니다.
7. 클라이언트 어플리케이션은 트랜잭션 상태를 통보받습니다.

다음 예제에서는 **Amazon Web Services(AWS)**에 Hyperledger Fabric을 설치하는 방법을 알아보겠습니다.

AWS에 Hyperledger Fabric 설치하기

이 장의 예제를 설치하고 실행하려면, 4GB 메모리가 있는 AWS EC2 Ubuntu Server 16.04가 필요합니다. 이 예제를 작성할 당시에는 가장 안정적인 버전인 Fabric v1.3을 사용했습니다.

사전 준비

Hyperledger Fabric 웹 사이트(https://hyperledger-fabric.readthedocs.io/en/release-1.3/prereqs.html)에 따르면, 이 예제의 전제 조건은 다음과 같습니다.

- **운영 체제**: Ubuntu Linux 14.04 / 16.04 LTS(둘 다 64비트) 또는 macOS 10.12
- **cURL 도구**: 최신 버전
- **Docker 엔진**: 버전 17.06.2-ce 이상
- **Docker-compose**: 버전 1.14 이상
- **Go**: 버전 1.10.x
- **Node**: 버전 8.9 이상(참고: 버전 9는 지원되지 않습니다)
- **npm**: 버전 5.x

- Python: 2.7.x

우리는 Amazon Ubuntu Server 16.04를 선택했습니다. EC2에 Ubuntu를 설치한 경험이 없으면 AWS 문서(https://aws.amazon.com/getting-started/tutorials/launch-a-virtual-machine/)를 참조바랍니다.

로컬 컴퓨터의 버추얼박스^{virtual box}에 ubuntu를 설치해도 됩니다. 관련 튜토리얼은 http://www.psychocats.net/ubuntu/virtualbox 또는 https://askubuntu.com/questions/142549/how-to-install-ubuntu-on-virtualbox에서 찾을 수 있습니다.

수행 절차

AWS에 Hyperledger를 설치하려면 다음 단계를 수행합니다.

1. 시스템의 소프트웨어를 업데이트하려면 다음 명령을 실행합니다.

   ```
   $ sudo apt-get update
   ```

2. Curl, golang 소프트웨어 패키지를 설치합니다.

   ```
   $ sudo apt-get install curl
   $ sudo apt-get install golang
   $ export GOPATH=$HOME/go
   $ export PATH=$PATH:$GOPATH/bin
   ```

3. Node.js, npm, Python을 설치합니다.

   ```
   $ sudo apt-get install nodejs
   $ sudo apt-get install npm
   $ sudo apt-get install python
   ```

4. docker, docker-compose를 설치하고 업그레이드합니다.

   ```
   $ sudo apt-get install docker
   ```

```
$ curl -fsSL https://download.docker.com/linux/ubuntu/gpg |
  sudo apt-key add -
$ sudo add-apt-repository "deb [arch=amd64]
  https://download.docker.com/linux/ubuntu
$(lsb_release -cs) stable"
$ sudo apt-get update
$ apt-cache policy docker-ce
$ sudo apt-get install -y docker-ce
$ sudo apt-get install docker-compose
$ sudo apt-get upgrade
```

5. Node.js와 golang을 적절한 버전으로 설정하고 업데이트합니다.

```
$ wget https://dl.google.com/go/go1.11.2.linux-amd64.tar.gz
$ tar -xzvf go1.11.2.linux-amd64.tar.gz
$ sudo mv go/ /usr/local
$ export GOPATH=/usr/local/go
$ export PATH=$PATH:$GOPATH/bin
$ curl -sL https://deb.nodesource.com/setup_8.x | sudo bash -
$ sudo apt-get install -y nodejs
```

6. 설치된 소프트웨어 패키지 버전을 확인합니다.

```
$ curl --version
$ /usr/local/go/bin/go version
$ python -V
$ node -v
$ npm -version
$ docker --version
$ docker-compose --version
```

결과는 다음과 같아야 합니다.

```
curl 7.47.0 (x86_64-pc-linux-gnu) libcurl/7.47.0 GnuTLS/3.4.10 zlib/1.2.8 libidn/1.32 librtmp/2.3
Protocols: dict file ftp ftps gopher http https imap imaps ldap ldaps pop3 pop3s rtmp rtsp smb smbs smtp smtps telnet tftp
Features: AsynchDNS IDN IPv6 Largefile GSS-API Kerberos SPNEGO NTLM NTLM_WB SSL libz TLS-SRP UnixSockets
go version go1.11.2 linux/amd64
Python 2.7.12
v8.15.0
6.4.1
Docker version 18.09.0, build 4d60db4
docker-compose version 1.8.0, build unknown
```

7. Hyperledger Fabric 1.3을 설치합니다.

```
$ curl -sSL http://bit.ly/2ysbOFE | sudo bash -s 1.3.0
```

Docker 이미지를 다운로드하는데 몇 분이 걸립니다. 완료되면 결과는 다음과 같아야 합니다.

```
===> List out hyperledger docker images
hyperledger/fabric-ca           1.4.0-rc2   921e03d2731e   2 weeks ago    244MB
hyperledger/fabric-ca           latest      921e03d2731e   2 weeks ago    244MB
hyperledger/fabric-zookeeper    0.4.14      d36da0db87a4   2 months ago   1.43GB
hyperledger/fabric-zookeeper    latest      d36da0db87a4   2 months ago   1.43GB
hyperledger/fabric-kafka        0.4.14      a3b095201c66   2 months ago   1.44GB
hyperledger/fabric-kafka        latest      a3b095201c66   2 months ago   1.44GB
hyperledger/fabric-couchdb      0.4.14      f14f97292b4c   2 months ago   1.5GB
hyperledger/fabric-couchdb      latest      f14f97292b4c   2 months ago   1.5GB
hyperledger/fabric-javaenv      1.3.0       2476cefaf833   2 months ago   1.7GB
hyperledger/fabric-javaenv      latest      2476cefaf833   2 months ago   1.7GB
hyperledger/fabric-tools        1.3.0       c056cd9890e7   2 months ago   1.5GB
hyperledger/fabric-tools        latest      c056cd9890e7   2 months ago   1.5GB
hyperledger/fabric-ccenv        1.3.0       953124d80237   2 months ago   1.38GB
hyperledger/fabric-ccenv        latest      953124d80237   2 months ago   1.38GB
hyperledger/fabric-orderer      1.3.0       f430f581b46b   2 months ago   145MB
hyperledger/fabric-orderer      latest      f430f581b46b   2 months ago   145MB
hyperledger/fabric-peer         1.3.0       f3ea63abddaa   2 months ago   151MB
hyperledger/fabric-peer         latest      f3ea63abddaa   2 months ago   151MB
```

AWS EC2 머신에 Hyperledger Fabric 설치가 완료되었습니다. 다음 예제에서 네트워크를 구축할 것입니다.

작동 원리

몇 가지 준비물을 설치했으니까, 각 소프트웨어 패키지가 무엇이며 Hyperledger Fabric 플랫폼 구축을 위해 어떻게 함께 작동하는지 설명하겠습니다.

- cURL: 서버와 데이터를 전송하는데 사용되는 도구로, 지원되는 프로토콜(HTTP, HTTPS, FTP, FTPS, SCP, SFTP, TFTP, DICT, TELNET, LDAP, FILE) 중 하나를 사용합니다. 이 명령은 사용자 상호작용없이 작동하도록 설계되었습니다.

- Docker: 컨테이너를 사용하여 어플리케이션을 생성, 배포, 실행하는 도구입니다. 컨테이너를 사용하면 개발자는 라이브러리 및 기타 종속성과 같이 어플리케

이션에 필요한 모든 파트와 어플리케이션을 묶어서 하나의 패키지로 제공할 수 있습니다.
- **Docker Compose**: 다중 컨테이너 어플리케이션을 정의하고 실행하는데 사용되는 도구입니다. 설정 YAML[5] 파일에서 명령어 하나로 모든 서비스를 생성하고 구동할 수 있습니다.
- **Go**: 오픈소스 프로그래밍 언어 중 하나로, 간단하고 안정적이며 효율적인 소프트웨어를 쉽게 구축할 수 있습니다. Hyperledger Fabric은 주로 Go 언어를 사용하여 개발되었습니다.
- **Node.js**: Chrome의 JavaScript 런타임에 구축된 플랫폼으로, 빠르고 확장 가능한 네트워크 어플리케이션을 쉽게 구축할 수 있습니다. Node.js는 이벤트 중심의 논블로킹non-blocking I/O 모델을 사용하기 때문에, 보다 가볍고 효율적인 것으로 간주됩니다. 이 때문에 데이터 집약적인 실시간 어플리케이션에 적합합니다.
- **npm 패키지 관리자**: 커맨드라인을 사용하여 서드파티 라이브러리(타인의 코드)를 설치할 수 있는 도구입니다.
- **Python**: 데스크톱 및 웹 어플리케이션 개발을 위한 범용 프로그래밍 언어입니다. Python은 복잡한 과학 및 수리 어플리케이션을 개발하는 데에도 사용됩니다. 데이터 분석 및 시각화에 용이하도록 설계되었습니다.

본 예제를 통해, Hyperledger Fabric 샘플과 바이너리를 시스템에 다운로드하여 설치합니다. 설치된 샘플 어플리케이션은 Hyperledger Fabric의 기능 및 작동법을 배우는데 유용합니다.

- `balance-transfer`: fabric-client, fabric-ca-client Node.js SDK API를 보여주기 위한 샘플 Node.js 앱
- `basic-network`: 인증서, 키, 사전 정의된 트랜잭션, 하나의 채널(mychannel)이 있는 기본 네트워크
- `bin`: fabric-ca, 오더러, 피어를 위한 바이너리와 스크립트
- `chaincode`: fabcar, marble, 기타 예제를 위해 개발된 체인코드

---

[5] (역자) YAML(YAML Ain't Markup Language): 사람이 쉽게 읽을 수 있는 데이터 직렬화 포맷

- `chaincode-docker-devmode`: 빠른 코딩/빌드/실행/디버그를 위해 개발 모드에서 체인코드 개발
- `config`: 트랜잭션, 오더러, 조직, 체인코드를 정의하는 YAML 파일
- `fabcar`: 체인코드 배포, 쿼리, 원장 업데이트 기능을 보여주는 샘플 Node.js 앱
- `fabric-ca`: Fabric CA 클라이언트와 서버를 사용하여 모든 암호화 자료$^{crypto\ material}$를 생성하고, 속성 기반 접근제어를 사용하는 방법 학습
- `first-network`: byfn.sh와 eyfn.sh를 사용하여 첫 번째 Hyperledger Fabric 네트워크 구축
- `Jenkinsfile`: Jenkins는 연속적인 전송 파이프라인의 구현 및 통합을 지원하는 플러그인 제품군입니다. Jenkins 파이프라인의 정의는 일반적으로 텍스트 파일인 `Jenkinsfile`에 작성되며, 이 파일은 프로젝트의 소스 제어 저장소에 체크인됩니다.
- `scripts`: bootstrap.sh, Jenkins_Scripts 스크립트 존재

AWS EC2 가상 머신에 Hyperledger Fabric을 성공적으로 설치했으므로, 다음 예제에서는 첫 번째 Hyperledger Fabric 네트워크를 설정하겠습니다.

Fabric 네트워크 구축하기

본 예제를 실행하려면, 이전 예제를 완료하여 AWS EC2 인스턴스에 샘플 및 바이너리가 포함된 Hyperledger Fabric을 설치해야 합니다.

 ## 수행 절차

Hyperledger Fabric과 함께 설치된 샘플 중에 **첫 번째 네트워크 만들기**$^{Build\ your\ first\ network,\ BYFN}$ 샘플이 있습니다. 이를 사용하여 각각 2개의 피어 노드를 유지 관리하는 2개의 조직, 단독^{solo} 오더링 서비스로 구성된 샘플 Hyperledger Fabric 네트워크를 프로비저닝^{provision} 할 것입니다. 다음 단계를 차례대로 수행합니다.

1. 기본 사용자로 로그인하고 byfn.sh 스크립트를 실행합니다. 네트워크를 위한 인증서와 키가 생성됩니다.

```
$ cd ~
$ sudo chmod 777 -R fabric-samples
$ cd fabric-samples/first-network
$ sudo ./byfn.sh generate
```

2. byfn.sh 스크립트를 up 옵션으로 실행하여 Fabric 네트워크를 불러옵니다.

```
$ cd ~
$ cd fabric-samples/first-network
$ sudo ./byfn.sh up
```

네트워크가 성공적으로 구동되었음을 나타내는 다음 출력이 표시됩니다.

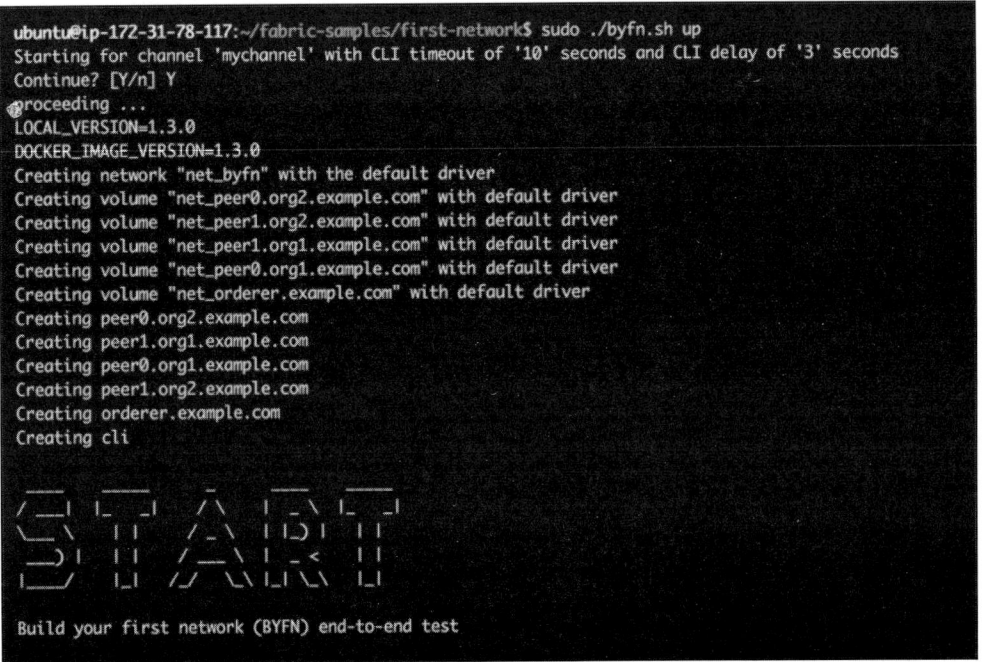

3. byfn.sh 스크립트를 down 옵션으로 실행하여 Fabric 네트워크를 종료하고 정리합니다. 이렇게 하면 컨테이너가 종료되고 암호화 자료와 아티팩트[artifact]가 제거되며 체인코드 이미지가 삭제됩니다.

다음 코드는 이를 수행하는 방법을 보여줍니다.

```
$ cd ~
$ cd fabric-samples/first-network
$ sudo ./byfn.sh down
```

다음과 같이 byfn.sh 스크립트를 검토하십시오. 이 스크립트는 잘 문서화되어 있으며, 네트워크 구동 프로세스의 각 실행 단계를 이해하려면 자세히 읽어야 합니다.

```
# Print the usage message
function printHelp() {
  echo "Usage: "
  echo "  byfn.sh <mode> [-c <channel name>] [-t <timeout>] [-d <delay>] [-f <docker-compose-file>] [-s <dbtype>] [-l <language>] [-i <imagetag>] [-v]"
  echo "    <mode> - one of 'up', 'down', 'restart', 'generate' or 'upgrade'"
  echo "      - 'up' - bring up the network with docker-compose up"
  echo "      - 'down' - clear the network with docker-compose down"
  echo "      - 'restart' - restart the network"
  echo "      - 'generate' - generate required certificates and genesis block"
  echo "      - 'upgrade'  - upgrade the network from version 1.2.x to 1.3.x"
  echo "    -c <channel name> - channel name to use (defaults to \"mychannel\")"
  echo "    -t <timeout> - CLI timeout duration in seconds (defaults to 10)"
  echo "    -d <delay> - delay duration in seconds (defaults to 3)"
  echo "    -f <docker-compose-file> - specify which docker-compose file use (defaults to docker-compose-cli.yaml)"
  echo "    -s <dbtype> - the database backend to use: goleveldb (default) or couchdb"
  echo "    -l <language> - the chaincode language: golang (default) or node"
  echo "    -i <imagetag> - the tag to be used to launch the network (defaults to \"latest\")"
  echo "    -v - verbose mode"
  echo "  byfn.sh -h (print this message)"
  echo
  echo "Typically, one would first generate the required certificates and "
  echo "genesis block, then bring up the network. e.g.:"
  echo
  echo "        byfn.sh generate -c mychannel"
  echo "        byfn.sh up -c mychannel -s couchdb"
  echo "        byfn.sh up -c mychannel -s couchdb -i 1.2.x"
  echo "        byfn.sh up -l node"
  echo "        byfn.sh down -c mychannel"
  echo "        byfn.sh upgrade -c mychannel"
  echo
  echo "Taking all defaults:"
  echo "        byfn.sh generate"
  echo "        byfn.sh up"
  echo "        byfn.sh down"
```

커맨드라인 인터페이스를 사용하여 Hyperledger Fabric byfn.sh 스크립트를 검토하겠습니다.

4. cryptogen이라는 암호화 및 인증서 생성 도구를 사용합니다. 이 도구는 YAML 설정 파일을 기본으로 사용하여 인증서를 생성합니다.

```
OrdererOrgs:
  - Name: Orderer
    Domain: example.com
    Specs:
      - Hostname: orderer
PeerOrgs:
```

```
  - Name: Org1
    Domain: org1.example.com
    EnableNodeOUs: true
    Template:
      Count: 2
    Users:
      Count: 1
  - Name: Org2
    Domain: org2.example.com
    EnableNodeOUs: true
    Template:
      Count: 2
    Users:
      Count: 1
```

다음 명령은 YAML 파일을 생성합니다.

```
$ cd ~
$ cd fabric-samples/first-network
$ sudo ../bin/cryptogen generate --config=./crypto-config.yaml
```

이전 명령을 실행하면 crypto-config 디렉토리가 생성되며, 그 아래에는 ordererOrganizations, peerOrganizations 디렉토리가 있습니다. 이 디렉토리에는 두 조직(Org1.example.com, Org2.example.com)의 네트워크 아티팩트[artifact]가 포함되어 있습니다.

5. 설정 트랜잭션을 생성해 봅시다. 설정 트랜잭션을 생성하는 도구는 configtxgen입니다. 이 단계에서 생성된 아티팩트들은 오더러 제네시스[genesis] 블록, 채널 설정 트랜잭션, 각 피어 조직을 위한 하나의 앵커 피어 트랜잭션입니다. 또한 여러 항목으로 구분되는 configtx.yaml 파일도 있습니다. 항목에는 프로파일(네트워크의 조직 구조 설명), 조직(개별 조직에 대한 세부 사항), 오더러(오더러 파라미터에 대한 세부 사항) 및 어플리케이션(어플리케이션 기본값, 이 예제에서는 필요하지 않습니다)이 있습니다.

이 예제에 필요한 프로파일은 다음과 같습니다.

```
Profiles:

    TwoOrgsOrdererGenesis:
        <<: *ChannelDefaults
        Orderer:
            <<: *OrdererDefaults
            Organizations:
                - *OrdererOrg
            Capabilities:
                <<: *OrdererCapabilities
        Consortiums:
            SampleConsortium:
                Organizations:
                    - *Org1
                    - *Org2
    TwoOrgsChannel:
        Consortium: SampleConsortium
        Application:
            <<: *ApplicationDefaults
            Organizations:
                - *Org1
                - *Org2
            Capabilities:
                <<: *ApplicationCapabilities
```

무슨 일이 일어나고 있는지 이해하기 위해, 자세한 커맨드라인 단계를 수행합니다.

```
$ export FABRIC_CFG_PATH=$PWD
$ sudo ../bin/configtxgen -profile TwoOrgsOrdererGenesis -
outputBlock ./channel-artifacts/genesis.block
$ export CHANNEL_NAME=mychannel
$ sudo ../bin/configtxgen -profile TwoOrgsChannel
  -outputCreateChannelTx ./channel-artifacts/channel.tx
  -channelID $CHANNEL_NAME
$ sudo ../bin/configtxgen -profile TwoOrgsChannel
  -outputAnchorPeersUpdate ./channel-artifacts/Org1MSPanchors.tx
  -channelID $CHANNEL_NAME -asOrg Org1MSP
$ sudo ../bin/configtxgen -profile TwoOrgsChannel
  -outputAnchorPeersUpdate ./channel-artifacts/Org2MSPanchors.tx
  -channelID $CHANNEL_NAME -asOrg Org2MSP
```

여기에서는 블록체인 제네시스 블록을 작성하고, 첫 번째 채널 트랜잭션을 생성하며 앵커 피어 업데이트를 작성합니다. 정확히 어떻게 수행되는지는 신경 쓰지 않아도 되지만, 이것이 Fabric이 밑바닥부터 구축되는 방식입니다. channel-artifacts 디렉토리에 다음 4개의 파일이 생성되어 저장된 것을 볼 수 있습니다.

- genesis.block
- channel.tx
- Org1MSPanchors.tx
- Org2MSPanchors.tx

6. Docker Compose 도구는 Docker 컨테이너를 불러오는데 사용됩니다. docker-compose-cli.yaml을 사용하여 우리가 불러온 모든 Docker 컨테이너를 추적하겠습니다.

```
$ cd ~
$ cd fabric-samples/first-network
$ sudo docker-compose -f docker-compose-cli.yaml up -d
```

7. 6개 노드(cli, orderer.example.com, peer0.org1.example.com, peer0.org2.example.com, peer1.org1.example.com, peer1.org2.example.com)를 가져옵니다.

```
ubuntu@ip-172-31-78-117:~/fabric-samples/first-network$ sudo docker-compose -f docker-compose-cli.yaml up -d
Creating network "net_byfn" with the default driver
Creating volume "net_peer0.org2.example.com" with default driver
Creating volume "net_peer1.org2.example.com" with default driver
Creating volume "net_peer1.org1.example.com" with default driver
Creating volume "net_peer0.org1.example.com" with default driver
Creating volume "net_orderer.example.com" with default driver
Creating peer1.org1.example.com
Creating peer1.org2.example.com
Creating peer0.org2.example.com
Creating peer0.org1.example.com
Creating orderer.example.com
Creating cli
```

8. 피어 CLI[6]를 사용하여 네트워크를 설정합니다. 이 단계에서 Docker CLI 컨테

---

[6] (역자) CLI(Command Line Interface): 커맨드라인 인터페이스

이너 내의 피어 커맨드라인을 사용하여, 피어가 채널에 참여할 수 있도록 channel.tx로 채널을 생성합니다. 피어 환경 변수를 설정하는 일부 명령은 다음과 같이 매우 길기 때문에 주의해야 합니다(기본값은 peer0.org1입니다).

```
$ cd ~
$ cd fabric-samples/first-network
$ sudo docker exec -it cli bash
$ export CHANNEL_NAME=mychannel

$ peer channel create -o orderer.example.com:7050 -c
$CHANNEL_NAME -f ./channel-artifacts/channel.tx --tls --
  cafile/opt/gopath/src/github.com/hyperledger/fabric/peer/
  crypto/ordererOrganizations/example.com/orderers/
  orderer.example.com/msp/tlscacerts/tlsca.example.com-cert.pem
$ peer channel join -b mychannel.block

// for peer0.org2
$
CORE_PEER_MSPCONFIGPATH=/opt/gopath/src/github.com/hyperledger/
    fabric/peer/crypto/peerOrganizations/org2.example.com/
    users/Admin@org2.example.com/msp
  CORE_PEER_ADDRESS=peer0.org2.example.com:7051
  CORE_PEER_LOCALMSPID="Org2MSP"
  CORE_PEER_TLS_ROOTCERT_FILE=/opt/gopath/src/github.com/
hyperledger/fabric/peer/crypto/peerOrganizations/org2.example.com/
  peers/peer0.org2.example.com/tls/ca.crt
$ peer channel join -b mychannel.block

// for peer1.org1
CORE_PEER_MSPCONFIGPATH=/opt/gopath/src/github.com/
hyperledger/fabric/peer/crypto/peerOrganizations/
org1.example.com/users/Admin@org1.example.com/msp
CORE_PEER_ADDRESS=peer1.org1.example.com:7051
CORE_PEER_LOCALMSPID="Org1MSP"
CORE_PEER_TLS_ROOTCERT_FILE=/opt/gopath/src/github.com/
hyperledger/fabric/peer/crypto/peerOrganizations/
org1.example.com/peers/peer1.org1.example.com/tls/ca.crt
peer channel join -b mychannel.block
// for peer1.org2
```

```
CORE_PEER_MSPCONFIGPATH=/opt/gopath/src/github.com/hyperledger/fabric/p
eer/crypto/peerOrganizations/org2.example.com/users/Admin@org2.example.
com/msp CORE_PEER_ADDRESS=peer1.org2.example.com:7051
CORE_PEER_LOCALMSPID="Org2MSP"
CORE_PEER_TLS_ROOTCERT_FILE=/opt/gopath/src/github.com/hyperledger/fabr
ic/peer/crypto/peerOrganizations/org2.example.com/peers/peer1.org2.exam
ple.com/tls/ca.crt peer channel join -b mychannel.block
```

이제 네 피어 모두 연결됩니다.

9. 각 조직에서 앵커anchor 피어를 업데이트 합니다. 'AWS에서 Hyperledger Fabric 설치하기' 섹션에서 생성했던 파일(Org1MSPanchors.tx, Org2MSPanchors.tx)을 사용하여 Org1과 Org2의 Peer0에 적용합니다.

```
$ peer channel update -o orderer.example.com:7050 -c $CHANNEL_NAME
-f ./channel-artifacts/Org1MSPanchors.tx --tls --cafile
/opt/gopath/src/github.com/hyperledger/fabric/peer/crypto/
ordererOrganizations/example.com/orderers/orderer.example.com/
msp/tlscacerts/tlsca.example.com-cert.pem

$ CORE_PEER_MSPCONFIGPATH=/opt/gopath/src/github.com/hyperledger/
fabric/peer/crypto/peerOrganizations/org2.example.com/
users/Admin@org2.example.com/msp
CORE_PEER_ADDRESS=peer0.org2.example.com:7051
CORE_PEER_LOCALMSPID="Org2MSP"
CORE_PEER_TLS_ROOTCERT_FILE=/opt/gopath/src/github.com/
hyperledger/fabric/peer/crypto/peerOrganizations/
org2.example.com/peers/peer0.org2.example.com/tls/ca.crt
```

```
peer channel update -o orderer.example.com:7050 -c
$CHANNEL_NAME -f ./channel-artifacts/Org2MSPanchors.tx
--tls --cafile /opt/gopath/src/github.com/hyperledger/fabric/peer/
crypto/ordererOrganizations/example.com/orderers/
orderer.example.com/msp/tlscacerts/tlsca.example.com-cert.pem
```

10. CLI를 사용하여 체인코드를 Org1의 peer0과 Org2의 peer0에 설치해야 합니다. 체인코드는 명령어의 -p 옵션으로 지정되며 본 예제의 체인코드 이름은 mycc로 정했습니다.

```
$ peer chaincode install -n mycc -v 1.0 -p
github.com/chaincode/chaincode_example02/go/

$
CORE_PEER_MSPCONFIGPATH=/opt/gopath/src/github.com/hyperledger/
fabric/peer/crypto/peerOrganizations/org2.example.com/users/Adm
in@org2.example.com/msp
CORE_PEER_ADDRESS=peer0.org2.example.com:7051
CORE_PEER_LOCALMSPID="Org2MSP"
CORE_PEER_TLS_ROOTCERT_FILE=/opt/gopath/src/github.com/hyperled
ger/fabric/peer/crypto/peerOrganizations/org2.example.com/peers
/peer0.org2.example.com/tls/ca.crt peer chaincode install -n
mycc -v 1.0 -p
github.com/chaincode/chaincode_example02/go//orderers/orderer.e
xample.com/msp/tlscacerts/tlsca.example.com-cert.pem
```

11. peer0.org2에서 체인코드를 초기화 합니다. -c 옵션을 사용하여 a를 100으로 초기화하고 b를 200으로 초기화합니다. -p 옵션을 사용하여 보증 정책을 정의합니다. 다음 코드에 나와 있습니다.

```
$
CORE_PEER_MSPCONFIGPATH=/opt/gopath/src/github.com/hyperledger/
fabric/peer/crypto/peerOrganizations/org2.example.com/users/Adm
in@org2.example.com/msp
CORE_PEER_ADDRESS=peer0.org2.example.com:7051
CORE_PEER_LOCALMSPID="Org2MSP"
CORE_PEER_TLS_ROOTCERT_FILE=/opt/gopath/src/github.com/hyperled
```

```
ger/fabric/peer/crypto/peerOrganizations/org2.example.com/peers
/peer0.org2.example.com/tls/ca.crt peer chaincode instantiate -
o orderer.example.com:7050 --tls --cafile
/opt/gopath/src/github.com/hyperledger/fabric/peer/crypto/order
erOrganizations/example.com/orderers/orderer.example.com/msp/tl
scacerts/tlsca.example.com-cert.pem -C $CHANNEL_NAME -n mycc -v
1.0 -c '{"Args":["init","a", "100", "b","200"]}' -P "AND
('Org1MSP.peer','Org2MSP.peer')"
```

12. a 값을 얻기 위해 Org1의 peer0에서 쿼리를 실행합니다. 제대로 100을 얻습니다.

```
$ peer chaincode query -C $CHANNEL_NAME -n mycc -c
'{"Args":["query","a"]}'
```

```
2019-01-25 16:52:06.751 UTC [chaincodeCmd] checkChaincodeCmdParams -> INFO 002 Using default vscc
Error: could not assemble transaction, err proposal response was not successful, error code 500, msg chaincode with name 'mycc' already exists
root@c4dedc504f0a:/opt/gopath/src/github.com/hyperledger/fabric/peer# peer chaincode query -C $CHANNEL_NAME -n mycc -c '{"Args":["query","a"]}'
100
```

13. CLI를 사용하여 체인코드를 호출하여 트랜잭션을 생성합니다. org2의 peer1에 체인코드를 설치한 다음, 최신의 값을 쿼리합니다.

```
$
CORE_PEER_MSPCONFIGPATH=/opt/gopath/src/github.com/hyperledger/
fabric/peer/crypto/peerOrganizations/org2.example.com/users/Adm
in@org2.example.com/msp
CORE_PEER_ADDRESS=peer1.org2.example.com:7051
CORE_PEER_LOCALMSPID="Org2MSP"
CORE_PEER_TLS_ROOTCERT_FILE=/opt/gopath/src/github.com/hyperled
ger/fabric/peer/crypto/peerOrganizations/org2.example.com/peers
/peer1.org2.example.com/tls/ca.crt peer chaincode install -n
mycc -v 1.0 -p github.com/chaincode/chaincode_example02/go/

$CORE_PEER_MSPCONFIGPATH=/opt/gopath/src/github.com/hyperledger
/fabric/peer/crypto/peerOrganizations/org2.example.com/users/Ad
min@org2.example.com/msp
CORE_PEER_ADDRESS=peer1.org2.example.com:7051
```

```
CORE_PEER_LOCALMSPID="Org2MSP"
CORE_PEER_TLS_ROOTCERT_FILE=/opt/gopath/src/github.com/hyperled
ger/fabric/peer/crypto/peerOrganizations/org2.example.com/peers
/peer1.org2.example.com/tls/ca.crt peer chaincode query -C
$CHANNEL_NAME -n mycc -c '{"Args":["query","a"]}'
```

이번에는 a에서 b로 10을 이동합니다. 그리고 최신의 값을 쿼리하여 결과값으로 90을 얻습니다. 이는 100에서 10을 이동한 값이 맞습니다.

이것으로 첫 번째 Fabric 네트워크 구축이 끝났습니다. 다음 예제에서는 기존 네트워크를 변경하고 채널에 조직을 추가하는 방법을 살펴보겠습니다.

작동 원리

Fabric 네트워크를 구축하기 위해 다음 단계를 다루었습니다.

- cryptogen을 사용하여 암호화 자료와 인증서 생성
- configtxgen을 사용하여 설정 트랜잭션 생성
- docker-compose 파일에 정의된 내용에 따라 노드 구동
- CLI를 사용하여 첫 번째 네트워크 설정
- CLI를 사용하여 체인코드 설치 및 초기화
- CLI를 사용하여 체인코드 호출 및 쿼리

이 예제는 Hyperledge Fabric 구성요소를 이해하고 샘플 체인코드(mycc)를 사용하여

Hyperledger Fabric 네트워크를 신속하게 설정하는 방법을 보여줍니다. `fabric-sample/chaincode` 디렉토리 아래에 `fabcar`와 `marble02` 같은 다른 샘플이 제공됩니다. 여러분들은 스크립트를 수정하고 이 샘플을 실행할 수 있어야 합니다.

Fabric은 byfn.sh 스크립트에서 사용되는 다음 명령을 제공합니다. 다음 장과 예제에서 이 명령들은 Fabric 네트워크 환경을 운영하고 관리하는데 사용됩니다.

- **peer**: 피어를 작동하고 구성합니다.
- **peer chaincode**: 피어의 체인코드를 관리합니다.
- **peer channel**: 피어의 채널을 관리합니다.
- **peer node**: 피어를 관리합니다.
- **peer version**: 피어 버전을 반환합니다.
- **cryptogen**: 암호화 자료를 생성합니다.
- **configtxgen**: 제네시스 블록 같은 설정 파일을 생성합니다.
- **configtxlator**: 채널 설정 파일을 생성합니다.
- **fabric-ca-client**: 신원을 관리합니다.
- **fabric-ca-server**: fabric-ca 서버를 관리합니다.

첫 번째 네트워크를 설정했으므로, 채널에 조직을 추가하겠습니다.

채널에 조직 추가하기

본 예제는 BYFN 예제를 확장한 것입니다. 어플리케이션의 채널(mychannel)에 새로운 조직(Org3)을 추가하는 방법을 설명합니다.

사전 준비

본 예제를 실행하려면 이 장의 'Hyperledger Fabric 아키텍처 및 구성요소 검토하기' 예제를 완료해야 합니다. 그 결과로 AWS EC2 인스턴스에 샘플과 바이너리가 포함된 Hyperledger Fabric을 설치해야 합니다.

수행 절차

BYFN에 새 조직인 Org3을 추가해야 하기 때문에, 먼저 BYFN 네트워크를 구동합니다. 다음 단계를 따릅니다:

1. 다음 명령을 사용하여 첫 번째 네트워크를 시작합니다.

   ```
   $ cd ~
   $ cd fabric-samples/first-network
   $ sudo ./byfn.sh generate
   $ sudo ./byfn.sh up
   ```

2. 스크립트를 실행하여 Org3을 mychannel 채널에 추가합니다.

   ```
   $ cd ~
   $ cd fabric-samples/first-network
   $ sudo ./eyfn.sh up
   ```

   다음 화면은 Org3이 mychannel에 성공적으로 추가되었음을 보여줍니다.

```
========= Finished adding Org3 to your first network! =========

 _____ _____  _    ____  _____
/  ___|_   _|/ \  |  _ \|_   _|
\ `--.  | | / _ \ | |_) | | |
 `--. \ | |/ ___ \|  _ <  | |
/\__/ / | /_/   \_\_| \_\ |_|
\____/  \_/

Extend your first network (EYFN) test

Channel name : mychannel
Querying chaincode on peer0.org3...
===================== Querying on peer0.org3 on channel 'mychannel'... =====================
Attempting to Query peer0.org3 ...3 secs
+ peer chaincode query -C mychannel -n mycc -c '{"Args":["query","a"]}'
+ res=0
+ set +x
90
===================== Query successful on peer0.org3 on channel 'mychannel' =====================
```

   Org3의 peer0에서 쿼리를 실행하여 시험해 볼 수 있습니다.

3. 네트워크를 종료하고 정리하려면 다음을 실행합니다.

```
$ cd fabric-samples/first-network
$ sudo ./eyfn.sh down
$ sudo ./byfn.sh down
```

작동 원리

Fabric 구축 네트워크 예제에서 했던 것처럼, eyfn.sh 스크립트는 작동 방식을 이해하는 데 유용한 리소스입니다.

커맨드라인 단계를 검토하여, 조직을 채널에 추가하기 위한 내부 구성 요소^{internal building blocks}를 확인합니다.

```
# Print the usage message
function printHelp () {
  echo "Usage: "
  echo "  eyfn.sh up|down|restart|generate [-c <channel name>] [-t <timeout>] [-d <delay>] [-f <docker-compose-file>] [-s <dbtype>]"
  echo "  eyfn.sh -h|--help (print this message)"
  echo "      <mode> - one of 'up', 'down', 'restart' or 'generate'"
  echo "        - 'up' - bring up the network with docker-compose up"
  echo "        - 'down' - clear the network with docker-compose down"
  echo "        - 'restart' - restart the network"
  echo "        - 'generate' - generate required certificates and genesis block"
  echo "      -c <channel name> - channel name to use (defaults to \"mychannel\")"
  echo "      -t <timeout> - CLI timeout duration in seconds (defaults to 10)"
  echo "      -d <delay> - delay duration in seconds (defaults to 3)"
  echo "      -f <docker-compose-file> - specify which docker-compose file use (defaults to docker-compose-cli.yaml)"
  echo "      -s <dbtype> - the database backend to use: goleveldb (default) or couchdb"
  echo "      -l <language> - the chaincode language: golang (default) or node"
  echo "      -i <imagetag> - the tag to be used to launch the network (defaults to \"latest\")"
  echo "      -v - verbose mode"
  echo
  echo "Typically, one would first generate the required certificates and "
  echo "genesis block, then bring up the network. e.g.:"
  echo
  echo "        eyfn.sh generate -c mychannel"
  echo "        eyfn.sh up -c mychannel -s couchdb"
  echo "        eyfn.sh up -l node"
  echo "        eyfn.sh down -c mychannel"
  echo
  echo "Taking all defaults:"
  echo "        eyfn.sh generate"
  echo "        eyfn.sh up"
  echo "        eyfn.sh down"
}
```

4. org3 인증서를 생성합니다.

```
$ cryptogen generate --config=./org3-crypto.yaml
```

5. org3 설정 자료를 생성합니다.

```
$ configtxgen -printOrg Org3MSP
```

6. 조직 3에 대한 트랜잭션 설정을 생성하고 제출합니다.

```
$ peer channel fetch config config_block.pb -o
orderer.example.com:7050 -c mychannel --tls --cafile
/opt/gopath/src/github.com/hyperledger/fabric/peer/
crypto/ordererOrganizations/example.com/orderers/
orderer.example.com/msp/tlscacerts/tlsca.example.com-cert.pem
$ configtxlator proto_encode --input config.json
  --type common.Config
$ configtxlator proto_encode --input modified_config.json
  --type common.Config
$ configtxlator compute_update --channel_id mychannel
--original original_config.pb --updated modified_config.pb
$ configtxlator proto_decode --input config_update.pb
--type common.ConfigUpdate
```

7. 생성된 org3을 추가하도록 트랜잭션을 구성합니다.

```
$ peer channel signconfigtx -f org3_update_in_envelope.pb
```

8. 다른 피어(peer0.org2)의 서명된 트랜잭션도 제출합니다.

```
$ peer channel update -f org3_update_in_envelope.pb -c mychannel -o
orderer.example.com:7050 --tls --cafile
/opt/gopath/src/github.com/hyperledger/fabric/peer/
crypto/ordererOrganizations/example.com/orderers/
orderer.example.com/msp/tlscacerts/tlsca.example.com-cert.pem
```

9. org3 피어가 네트워크에 가입하도록 합니다.

```
$ peer channel fetch 0 mychannel.block -o orderer.example.com:7050
-c mychannel --tls --cafile /opt/gopath/src/github.com/
  hyperledger/fabric/peer/crypto/ordererOrganizations/
  example.com/orderers/orderer.example.com/
  msp/tlscacerts/tlsca.example.com-cert.pem
$ peer channel join
 -b mychannel.blockcd fabric-samples/first-network
```

10. 체인코드를 설치하고 업데이트 합니다.

```
$ peer chaincode install -n mycc -v 2.0 -l golang -p
github.com/chaincode/chaincode_example02/go/
$ peer chaincode upgrade -o orderer.example.com:7050
--tls true --cafile /opt/gopath/src/github.com/hyperledger/
fabric/peer/crypto/ordererOrganizations/example.com/orderers/
orderer.example.com/msp/tlscacerts/tlsca.example.com-cert.pem
-C mychannel -n mycc -v 2.0 -c
'{"Args":["init","a","90","b","210"]}'
-P 'AND ('\''Org1MSP.peer'\'','\''Org2MSP.peer'\'',
 '\''Org3MSP.peer'\'')'
```

11. org3의 peer0이 쿼리합니다.

```
$ peer chaincode query -C mychannel -n mycc
-c '{"Args":["query","a"]}'
```

12. 다른 피어에서 트랜잭션을 호출하여 a에서 b로 10을 다시 이동합니다.

```
$ peer chaincode invoke -o orderer.example.com:7050 --tls true
--cafile /opt/gopath/src/github.com/hyperledger/fabric/peer/
crypto/ordererOrganizations/example.com/orderers/
orderer.example.com/msp/tlscacerts/tlsca.example.com-cert.pem
-C mychannel -n mycc --peerAddresses peer0.org1.example.com:7051
--tlsRootCertFiles /opt/gopath/src/github.com/hyperledger/
fabric/peer/crypto/peerOrganizations/org1.example.com/peers/
peer0.org1.example.com/tls/ca.crt
--peerAddresses peer0.org2.example.com:7051
--tlsRootCertFiles /opt/gopath/src/github.com/hyperledger/
fabric/peer/crypto/peerOrganizations/org2.example.com/peers/
 peer0.org2.example.com/tls/ca.crt
--peerAddresses peer0.org3.example.com:7051
--tlsRootCertFiles/opt/gopath/src/github.com/hyperledger/
fabric/peer/crypto/peerOrganizations/org3.example.com/peers/
peer0.org3.example.com/tls/ca.crt
-c '{"Args":["invoke","a","b","10"]}'
```

이것으로 채널의 기존 네트워크에 조직을 추가하는 방법을 마치겠습니다.

다음 예제에서는 트랜잭션을 검토하여 CouchDB 사용법을 살펴보겠습니다.

이전 단계를 모두 수행하면 첫 번째 네트워크가 만들어집니다. 이 네트워크는 두 개의 조직, 한 조직 당 두 개의 피어, 단일 솔로 오더링 서비스로 구성됩니다. 이미 실행중인 첫 번째 네트워크에서 자체 피어가 있는 어플리케이션 채널에 세 번째 조직을 추가한 다음, 새 채널에 참여시키는 방법을 이 예제에서 보여주었습니다.

로그 파일을 보면, 다음 순서로 세부 내용을 볼 수 있습니다.

- Org3 설정 자료 생성
- Org3를 추가하기 위한 config 트랜잭션 생성 및 제출
- Org3를 네트워크에 추가하기 위한 config 트랜잭션 생성
- jq 설치
- Org3을 네트워크에 추가하기위한 config 트랜잭션
- config 트랜잭션 서명
- 다른 피어(peer0.org2)에서 서명한 트랜잭션 제출
- 제출된 네트워크에 Org3을 추가하도록 트랜잭션 구성
- Org3 피어가 네트워크에 참여하게 함
- 첫 번째 네트워크에 Org3 설치
- 오더러로부터 채널 구성 블록을 가져옴
- peer0.org3이 mychannel 채널에 가입함
- peer1.org3가 mychannel 채널에 가입함
- peer0.org3에 체인코드 2.0 설치
- 네트워크에 Org3 피어를 가지도록 체인코드 업그레이드
- 첫 번째 네트워크에 Org3 추가 완료
- 체인코드가 peer0.org1에 설치됨
- 체인코드가 peer0.org2에 설치됨
- mychannel 채널의 peer0.org1에서 체인코드 업그레이드
- 첫 번째 네트워크에 Org3 추가 완료!

위와 같은 방식을 사용하여 정책 업데이트, 배치 크기 변경, 기타 채널 구성 업데이트를 할 수 있습니다. 하지만 지금은 새 조직을 추가하는 것에만 집중하겠습니다.

추가 정보

다음 블록은 Org3의 `org3-crypto.yaml` 섹션을 보여줍니다.

```
# ---------------------------------------------------------------------------
# "PeerOrgs" - Definition of organizations managing peer nodes
# ---------------------------------------------------------------------------
PeerOrgs:
# ---------------------------------------------------------------------------
# Org3
# ---------------------------------------------------------------------------
  - Name: Org3
    Domain: org3.example.com
    EnableNodeOUs: true
    Template:
      Count: 2
    Users:
      Count: 1
```

다음 블록은 Org3의 `configtx.yaml` 섹션을 보여줍니다.

```
################################################################################
#
#   Section: Organizations
#
#   - This section defines the different organizational identities which will
#   be referenced later in the configuration.
#
################################################################################
Organizations:
    - &Org3
        # DefaultOrg defines the organization which is used in the sampleconfig
        # of the fabric.git development environment
        Name: Org3MSP
```

```
# ID to load the MSP definition as
ID: Org3MSP
MSPDir: crypto-config/peerOrganizations/org3.example.com/msp
AnchorPeers:
# AnchorPeers defines the location of peers which can be used for cross org
gossip #communication. Note, this value is only
# encoded in the genesis block in the Application section context
- Host: peer0.org3.example.com
  Port: 7051
```

다음 예제에서는 스마트 컨트랙트가 CouchDB와 어떻게 동작하는지 살펴보겠습니다.

CouchDB 사용하기

이 예제에서는 CouchDB를 사용하여 네트워크를 시작한 다음, CouchDB에 적용된 트랜잭션을 웹 UI에서 살펴봅니다. 이 예제를 성공적으로 실행하려면 AWS EC2 인스턴스에 Hyperledger Fabric 샘플과 바이너리를 설치해야 합니다.

수행 절차

CouchDB를 사용하려면 다음 단계를 수행합니다.

1. 네트워크가 구동하고 있는지 확인합니다. 작동 중이면 다음과 같이 네트워크를 종료합니다.

   ```
   $ cd fabric-samples/first-network
   $ sudo ./byfn.sh down
   ```

2. CouchDB를 사용하여 BYFN 네트워크를 시작합니다.

   여기에서는 CouchDB 데이터베이스를 사용하여 네트워크를 시작합니다.

   ```
   $ cd fabric-samples/first-network
   $ sudo ./byfn.sh up -c mychannel -s couchdb
   ```

다음 스크린샷은 네트워크가 구동하는 것을 보여줍니다.

```
================= Chaincode is installed on peer1.org2 =================
Querying chaincode on peer1.org2...
================= Querying on peer1.org2 on channel 'mychannel'... =================
Attempting to Query peer1.org2 ...3 secs
+ peer chaincode query -C mychannel -n mycc -c '{"Args":["query","a"]}'
+ res=0
+ set +x
90
================= Query successful on peer1.org2 on channel 'mychannel' =================

========= All GOOD, BYFN execution completed =========
```

3. CLI 컨테이너로 이동하여 커맨드라인으로 체인코드를 설치합니다.

```
$ sudo docker exec -it cli bash
$ peer chaincode install -n marbles -v 1.0
  -p github.com/chaincode/marbles02/go
```

4. 체인코드를 초기화합니다.

```
        $ export CHANNEL_NAME=mychannel
        $ peer chaincode instantiate -o orderer.example.com:7050
--tls --cafile /opt/gopath/src/github.com/hyperledger/fabric/peer/
    crypto/ordererOrganizations/example.com/orderers/
    orderer.example.com/msp/tlscacerts/tlsca.example.com-cert.pem
    -C $CHANNEL_NAME -n marbles -v 1.0 -c '{"Args":["init"]}' -P "OR
    ('Org0MSP.peer','Org1MSP.peer')"
```

5. 체인코드를 호출합니다. 다음 명령은 체인코드를 호출하여 marble을 생성합니다.

```
$ peer chaincode invoke -o orderer.example.com:7050 --tls
--cafile /opt/gopath/src/github.com/hyperledger/fabric/peer/
```

```
crypto/ordererOrganizations/example.com/orderers/
orderer.example.com/msp/tlscacerts/tlsca.example.com-cert.pem
-C $CHANNEL_NAME -n marbles -c
'{"Args":["initMarble","marble5","blue","35","tom"]}'
```

다음 스크린샷은 체인코드가 성공적인 생성된 것을 보여줍니다.

6. http://host-ip:5984/_utils/#/_all_dbs로 이동하여 CouchDB UI를 엽니다(필자의 경우 AWS 퍼블릭 IP 주소는 3.91.245.92이므로 URL은 http://3.91.245.92:5984/_utils/#/_all_dbs입니다).

Name	Size	# of Docs	Actions
_replicator	2.3 KB	1	
_users	2.3 KB	1	
mychannel_	13.5 KB	2	
mychannel_lscc	1.2 KB	2	
mychannel_marbles	1.3 KB	3	
mychannel_mycc	1.6 KB	2	

CouchDB에 대한 공개 접근을 허용하려면 5984 포트를 열어야 합니다. 인스턴스 아래의 AWS 보안 그룹으로 이동하고, 마법사를 시작한 다음, **보안그룹 생성 | 인바운드 규칙 편집 | 인바운드 규칙** 추가를 선택합니다.

이것은 다음과 같이 표시됩니다. 그런 다음 **저장**을 클릭합니다. 다음 예제를 따르면 모든 IP 주소가 CouchDB에 접근하도록 허용할 수 있습니다.

7. **mychannel_marbles**에서 ID가 **marble5**인 트랜잭션을 쿼리하고 볼 수 있습니다.

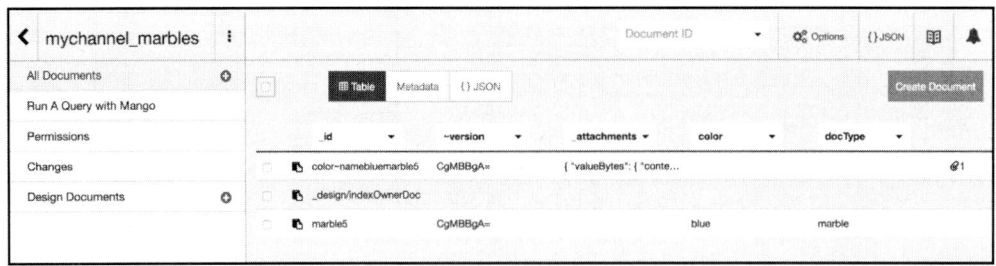

8. **marble5**를 클릭하면 기본 **marble5** 파일이 표시됩니다.

지금까지 CouchDB를 사용하여 Fabric 네트워크에서 트랜잭션을 생성하고 업데이트하는 방법을 살펴보았습니다.

다음 예제에서는 스마트 컨트랙트를 작성하고 어플리케이션으로 배포해 보겠습니다.

작동 원리

이번 예제에서 CouchDB를 Hyperledger Fabric에서의 상태^{state} 데이터베이스로 사용하는 방법을 배웠습니다. 또한 CouchDB를 사용하여 Marbles를 네트워크에 배포하는 방법도 살펴보았습니다.

Hyperledger Fabric은 두 가지 유형의 피어 데이터베이스를 지원합니다. LevelDB는 피어 노드에 내장된 기본 상태 데이터베이스로, 체인코드 데이터를 간단한 키-값 쌍으로 저장합니다. CouchDB는 옵션으로 선택 가능한 상태 데이터베이스로, 체인코드 데이터 값을 JSON으로 모델링하여 다양한 쿼리를 지원합니다. 본 예제는 CouchDB를 Fabric의 상태 데이터베이스로 사용하기 위해 필요한 단계를 설명합니다. CouchDB는 순수한 키-값 저장소가 아닌 JSON 문서 데이터 저장소이므로, 데이터베이스 내의 문서 내용을 색인화^{indexing} 할 수 있습니다.

마지막 예제에서는 첫 번째 스마트 컨트랙트 어플리케이션을 작성하고 이를 블록체인에 배포하는 방법을 보여주겠습니다.

첫 어플리케이션 개발하기

본 예제에서는 스마트 컨트랙트를 작성하고 이를 블록체인에 배포하는 방법을 살펴보겠습니다.

본 예제를 실행하려면 이 장의 'AWS에 Hyperledger Fabric 설치하기' 예제를 완료하여 Hyperledger Fabric의 샘플과 바이너리를 AWS EC2 인스턴스에 설치해야 합니다.

수행 절차

첫 번째 어플리케이션을 작성하려면 다음 단계를 따릅니다.

1. 개발 환경을 설정합니다.

```
$ cd ~
cd fabric-samples/first-network
sudo docker ps
sudo ./byfn.sh down
sudo docker rm -f $(sudo docker ps -aq)
sudo docker network prune
cd ../fabcar && ls
```

fabcar 폴더에는 **Node.js** 파일이 몇 개 있으며(enrollAdmin.js, invoke.js, query.js, registerUser.js, package.json), 다른 모든 파일은 startFabric.sh 파일로 패키지되어 있습니다.

2. Fabric 클라이언트를 설치합니다.

```
$ sudo npm install -g npm@5.3.0
$ sudo npm update
```

다음 스크린샷에서 Fabric 클라이언트 1.3.0과 Fabric CA 클라이언트 1.3.0 패키지가 설치되어 있음을 확인할 수 있습니다.

```
CXX(target) Release/obj.target/pkcs11/src/pkcs11/param_ecdh.o
CXX(target) Release/obj.target/pkcs11/src/pkcs11/pkcs11.o
CXX(target) Release/obj.target/pkcs11/src/async.o
CXX(target) Release/obj.target/pkcs11/src/node.o
SOLINK_MODULE(target) Release/obj.target/pkcs11.node
  COPY Release/pkcs11.node
make: Leaving directory '/home/ubuntu/fabric-samples/fabcar/node_modules/pkcs11js/build'
npm notice created a lockfile as package-lock.json. You should commit this file.
npm WARN ajv-keywords@2.1.1 requires a peer of ajv@^5.0.0 but none was installed.
npm WARN fabcar@1.0.0 No repository field.

+ grpc@1.18.0
+ fabric-ca-client@1.3.0
+ fabric-client@1.3.0
added 743 packages in 44.441s
```

3. 다음 명령을 실행하여 네트워크를 시작합니다.

```
$ sudo ./startFabric.sh node
```

4. 새로운 터미널을 열어 Docker 로그를 출력합니다.

```
$ sudo docker logs -f ca.example.com
```

다음 스크린샷과 비슷하게 Docker 파일을 열게 됩니다.

```
# don't rewrite paths for Windows Git Bash users
export MSYS_NO_PATHCONV=1

docker-compose -f docker-compose.yml down
Removing network net_basic
WARNING: Network net_basic not found.

docker-compose -f docker-compose.yml up -d ca.example.com orderer.example.com peer0.org1.example.com couchdb
Creating network "net_basic" with the default driver
Creating orderer.example.com
Creating couchdb
Creating ca.example.com
Creating peer0.org1.example.com

# wait for Hyperledger Fabric to start
# incase of errors when running later commands, issue export FABRIC_START_TIMEOUT=<larger number>
export FABRIC_START_TIMEOUT=10
#echo ${FABRIC_START_TIMEOUT}
sleep ${FABRIC_START_TIMEOUT}

# Create the channel
docker exec -e "CORE_PEER_LOCALMSPID=Org1MSP" -e "CORE_PEER_MSPCONFIGPATH=/etc/hyperledger/msp/users/Admin@org1.example.com/msp" peer0.org1.example.com peer channel create -o orderer.example.com:7050 -c mychannel -f /etc/hyperledger/configtx/channel.tx
2019-01-05 19:27:29.498 UTC [channelCmd] InitCmdFactory -> INFO 001 Endorser and orderer connections initialized
2019-01-05 19:27:29.544 UTC [cli/common] readBlock -> INFO 002 Received block: 0
# Join peer0.org1.example.com to the channel.
docker exec -e "CORE_PEER_LOCALMSPID=Org1MSP" -e "CORE_PEER_MSPCONFIGPATH=/etc/hyperledger/msp/users/Admin@org1.example.com/msp" peer0.org1.example.com peer channel join -b mychannel.block
2019-01-05 19:27:29.963 UTC [channelCmd] InitCmdFactory -> INFO 001 Endorser and orderer connections initialized
2019-01-05 19:27:30.073 UTC [channelCmd] executeJoin -> INFO 002 Successfully submitted proposal to join channel
Creating cli
2019-01-05 19:27:31.654 UTC [chaincodeCmd] checkChaincodeCmdParams -> INFO 001 Using default escc
2019-01-05 19:27:31.654 UTC [chaincodeCmd] checkChaincodeCmdParams -> INFO 002 Using default vscc
2019-01-05 19:27:31.680 UTC [chaincodeCmd] install -> INFO 003 Installed remotely response:<status:200 payload:"OK" >
2019-01-05 19:27:32.002 UTC [chaincodeCmd] checkChaincodeCmdParams -> INFO 001 Using default escc
2019-01-05 19:27:32.002 UTC [chaincodeCmd] checkChaincodeCmdParams -> INFO 002 Using default vscc
2019-01-05 19:28:12.288 UTC [chaincodeCmd] chaincodeInvokeOrQuery -> INFO 001 Chaincode invoke successful. result: status:200

Total setup execution time : 58 secs ...

Start by installing required packages run 'npm install'
Then run 'node enrollAdmin.js', then 'node registerUser'

The 'node invoke.js' will fail until it has been updated with valid arguments
The 'node query.js' may be run at anytime once the user has been registered
```

다음으로 Fabric 네트워크에서 Node.js 스크립트의 실행, 쿼리, 레코드 업데이트를 수행하겠습니다.

SDK를 사용하여 API에 접근

본 예제에서 어플리케이션은 SDK를 사용하여 API에 접근함으로써 원장을 조회하고 업데이트를 수행합니다. 다음 단계를 수행하겠습니다.

1. enrollAdmin.js 스크립트를 사용하여 관리자를 등록합니다.

   ```
   $ sudo node enrollAdmin.js
   ```

   네트워크를 시작할 때 관리자는 인증 기관(CA)에 등록되어 있어야 합니다. CA

서버에 등록 호출^(enrollment call)을 보내고, 이 사용자에 대한 **등록 인증서(eCert)**를 가져옵니다. 그 다음 이 관리자를 사용하여 다른 사용자를 등록^(register and enroll)합니다.

```
ubuntu@ip-172-31-45-218:~/fabric-samples/fabcar$ sudo node enrollAdmin.js
Store path:/home/ubuntu/fabric-samples/fabcar/hfc-key-store
(node:4356) DeprecationWarning: grpc.load: Use the @grpc/proto-loader module with grpc.loadPackageDefinition instead
Successfully enrolled admin user "admin"
Assigned the admin user to the fabric client ::{"name":"admin","mspid":"Org1MSP","roles":null,"affiliation":"","enrollmentSecret":"","enrollment":{"signingIdentity":"8312cd0dbdeeddf02397eaab8e36ff1f4b44507777313e55667d68e9dcce5853","identity":{"certificate":"-----BEGIN CERTIFICATE-----\nMIICATCCAaigAwIBAgIUE2Ce0FH7IGtsj0xaTXWmd1uFeMkwCgYIKoZIzj0EAwIw\nczELMAkGA1UEBhMCVVMxEzARBgNVBAgTCkNhbGlmb3JuaWExFjAUBgNVBAcTDVNh\nbiBGcmFuY2lzY28xGTAXBgNVBAoTEG9yZzEuZXhhbXBsZS5jb20xHDAaBgNVBAMT\nE2NhLm9yZzEuZXhhbXBsZS5jb20wHhcNMTkwMTA1MTkzNjAwWhcNMjAwMTA1MTk0\nMTAwWjAhMQ8wDQYDVQQLEwZjbGllbnQxDjAMBgNVBAMTBWFkbWluMFkwEwYHKoZI\nzj0CAQYIKoZIzj0DAQcDQgAEjEewCJzMAxWIAvnELX1tTRxAZfY3aOUZG1wUlA7w\nmxR9q1XOfUG15+doDN7YCYSLW4lEGa+QaN8b4CqNNt/irIaNsMGowQgYDVR0PAQH/\nBAQDAgeAMAwGA1UdEwEB/wQCMAAwHQYDVR0OBBYEFCxsDPYQ8dFkAA+lcnGmqOpz\nnq7tcMCsGA1UdIwQkMCKAIEISqg3NdtruuLoM2nAYUdFFBNMarRst3dusalc2Kkl8\nMAoGCCqGSM49BAMCA0cAMEQCID9+iCfAq4xkrsUNphUCGJMqb0dbSENezFXIZgFy\nKGRUAiBOuIC8SWrNMHA3gPTg6tJA1xS6+tutOmK6rpzZB5hnm4Q==\n-----END CERTIFICATE-----\n"}}}
```

2. `registerUser.js` 스크립트를 사용하여 user1이라는 사용자를 등록합니다.

```
$ sudo node registerUser.js
```

3. 관리자 용으로 새로 생성된 eCert를 사용하여 CA 서버와 한 번 더 통신하여 user1을 등록합니다. user1의 ID를 사용하여 원장을 쿼리하고 업데이트할 수 있습니다.

```
Store path:/home/ubuntu/fabric-samples/fabcar/hfc-key-store
(node:4370) DeprecationWarning: grpc.load: Use the @grpc/proto-loader module with grpc.loadPackageDefinition instead
Successfully loaded admin from persistence
Successfully registered user1 - secret:ZLBOPPJGbJOY
Successfully enrolled member user "user1"
User1 was successfully registered and enrolled and is ready to interact with the fabric network
```

4. 원장에 대해 쿼리를 실행해 보겠습니다.

```
$ sudo node query.js
```

5. 다음 스크린샷이 반환됩니다. 네트워크에 CAR0에서 CAR9까지 10대의 자동차가 있음을 알 수 있습니다. 각 자동차는 색상, 타입, 제조사, 모델 및 소유자 속성이 있습니다:

```
Store path:/home/ubuntu/fabric-samples/fabcar/hfc-key-store
(node:4384) DeprecationWarning: grpc.load: Use the @grpc/proto-loader module with grpc.loadPackageDefinition instead
Successfully loaded user1 from persistence
Query has completed, checking results
Response is [{"Key":"CAR0","Record":{"color":"blue","docType":"car","make":"Toyota","model":"Prius","owner":"Tomoko"}},{"Key":"CAR1","Record":{"color":"red","docType":"car","make":"Ford","model":"Mustang","owner":"Brad"}},{"Key":"CAR2","Record":{"color":"green","docType":"car","make":"Hyundai","model":"Tucson","owner":"Jin Soo"}},{"Key":"CAR3","Record":{"color":"yellow","docType":"car","make":"Volkswagen","model":"Passat","owner":"Max"}},{"Key":"CAR4","Record":{"color":"black","docType":"car","make":"Tesla","model":"S","owner":"Adriana"}},{"Key":"CAR5","Record":{"color":"purple","docType":"car","make":"Peugeot","model":"205","owner":"Michel"}},{"Key":"CAR6","Record":{"color":"white","docType":"car","make":"Chery","model":"S22L","owner":"Aarav"}},{"Key":"CAR7","Record":{"color":"violet","docType":"car","make":"Fiat","model":"Punto","owner":"Pari"}},{"Key":"CAR8","Record":{"color":"indigo","docType":"car","make":"Tata","model":"Nano","owner":"Valeria"}},{"Key":"CAR9","Record":{"color":"brown","docType":"car","make":"Holden","model":"Barina","owner":"Shotaro"}}]
```

6. 다음 체인코드는 queryAllCars 함수를 사용하여 모든 자동차를 조회하는 쿼리를 구성합니다.

```
// queryCar chaincode function - requires 1 argument,
   ex: args: ['CAR4'],
// queryAllCars chaincode function - requires no arguments,
   ex: args: [''],
  const request = {
     //targets : --- letting this default to the
        peers assigned to the channel
     chaincodeId: 'fabcar',
     fcn: 'queryAllCars',
     args: ['']
  }
```

7. 원장을 업데이트합니다. 이를 위해 invoke.js 스크립트를 업데이트하겠습니다. 이번에 fabcar 체인코드는 createCar 함수를 사용하여 새 차 CAR10을 원장에 추가합니다.

```
var request = {
    //targets: let default to the peer assigned to the client
    chaincodeId: 'fabcar',
    fcn: 'createCar',
    args: ['CAR10', 'Chevy', 'Volt', 'Red', 'Nick'],
    chainId: 'mychannel',
    txId: tx_id
};

sudo node invoke.js
```

CAR10을 생성하는 것으로 트랜잭션을 완료합니다.

8. 쿼리를 실행하여 변경 사항을 확인합니다. queryCar 함수가 CAR10을 조회하도록 query.js를 변경합니다.

```
var request = {
   //targets: let default to the peer assigned to the client
   chaincodeId: 'fabcar',
```

```
    fcn: 'queryCar',
    args: ['CAR10'],
    chainId: 'mychannel',
    txId: tx_id
};
```

9. query.js를 다시 실행합니다. 이제 원장에서 CAR10 정보를 다음과 같이 추출할 수 있습니다.

{"color":"Red","docType":"car","make":"Chevy","model":"Volt","o wner":"Nick"}

```
sudo node query.js
```

다음 쿼리의 결과는 다음과 같습니다.

```
Store path:/home/ubuntu/fabric-samples/fabcar/hfc-key-store
(node:9047) DeprecationWarning: grpc.load: Use the @grpc/proto-loader module with grpc.loadPackageDefinition instead
Successfully loaded user1 from persistence
Query has completed, checking results
Response is {"color":"Red","docType":"car","make":"Chevy","model":"Volt","owner":"Nick"}
```

10. Fabric 네트워크를 종료합니다.

```
sudo docker stop $(sudo docker ps -a -q)
sudo docker rm $(sudo docker ps -a -q)
sudo docker ps
```

지금까지 스마트 컨트랙트 체인코드를 사용하여 트랜잭션을 쿼리하고 업데이트하는 단계를 거쳤습니다. 이제 내부에서 어떻게 작동하는지 살펴봅시다.

작동 원리

이것으로 첫 스마트 컨트랙트 체인코드를 만들고 배포하는 예제를 마쳤습니다. 이전 단계에서는 query.js를 사용하여 키-값 페어 저장소를 쿼리했습니다. 하나 이상의 키 값을 쿼리하거나, JSON 데이터 저장 포맷에 대한 복잡한 검색을 수행할 수도 있습니다. 다음 그림은 쿼리의 작동 방식을 보여줍니다.

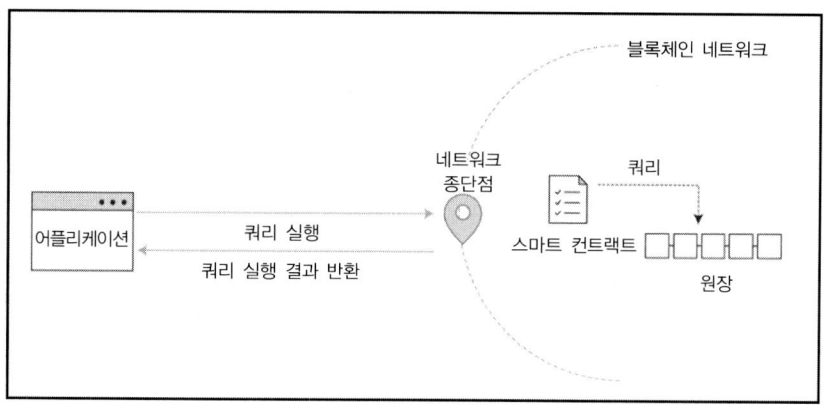

다음 그림은 체인코드의 함수들을 보여줍니다. 먼저 체인코드 인터페이스에서 사용 가능한 모든 API에 대해 코드 함수를 정의해야 합니다.

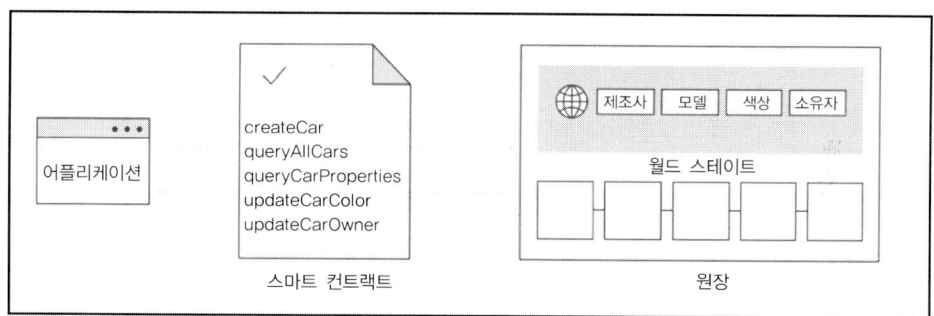

다음 그림은 원장을 업데이트하는 프로세스를 보여줍니다. 원장에 대한 업데이트가 프로포즈되고 보증되면 어플리케이션에게 반환됩니다. 그 다음에 업데이트 된 원장을 보내어 오더하고 모든 피어의 원장에 기록합니다.

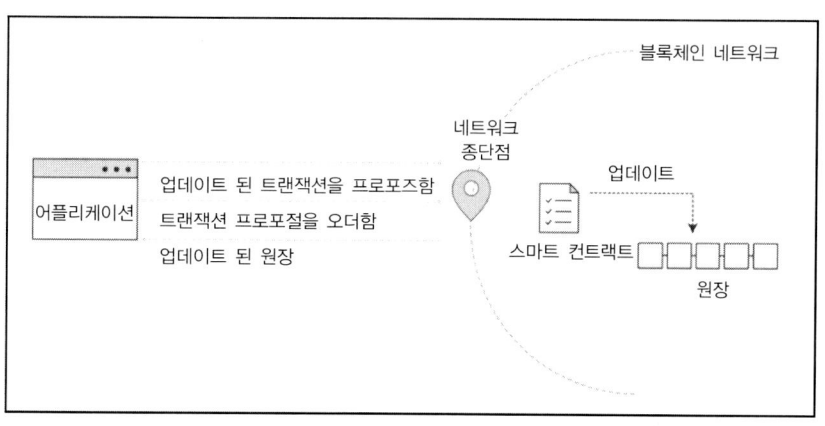

이번 장에서는 Fabric 네트워크에 스마트 컨트랙트 체인코드를 작성하여, 트랜잭션 데이터를 쿼리하고 업데이트하는 방법을 배웠습니다.

다음 장에서는 이 장에서 배운 모든 내용을 활용하여 종단 간$^{end-to-end}$ Hyperledger Fabric 어플리케이션을 작성하는 방법을 배우겠습니다.

참고 사항

- *Fabric Explored*: *A Technical Deep-Dive* on Hyperledger Fabric, IBM blockchain, IBM September 17, 2018(https://www.slideshare.net/Matt-Lucas3/blockchain-hyperledger-fabric-explored-v45)
- The *hyperledger-fabricdocs Documentation*, release master, January 27, 2019: https://media.readthedocs.org/pdf/hyperledger-fabric/latest/hyperledger-fabric.pdf

CHAPTER 2

Hyperledger Fabric 구현

이전 장에서는 Hyperledger Fabric을 설정하고 구성하는 방법에 대해 배웠습니다. 주요 구성 요소들인 채널, **멤버십 서비스 제공자(MSP)**, 오더링 서비스, Fabric **인증 기관(CA)** 도 살펴 보았습니다.

이 장에서는 간단한 디바이스 자산 관리 DApp을 구축할 것입니다. 다양한 프로그래밍 언어로 체인코드를 작성해보고, DApp을 빌드, 테스트, 배포합니다.

먼저 재고 자산 관리를 살펴보고 다음 예제를 순서대로 살펴보겠습니다.

- 체인코드로 스마트 컨트랙트 작성
- Fabric 체인코드 컴파일 및 배포
- 스마트 컨트랙트 실행 및 테스트
- SDK로 Hyperledger Fabric 어플리케이션 개발

재고 자산 관리

블록체인 기술은 비즈니스 로직을 위한 불변의, 분산화된, 신뢰주체가 필요 없는, 피어 투 피어 원장을 구축하기 위한 전환점입니다. 블록체인의 레코드는 암호화 기법을 사용하여 연결됩니다. 각 블록에는 블록 타임스탬프, 트랜잭션 데이터 및 이전 블록의 암호화 해시hash 정보가 포함됩니다.

IT 자산 관리는 조직 전략의 중요한 부분입니다. 일반적으로 하드웨어 구매, 재배포와 같은 비즈니스 관행을 위해 상세한 IT 자산 정보를 통합합니다. 일반적인 비즈니스 관행에는 요청 및 승인 프로세스, 조달 관리, 수명주기 관리 등이 포함됩니다.

오늘날에는 제조업체, 운송업체, IT 서비스 부서, 최종 사용자에 이르기까지 많은 참여자가 자산 수명주기에 개입합니다. 각 참여자들은 자체 관리 시스템이 있습니다. 결과적으로, 모든 데이터를 통합하여 자산의 전체 수명주기 동안 일관된 자산정보를 유지하는 것은 매우 어렵습니다.

설계 관점에서 보면, 블록체인은 공유 원장 기술입니다. 자산 등록, 제어, 전송에 아주 적합합니다. 자산 추적 관리 시스템에 블록체인을 적용하면 디지털 트랜잭션을 보다 안전하고 투명하게 추적할 수 있습니다. 또한 일관된 자산정보를 중심으로 자산 관리 문제를 해결할 수 있는 새로운 기회를 제공합니다.

본 장에서는 IT 자산^{asset} 관리 시스템의 프로세스를 살펴보겠습니다. 주요 프로세스 중 하나는 자산의 전체 수명주기를 추적하는 것입니다. 여기에는 자산 주문, 자산 운송, 자산 수령, 신규 자산 요청, 자산 승인, 자산 재활용 및 폐기가 포함됩니다. 추적 활동에는 조직의 다양한 위치에서 자산을 지리적으로 배치하는 것도 포함됩니다. 현재 자산의 위치와 사용 가능한 자산을 식별할 수 있다면 조직은 재고를 보다 잘 관리할 수 있습니다.

실제 시나리오에서는 매우 복잡할 수 있으므로, 데모를 위해 전체 프로세스를 단순화하겠습니다. 다음의 학교 IT 자산 관리 시스템에서는 **SAO**$^{School\ Administrative\ Office}$, **OEM**$^{Original\ Equipment\ Manufacturer}$, 최종 사용자인 학생을 세 참가자로 정의했습니다. 이 시나리오에서는 다음 트랜잭션이 발생합니다.

1. **SAO**가 **OEM**에게 주문합니다.
2. **OEM**은 주문을 받고, 제품을 만들고, 주문 내역을 발주합니다.
3. 학교는 주문 내역을 받고 학생들에게 제품을 배포합니다.

다음 그림은 전체 프로세스를 보입니다.

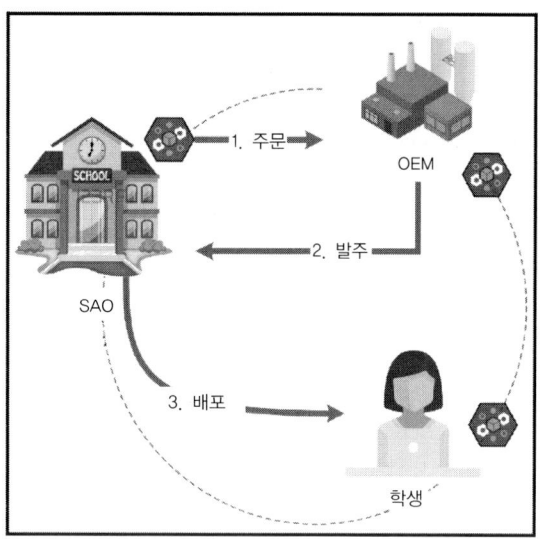

다음 예제에서는 Fabric 체인코드로 이 흐름을 구현하겠습니다.

체인코드로 스마트 컨트랙트 작성

Hyperledger Fabric의 체인코드는 스마트 컨트랙트와 유사합니다. 비즈니스 로직을 구현한 프로그램으로 블록체인 위에서 실행됩니다. 어플리케이션은 체인코드를 호출하여 원장의 상태를 관리하고 트랜잭션 기록을 원장에 보관함으로써 블록체인과 상호 작용합니다. 이 체인코드는 각각의 보증인 피어 노드에 설치해야 되며, 이들 피어 노드는 보안 Docker 컨테이너에서 실행됩니다. Hyperledger Fabric 체인코드는 Go, Node.js, Java로 프로그래밍 할 수 있습니다.

모든 체인코드 프로그램은 체인코드 인터페이스를 구현해야 합니다. 이 섹션에서는 Go 언어를 사용한 체인코드 구현을 살펴보겠습니다.

💡 사전 준비

1장, 'Hyperledger Fabric 구동'에서 Hyperledger Fabric과 런타임 환경을 설정했습니다. 이 작업을 완료하지 않았다면 이전 장을 다시 보시기 바랍니다. 그 다음 이 예제를 따라 시작할 수 있습니다.

Go 언어를 사용한 체인코드 작성

모든 체인코드는 체인코드 인터페이스를 구현해야 합니다. 인터페이스에는 두 가지 메소드가 정의되어 있습니다.

```
type Chaincode interface {
    Init (stub ChaincodeStubInterface) pb.Response
    Invoke (stub ChaincodeStubInterface) pb.Response
}
```

여기서 Init 메소드는 체인코드 컨테이너가 처음 설정된 후, 체인코드가 초기 상태를 생성하고 데이터 초기화를 수행하기 위해 호출됩니다. Invoke 메소드는 프로포절된 트랜잭션에서 원장과 상호 작용(자산에 대한 쿼리 또는 업데이트)하기 위해 호출됩니다.

ChaincodeStubInterface는 어플리케이션이 원장에 접근하고 수정할 수 있는 API를 제공합니다. 여기에는 중요한 API가 몇 개 있습니다.

```
type ChaincodeStubInterface interface {
    InvokeChaincode(chaincodeName string, args [][]byte, channel string)
pb.Response
    GetState(key string) ([]byte, error)
    PutState(key string, value []byte) error
    DelState(key string) error
    GetQueryResult(query string) (StateQueryIteratorInterface, error)
    GetTxTimestamp() (*timestamp.Timestamp, error)
    GetTxID() string
    GetChannelID() string
}
```

중요한 API는 다음과 같습니다.

- InvokeChaincode: 체인코드 함수를 호출합니다.
- GetState: 지정된 키에 해당하는 값을 원장에서 반환합니다.

- PutState: 키와 값을 원장에 추가합니다.

기본 체인코드 API를 이해했으므로 이제 IT 자산 관리를 위한 체인코드를 작성해 보겠습니다.

수행 절차

체인코드를 사용하여 학교 IT 자산 관리 시스템을 구현하고 Asset 객체와 Init, Invoke, Query 함수를 정의하겠습니다. 이를 위해 다음 단계를 수행합니다.

1. Go 언어를 사용하여 체인코드를 작성하므로, Unix(Ubuntu)에 Go를 설치합니다. Go 버전 1.10.x가 설치되어 있는지 확인합니다. Go를 아직 설치하지 않은 경우, 다음 명령을 실행합니다.

   ```
   wget https://dl.google.com/go/go1.11.4.linux-amd64.tar.gz
   sudo tar -zxvf go1.11.4.linux-amd64.tar.gz -C /usr/local/
   ```

2. itasset라는 로컬 폴더를 만들고 해당 폴더로 이동합니다.

   ```
   mkdir ~/itasset && cd ~/itasset
   ```

3. Go를 위한 PATH 변수를 설정하려면, 다음 명령을 입력합니다.

   ```
   ubuntu@ip-172-31-0-111:~$ export GOPATH=/home/ubuntu/itasset/
   ubuntu@ip-172-31-0-111:~$ export
   PATH=/usr/local/go/bin:$GOPATH/bin/:$PATH
   ubuntu@ip-172-31-0-111:~$ cd /home/ubuntu/itasset/
   ubuntu@ip-172-31-0-111:~/itasset$ mkdir -p $GOPATH/src/assetmgr
   ubuntu@ip-172-31-0-111:~/itasset$ cd $GOPATH/src/assetmgr
   ```

4. IT 자산 관리를 작성하기 위해 체인코드 소스 파일 assetmgr.go를 생성합니다.

   ```
   touch assetmgr.go
   ```

5. 우리의 assetmgr 체인코드는 Chaincode 인터페이스와 IT 자산 관리를 위한 비즈니스 기능을 구현해야 합니다. 이전 섹션에서 논의했듯이 다음 세 가지 체인코드 함수를 블록체인에 구현할 것입니다.

   Order: OEM에서 디바이스를 주문하기 위해 학교 관리자가 호출하는 함수
   Ship: 디바이스를 학교로 운송하기 위해 OEM이 호출하는 함수
   Distribute: 디바이스를 학생에게 배포하기 위해 학교가 호출하는 함수

   학생이 디바이스를 받으면 자산 관리 프로세스가 완료됩니다. 디바이스의 자산 정보를 추적할 것이므로, 관련 추적 정보 및 디바이스를 체인코드에 정의해야 합니다.

6. 체인코드 구현 분석을 기반으로, AssetMgr 체인코드의 스켈레톤^{skeleton}을 정의하겠습니다. 먼저, import 섹션을 정의합니다.

```go
package main
import (
        "encoding/json"
        "fmt"
        "github.com/hyperledger/fabric/core/chaincode/shim"
        pb "github.com/hyperledger/fabric/protos/peer"
)
type AssetMgr struct {
}
```

7. 자산을 정의합니다.

```go
//define organization asset information, the record can be trace in bloackchain
type OrgAsset struct {
}
```

8. Init와 Invoke 메소드를 정의합니다.

```go
func (c *AssetMgr) Init(stub shim.ChaincodeStubInterface) pb.Response {
```

```
                return shim.Success(nil)
}
func (c *AssetMgr) Invoke(stub shim.ChaincodeStubInterface)
pb.Response {
                return shim.Error("Invalid function name")
}
func (c *AssetMgr) Order(stub shim.ChaincodeStubInterface, args
[]string) pb.Response {
}
func (c *AssetMgr) Ship(stub shim.ChaincodeStubInterface, args
[]string) pb.Response {
}
func (c *AssetMgr) Distribute(stub shim.ChaincodeStubInterface,
args []string) pb.Response {
}
```

9. 체인코드의 주요 기능을 정의합니다.

```
func main() {
                err := shim.Start(new(AssetMgr))
                if err != nil {
                                fmt.Printf("Error creating new
AssetMgr Contract: %s", err)
                }
}
```

AssetMgr 스켈레톤을 정의했습니다. 다음으로, 미구현된 모든 기능을 체인코드에 구현해야 합니다. OrgAsset 엔터티를 정의하는 것부터 시작하겠습니다.

OrgAsset 엔터티

모든 자산에는 자산을 식별할 수 있는 Id 필드가 있어야 합니다. 각 디바이스에는 iPhone, iPad, macOS와 같이 디바이스 타입을 나타내는 물리적 디바이스 ID(DeviceId)도 있습니다. IT 자산 관리 흐름 프로세스 기간(status) 중에, 디바이스가 한 엔터티(from)에서 다른 엔터티(to)로 전송되고 디바이스의 위치(location)도 계속 변경됩니다. 각 엔터티는 각 단계에서 추가 정보를 제공하기 위해 코멘트(comment)를 입력할 수 있습니다. 이를 바탕으로, `OrgAsset` 엔터티를 다음과 같이 정의할 수 있습니다.

```go
type OrgAsset struct {
            Id          string  'json:"id"'          //the assetId
            AssetType   string  'json:"assetType"'   //type of device
            Status      string  'json:"status"'      //status of asset
            Location    string  'json:"location"'    //device location
            DeviceId    string  'json:"deviceId"'    //DeviceId
            Comment     string  'json:"comment"'     //comment
            From        string  'json:"from"'        //from
            To          string  'json:"to"'          //to
}
```

`OrgAsset` 엔터티를 정의한 뒤, `Init` 함수의 구현을 살펴보겠습니다.

Init 함수

`Init` 함수의 구현은 다음과 같습니다.

```go
func (c *AssetMgr) Init(stub shim.ChaincodeStubInterface) pb.Response {
    args := stub.GetStringArgs()
    if len(args) != 3 {
        return shim.Error("Incorrect arguments. Expecting a key and a value")
    }
    assetId := args[0]
    assetType := args[1]
    deviceId := args[2]

    //create asset
    assetData := OrgAsset{
        Id: assetId,
        AssetType: assetType,
        Status: "START",
        Location: "N/A",
        DeviceId: deviceId,
        Comment: "Initialized asset",
        From: "N/A",
        To: "N/A"}
    assetBytes, _ := json.Marshal(assetData)
```

```
        assetErr := stub.PutState(assetId, assetBytes)
        if assetErr != nil {
            return shim.Error(fmt.Sprintf("Failed to create asset: %s", args[0]))
        }
        return shim.Success(nil)
}

func (c *AssetMgr) Init(stub shim.ChaincodeStubInterface) pb.Response {
        args := stub.GetStringArgs()
            assetId := args[0] assetType := args[1] deviceId := args[2]
            //create asset
            assetData := OrgAsset{Id:         assetId,AssetType: assetType,                  Status:      "START",Location: "N/A",DeviceId: deviceId,Comment:    "Initialized asset",From:       "N/A",                  To: "N/A"}
            assetBytes, _ := json.Marshal(assetData)
            assetErr := stub.PutState(assetId, assetBytes)
...
            return shim.Success(nil)
}
```

Invoke 함수

Invoke 함수의 구현은 다음과 같습니다.

```
func (c *AssetMgr) Invoke(stub shim.ChaincodeStubInterface) pb.Response {
        function, args := stub.GetFunctionAndParameters()
        if function == "Order" {
                return c.Order(stub, args)
        } else if function == "Ship" {
                return c.Ship(stub, args)
        } else if function == "Distribute" {
                return c.Distribute(stub, args)
        } else if function == "query" {
                return c.query(stub, args)
        } else if function == "getHistory" {
                return c.getHistory(stub, args)
```

```
            }
            return shim.Error("Invalid function name")
}
```

Order, Ship, Distribute 함수는 매우 비슷합니다. 이 함수들은 원장 상태를 업데이트합니다. 체인코드 함수를 구현하는 방법을 보이기 위해 order()를 예제로 사용하겠습니다.

```
func (c *AssetMgr) Order(stub shim.ChaincodeStubInterface, args []string) pb.Response {
            return c.UpdateAsset(stub, args, "ORDER", "SCHOOL", "OEM")
}
```

다음은 UpdateAsset 함수입니다.

```
func (c *AssetMgr) UpdateAsset(stub shim.ChaincodeStubInterface, args []string, currentStatus string, from string, to string) pb.Response {
            assetId := args[0] comment := args[1] location := args[2]
            assetBytes, err := stub.GetState(assetId)
            orgAsset := OrgAsset{}
            ...
            if currentStatus == "ORDER" && orgAsset.Status != "START" {
            return shim.Error(err.Error())
            } else if currentStatus == "SHIP" && orgAsset.Status != "ORDER" {.}
else if currentStatus == "DISTRIBUTE" && orgAsset.Status != "SHIP" {.}
            orgAsset.Comment = comment
            orgAsset.Status = currentStatus
....
            orgAsset0, _ := json.Marshal(orgAsset)
            err = stub.PutState(assetId, orgAsset0)
            ...
            return shim.Success(orgAsset0)
}
```

Query와 getHistory 함수

ChaincodeStubInterface는 GetState, query 함수를 제공합니다. assetId를 전달하여 이 함수를 호출할 수 있습니다. 체인코드가 구동하여 해당 결과를 얻게 됩니다.

getHistory 함수는 트랜잭션 히스토리[history]에서 반환된 레코드를 조회할 때 사용됩니다. 모든 레코드는 연관된 assetId가 존재합니다. 각 레코드에는 관련 트랜잭션 ID와 타임스탬프가 포함됩니다. 타임스탬프를 사용하면 과거에 자산 상태가 업데이트 된 시기를 알 수 있습니다.

데이터가 블록체인에 저장되면, 어플리케이션은 체인코드 데이터를 쿼리하여 다음과 같이 OrgAsset 정보를 확인해야 합니다.

```go
func (c *AssetMgr) getHistory(stub shim.ChaincodeStubInterface, args []string) pb.Response {
        type AuditHistory struct {
                TxId string 'json:"txId"'
                Value OrgAsset 'json:"value"'
        }
        var history []AuditHistory
        var orgAsset OrgAsset
        assetId := args[0]
        // Get History
        resultsIterator, err := stub.GetHistoryForKey(assetId)
        defer resultsIterator.Close()
        for resultsIterator.HasNext() {
                historyData, err := resultsIterator.Next()
                var tx AuditHistory
                tx.TxId = historyData.TxId
                json.Unmarshal(historyData.Value, &orgAsset)
                tx.Value = orgAsset                     //copy orgAsset over
                history = append(history, tx)       //add this tx to the list
        }
        ..
}
```

작동 원리

이제 각 함수에서 어떤 일이 일어나는지 자세히 살펴보겠습니다.

Init 함수

Init 함수는 체인코드가 블록체인 네트워크에 의해 초기화되고, 함수가 자산 관리 데이터를 초기화할 때 호출됩니다. 이 함수에서는 OrgAsset 초기화 정보를 설정해야 합니다. Init 함수를 호출하기 위해 세 가지 파라미터(assetId, assetType, deviceId)가 전달됩니다. 이 함수는 자산 정보를 설정한 다음, PutState(key, value) 메소드를 호출하여 키와 값을 원장에 저장합니다.

Invoke 함수

Invoke 함수는 클라이언트가 트랜잭션 프로포절을 처리하기 위해 특정 함수를 호출할 때 사용됩니다. ChaincodeStubInterface 인터페이스에는 GetFunctionAndParameters 메소드가 있습니다. 이 메소드는 함수 이름과 인수를 추출하고 첫 번째 인수에 따라 다른 함수로 코드를 분기dispatch합니다. 본 예제의 assetmgr 체인코드에서는 Order, Ship, Distribute 함수를 호출한 다음, 각 단계의 status와 원장의 orgAsset 정보를 업데이트해야 합니다. 또한 쿼리 함수와 쿼리 기록 함수를 정의하여 원장에서 orgAsset 정보를 얻을 수 있습니다.

Order 메소드는 커맨드라인 입력으로 파라미터를 전달합니다. stub.GetState(assetId)를 사용하여 블록체인에서 자산 데이터를 쿼리한 다음, 현재 자산 상태가 올바른지 확인합니다. orgAsset 정보를 업데이트한 다음, json.Marshal(orgAsset)을 호출하여 자산 데이터를 바이트byte 데이터로 변환합니다. 마지막으로 stub.PutState를 통해 데이터를 블록체인에 저장합니다. 오류가 없으면, 함수는 클라이언트에게 성공 응답을 반환합니다.

query 함수

ChaincodeStubInterface는 GetState 메소드를 정의합니다. query 함수는 assetId

파라미터 만으로 호출됩니다. 그러면 체인코드가 구동되어 해당 결과를 얻게 됩니다.

트랜잭션 히스토리에서 반환된 모든 레코드는 연관된 `assetId`가 있습니다. 각 레코드는 관련 트랜잭션 ID와 타임스탬프를 포함합니다. 타임스탬프는 자산 상태가 업데이트된 시기를 알려줍니다.

Fabric 체인코드 컴파일 및 배포

Go 언어를 사용하여 자산 관리 체인코드를 성공적으로 작성했습니다. 이제 `assetmgr` 체인코드를 빌드하고 Hyperledger Fabric에 배포할 차례입니다.

사전 준비

먼저, Fabric 라이브러리를 가져오겠습니다. `assetmgr` 디렉토리로 이동하여 get 체인코드 라이브러리 명령을 실행한 후 빌드를 시작합니다.

```
cd $GOPATH/src/assetmgr
go get -u github.com/hyperledger/fabric/core/chaincode/shim
go build
```

그러면 체인코드 라이브러리가 로드되고 Go 코드가 컴파일 됩니다. 다음으로 dev 모드를 사용하여 체인코드를 배포합니다. 일반적으로 체인코드를 실행하려면 자체 채널, 피어, 설정 Docker 컨테이너를 정의해야 합니다. 그러나 Hyperledger는 사전 생성된 오더러와 채널 아티팩트로 샘플 개발 네트워크를 제공합니다. 이를 통해 사용자는 빠른 개발 및 테스트를 위한 체인코드를 사용할 수 있습니다. `fabric-samples` 프로젝트로 Fabric 런타임 환경을 쉽게 설정합니다.

아직 설정하지 않은 경우, 이전 장을 확인하기 바랍니다. 또는 GitHub 링크의 `fabric-samples`를 참조하고 https://github.com/hyperledger/fabric-samples 지침을 따릅니다.

 이 책을 쓰는 시점에, `fabric-sample`의 최신 버전은 1.4입니다.

예제 프로젝트에서는 `fabric-samples` 프로젝트에서 빌드를 사용하고, 이 프로젝트를 다음과 같이 기본 사용자 홈 디렉토리로 설정합니다.

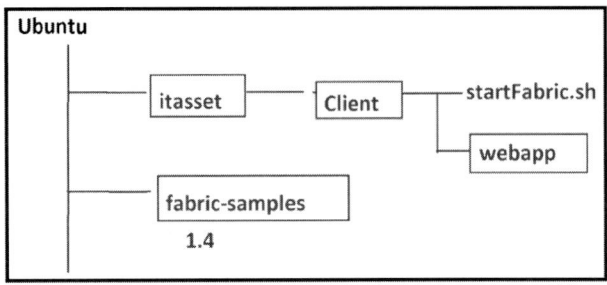

이제 세 개의 터미널을 열고 `fabric-sample`의 `chaincode-docker-devmode` 디렉토리로 이동합니다.

```
$ cd chaincode-docker-devmode
```

 수행 절차

Fabric 런타임 환경을 제공하기 위해 샘플 Fabric 네트워크를 시작합니다. 그 다음에 Composer를 패키지하고 빌드합니다. 마지막으로 네트워크에 배포합니다.

샘플 Fabric 네트워크 시작

첫 번째 터미널을 엽니다. 이 터미널은 샘플 Fabric 네트워크를 시작합니다. 다음 명령을 실행합니다.

```
docker-compose -f docker-compose-simple.yaml up
```

SingleSampleMSPSolo 오더러 프로파일로 네트워크를 시작합니다. 또한 peer 노드, cli, chaincode 컨테이너를 시작합니다.

체인코드 작성 및 배포

1. 두 번째 터미널을 엽니다. 이 터미널은 체인코드를 빌드하고 배포합니다. 로컬 Unix 시스템에서 체인코드를 작성하고 빌드하므로, 체인코드는 아직 Docker 컨테이너에 없습니다. chaincode-docker-devmode 폴더에서 다음 명령을 실행합니다.

   ```
   docker exec -it chaincode bash
   ```

2. 출력으로 다음의 폴더 목록을 볼 수 있습니다.

   ```
   abac chaincode_example02 fabcar marbles02 marbles02_private sacc
   ```

3. assetmgr 폴더를 만들어 봅시다.

   ```
   mkdir assetmgr
   ```

   Fabric 컨테이너에 assetmgr 폴더가 생성됩니다. 먼저 exit를 입력합니다. 그러면 컨테이너가 종료되고 chaincode-docker-devmode 폴더로 돌아갑니다. docker ps를 입력하여 패브릭 체인코드 컨테이너 ID를 확인합니다. 다음과 비슷한 결과가 나타납니다.

   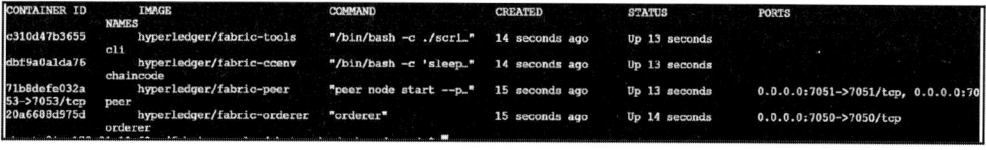

   이 예제에서 chaincode 컨테이너 ID는 dbf9a0a1da76입니다. peer 포트는 7051입니다.

4. 컨테이너 ID를 사용하여 로컬 체인코드를 chaincode 컨테이너에 복사할 수

있습니다. 다음 명령을 실행합니다.

```
docker cp ~/itasset/src/assetmgr/assetmgr.go
dbf9a0a1da76:/opt/gopath/src/chaincode/assetmgr
```

5. chaincode 컨테이너를 재시작합니다.

```
docker exec -it chaincode bash
```

6. assetmgr 폴더로 이동하여 go build 명령을 실행합니다. 다음 스크린샷과 같이 chaincode 컨테이너에서 assermgr.go가 컴파일됩니다.

```
ubuntu@ip-172-31-0-111:~/fabric-samples/chaincode-docker-devmode$ docker exec -it chaincode bash
root@c30c857ed423:/opt/gopath/src/chaincode# ls
abac  assetmgr  chaincode_example02  fabcar  marbles02  marbles02_private  sacc
root@c30c857ed423:/opt/gopath/src/chaincode# cd assetmgr
root@c30c857ed423:/opt/gopath/src/chaincode/assetmgr# go build
root@c30c857ed423:/opt/gopath/src/chaincode/assetmgr# ls
assetmgr  assetmgr.go
```

assetmgr 체인코드는 /opt/gopath/src/chaincode/assetmgr 경로에 있습니다.

7. peer 주소와 체인코드 ID 이름을 제공하여 체인코드를 실행합니다. 명령은 다음과 같습니다.

```
CORE_PEER_ADDRESS=peer:7052 CORE_CHAINCODE_ID_NAME=mycc:0
./assetmgr
```

8. 이 명령은 peer 노드의 7052 포트에서 체인코드를 배포합니다. 오류가 표시되지 않으면 체인코드가 peer와 함께 구동합니다. 다음 로그는 assetmgr.go가 peer에 성공적으로 등록되었음을 나타냅니다.

```
root@2cf2cdf0e844:/opt/gopath/src/chaincode# cd assetmgr
root@2cf2cdf0e844:/opt/gopath/src/chaincode/assetmgr# ls
assetmgr  assetmgr.go
root@2cf2cdf0e844:/opt/gopath/src/chaincode/assetmgr# CORE_PEER_ADDRESS=peer:7052 CORE_CHAINCODE_ID_NAME=mycc:0 ./assetmgr
2019-01-18 05:38:02.950 UTC [shim] setupChaincodeLogging -> INFO 001 Chaincode log level not provided; defaulting to: INFO
2019-01-18 05:38:02.950 UTC [shim] setupChaincodeLogging -> INFO 002 Chaincode (build level: ) starting up ...
2019-01-18 05:38:02.950 UTC [bccsp] initBCCSP -> DEBU 001 Initialize BCCSP [SW]
2019-01-18 05:38:02.950 UTC [grpc] DialContext -> DEBU 002 parsed scheme: ""
2019-01-18 05:38:02.950 UTC [grpc] DialContext -> DEBU 003 scheme "" not registered, fallback to default scheme
2019-01-18 05:38:02.950 UTC [grpc] watcher -> DEBU 004 ccResolverWrapper: sending new addresses to cc: [{peer:7052 0  <nil>}]
2019-01-18 05:38:02.950 UTC [grpc] switchBalancer -> DEBU 005 ClientConn switching balancer to "pick_first"
2019-01-18 05:38:02.950 UTC [grpc] HandleSubConnStateChange -> DEBU 006 pickfirstBalancer: HandleSubConnStateChange: 0xc000331ed0, CONNECTING
2019-01-18 05:38:02.952 UTC [grpc] HandleSubConnStateChange -> DEBU 007 pickfirstBalancer: HandleSubConnStateChange: 0xc000331ed0, READY
```

 **작동 원리**

체인코드를 peer 노드에 배포했으니, 이제 chaincode-docker-devmode가 블록체인 구성을 정의하는 방법을 살펴보겠습니다. chaincode-docker-devmode에는 미리 정의된 구성 파일과 스크립트가 있습니다. 다음은 chaincode-docker-devmode의 파일입니다.

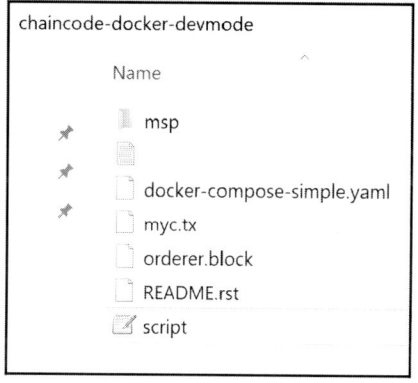

docker-compose-simple.yaml 파일을 자세히 살펴 보겠습니다.

- 이 파일은 서비스, peer, cli, Chaincode 컨테이너 구성을 정의합니다.
- 서비스는 컨테이너 이름을 7050 포트로 해서 orderer 서비스를 정의합니다. hyperledger/fabric-orderer의 Docker 이미지를 가리킵니다.
- 피어는 peer 노드를 정의합니다. 피어 컨테이너 포트는 7051입니다. hyperledger/fabric-peer의 Docker 이미지를 가리킵니다.
- cli 섹션은 cli 컨테이너 이름을 cli로 정의합니다. cli 컨테이너는 peer 노드에 배포된 체인코드와 상호 작용하는 명령을 실행할 수 있습니다. hyperledger/fabric-tools의 Docker 이미지를 가리킵니다.
- chaincode 컨테이너는 컨테이너 이름을 chaincode로 정의합니다. hyperledger/fabric-ccenv의 Docker 이미지를 가리킵니다.

다음은 Docker 컨테이너를 구동한 뒤 보이는 스크린샷입니다. 앞에서 언급한 4개의 컨테이너가 실행중인 것을 볼 수 있습니다.

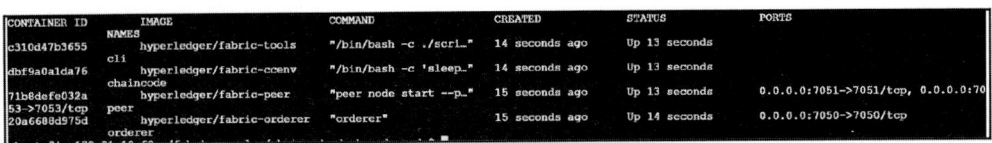

chaincode-docker-devmode의 스크립트 파일은 다음 두 명령만 포함합니다.

```
peer channel create -c myc -f myc.tx -o orderer:7050
peer channel join -b myc.block
```

첫 번째 명령은 myc.tx 파일에 지정된 설정 파일을 사용하여 myc 채널을 작성합니다. myc.tx 파일은 configtxgen 도구로 생성됩니다. 이 도구는 orderer.block도 생성합니다.

두 번째 명령은 cli 컨테이너를 myc 채널에 연결하기 위해 myc.block을 사용합니다. 이들 4개의 컨테이너를 사용하여 개발 환경의 Fabric 네트워크에 체인코드를 배포할 수 있습니다.

이제 cli 컨테이너에서 몇 가지 테스트를 수행하겠습니다.

스마트 컨트랙트 실행 및 테스트

지금까지 두 개의 터미널을 열고 체인코드를 peer 노드에 배포했습니다. 이제, 체인코드를 설치하고 테스트할 차례입니다.

수행 절차

세번째 터미널을 열어서 cli 명령을 실행하고 스마트 컨트랙트를 테스트합니다. 이 터미널에서 cli 컨테이너를 시작하고, cli 명령을 실행하여 chaincode 컨테이너와 상호 작용합니다. 먼저, 다음과 같이 cli 컨테이너를 시작합니다.

```
docker exec -it cli bash
```

assermgr 체인코드 설치

`cli` 컨테이너를 통해 `assermgr` 체인코드를 설치하려면 다음 명령을 실행합니다.

```
peer chaincode install -p chaincodedev/chaincode/assetmgr -n mycc -v 0
```

체인코드가 설치된 후의 결과는 다음과 같습니다.

assermgr 체인코드 초기화

이제 `assermgr` 체인코드를 초기화합니다. 앞에서 설명한 것처럼, 자산 레코드를 만들려면 `assetId`, `assetType`, `deviceId`를 전달해야 합니다. 학교가 장치 ID `0e83ff`와 자산 ID `100`을 가진 ipad를 추적해야 한다고 가정해 봅시다. 다음 명령을 실행하여 ipad 자산을 초기화 할 수 있습니다.

```
peer chaincode instantiate -n mycc -v 0 -c '{"Args":["100","ipad",
"0e83ff"]}' -C myc
```

결과는 다음과 같습니다.

이제 assetmgr 체인코드를 성공적으로 설치하고 초기화했습니다.

assermgr 체인코드 호출

나머지 체인코드 메소드인 Order, Ship, Distribute를 호출할 수 있습니다.

1. OEM에 디바이스를 주문하려면 세 가지 파라미터(assetId, Comment, Location)를 체인코드에 전달해야 합니다. 여기서 assetId는 100이며 Location은 New York이라고 가정합니다.

2. 이제 invoke 함수를 호출하여 assetmgr 체인코드에서 Order 메소드를 호출합니다. 명령은 다음과 같습니다.

    ```
    peer chaincode invoke -n mycc -c '{"Args":["Order", "100", "initial order from school", "New York"]}' -C myc
    ```

3. 제대로 작동하면 다음과 같은 결과가 나타납니다. 다음 로그는 체인코드가 성공적으로 호출되었음을 보여줍니다. 결과가 블록체인에 성공적으로 저장되었음을 확인할 수 있습니다.

4. assetmgr에서 query 메소드를 정의했습니다. 이 메소드를 호출하여 특정 레코드가 Fabric 블록체인에 저장되었는지 확인할 수 있습니다. assetId를 100으로 설정하고 query 명령을 실행합니다.

```
peer chaincode query -C myc -n mycc -c '{"Args":["query","100"]}'
```

Fabric 원장에서 assetId가 100인 자산을 찾을 수 있습니다.

5. OEM은 주문을 받으면 작동하여 iPad 디바이스를 생산합니다. 그 다음, OEM 은 디바이스를 학교로 배송합니다. Ship 메소드를 수행하기 위해 assetId, Comment, Location과 함께 다음 명령을 실행합니다.

```
peer chaincode invoke -n mycc -c '{"Args":["Ship", "100", "OEM deliver ipad to school", "New Jersey"]}' -C myc
```

다음 스크린샷은 Ship 메소드를 수행한 결과를 출력한 것입니다.

6. 학교는 디바이스를 받은 뒤, 학생에게 배포합니다. Distribute 메소드를 수행하기 위해 assetId, Comment, Location과 함께 다음 명령을 실행합니다.

```
peer chaincode invoke -n mycc -c '{"Args":["Distribute", "100", "Distribute device to student", "New York"]}' -C myc
```

다음과 같은 결과가 출력됩니다.

```
2019-01-18 05:43:48.387 UTC [msp] setupSigningIdentity -> DEBU 034 Signing identity expires at 2027-11-10 13:41:11 +0000 UTC
2019-01-18 05:43:48.387 UTC [msp] Validate -> DEBU 035 MSP DEFAULT validating identity
2019-01-18 05:43:48.388 UTC [grpc] DialContext -> DEBU 036 parsed scheme: ""
2019-01-18 05:43:48.388 UTC [grpc] DialContext -> DEBU 037 scheme "" not registered, fallback to default scheme
2019-01-18 05:43:48.389 UTC [grpc] watcher -> DEBU 038 ccResolverWrapper: sending new addresses to cc: [{peer:7051 0 <nil>}]
2019-01-18 05:43:48.389 UTC [grpc] switchBalancer -> DEBU 039 ClientConn switching balancer to "pick_first"
2019-01-18 05:43:48.389 UTC [grpc] HandleSubConnStateChange -> DEBU 03a pickfirstBalancer: HandleSubConnStateChange: 0xc00027f490, CONNECTING
2019-01-18 05:43:48.389 UTC [grpc] HandleSubConnStateChange -> DEBU 03b pickfirstBalancer: HandleSubConnStateChange: 0xc00027f490, READY
2019-01-18 05:43:48.391 UTC [grpc] DialContext -> DEBU 03c parsed scheme: ""
2019-01-18 05:43:48.391 UTC [grpc] DialContext -> DEBU 03d scheme "" not registered, fallback to default scheme
2019-01-18 05:43:48.392 UTC [grpc] watcher -> DEBU 03e ccResolverWrapper: sending new addresses to cc: [{peer:7051 0 <nil>}]
2019-01-18 05:43:48.392 UTC [grpc] switchBalancer -> DEBU 03f ClientConn switching balancer to "pick_first"
2019-01-18 05:43:48.392 UTC [grpc] HandleSubConnStateChange -> DEBU 040 pickfirstBalancer: HandleSubConnStateChange: 0xc0002ea190, CONNECTING
2019-01-18 05:43:48.393 UTC [grpc] HandleSubConnStateChange -> DEBU 041 pickfirstBalancer: HandleSubConnStateChange: 0xc0002ea190, READY
2019-01-18 05:43:48.394 UTC [msp] GetDefaultSigningIdentity -> DEBU 042 Obtaining default signing identity
2019-01-18 05:43:48.394 UTC [msp.identity] Sign -> DEBU 043 Sign: plaintext: 0AC907GA610H031A0CO894CF55E20510...0A676574486973746F72790AG3313030
2019-01-18 05:43:48.394 UTC [msp.identity] Sign -> DEBU 044 Sign: digest: 268C36CF980D6D702340613CB555660490AD31400E24D57B7033ACA2D60BD9F
[{"txId":"ee237c9254e4ad525802653ce316ea1d9d5a078eef1afc1bd0b2d24007a5413d","value":{"id":"100","assetType":"ipad","status":"START","location":"N/A","deviceId":"0e83ff","comment":"Initializ
ed asset","from":"N/A","to":"N/A"}},{"txId":"1223dff330cc17083a4e15edb2b9f6385a2e73417b34f0ba59df72c63cca1157","value":{"id":"100","assetType":"ipad","status":"ORDER","location":"New York
","deviceId":"0e83ff","comment":"initial order from school","from":"SCHOOL","to":"OEM"}},{"txId":"c8597357e76ac40a0793028be5ae27549ccb3aaa4907le1d2d2337c44f5f4e1c","value":{"id":"100","asset
Type":"ipad","status":"SHIP","location":"New Jersey","deviceId":"0e83ff","comment":"OEM deliver ipad to school","from":"OEM","to":"SCHOOL"}},{"txId":"4fc606ef1c98f057031a1ad4d50bac44d02f70ff
596e31f0b9ba2d6efe7df2e3","value":{"id":"100","assetType":"ipad","status":"DISTRIBUTE","location":"New York","deviceId":"0e83ff","comment":"Distribute device to student","from":"SCHOOL","to
":"STUDENT"}}]
```

7. 이제 학교 IT 자산 관리 시스템에 대한 전체 프로세스를 완료했습니다. 앞에서 논의했듯이, 블록체인은 원장 시스템입니다. 모든 거래를 추적할 수 있습니다. 레코드가 블록체인에 저장되면 변경할 수 없습니다. 우리는 이전 트랜잭션 데이터를 볼 수 있어야 합니다. 자산 관리자 예제에서, Order, Ship, Distribute 명령을 발행했으며 관련 체인코드가 호출되었습니다. 모든 관련 자산 트랜잭션 기록은 블록체인에 보관되어야 합니다. getHistory 명령을 실행하여 이를 확인합니다.

```
peer chaincode query -C myc -n mycc -c
'{"Args":["getHistory","100"]}'
```

이 명령은 다음과 같은 결과를 제공합니다.

```
2019-01-18 05:43:48.387 UTC [msp] setupSigningIdentity -> DEBU 034 Signing identity expires at 2027-11-10 13:41:11 +0000 UTC
2019-01-18 05:43:48.387 UTC [msp] Validate -> DEBU 035 MSP DEFAULT validating identity
2019-01-18 05:43:48.388 UTC [grpc] DialContext -> DEBU 036 parsed scheme: ""
2019-01-18 05:43:48.388 UTC [grpc] DialContext -> DEBU 037 scheme "" not registered, fallback to default scheme
2019-01-18 05:43:48.389 UTC [grpc] watcher -> DEBU 038 ccResolverWrapper: sending new addresses to cc: [{peer:7051 0 <nil>}]
2019-01-18 05:43:48.389 UTC [grpc] switchBalancer -> DEBU 039 ClientConn switching balancer to "pick_first"
2019-01-18 05:43:48.389 UTC [grpc] HandleSubConnStateChange -> DEBU 03a pickfirstBalancer: HandleSubConnStateChange: 0xc00027f490, CONNECTING
2019-01-18 05:43:48.389 UTC [grpc] HandleSubConnStateChange -> DEBU 03b pickfirstBalancer: HandleSubConnStateChange: 0xc00027f490, READY
2019-01-18 05:43:48.391 UTC [grpc] DialContext -> DEBU 03c parsed scheme: ""
2019-01-18 05:43:48.391 UTC [grpc] DialContext -> DEBU 03d scheme "" not registered, fallback to default scheme
2019-01-18 05:43:48.392 UTC [grpc] watcher -> DEBU 03e ccResolverWrapper: sending new addresses to cc: [{peer:7051 0 <nil>}]
2019-01-18 05:43:48.392 UTC [grpc] switchBalancer -> DEBU 03f ClientConn switching balancer to "pick_first"
2019-01-18 05:43:48.392 UTC [grpc] HandleSubConnStateChange -> DEBU 040 pickfirstBalancer: HandleSubConnStateChange: 0xc0002ea190, CONNECTING
2019-01-18 05:43:48.393 UTC [grpc] HandleSubConnStateChange -> DEBU 041 pickfirstBalancer: HandleSubConnStateChange: 0xc0002ea190, READY
2019-01-18 05:43:48.394 UTC [msp] GetDefaultSigningIdentity -> DEBU 042 Obtaining default signing identity
2019-01-18 05:43:48.394 UTC [msp.identity] Sign -> DEBU 043 Sign: plaintext: 0AC907GA610H031A0CO894CF55E20510...0A676574486973746F72790AG3313030
2019-01-18 05:43:48.394 UTC [msp.identity] Sign -> DEBU 044 Sign: digest: 268C36CF980D6D702340613CB555660490AD31400E24D57B7033ACA2D60BD9F
[{"txId":"ee237c9254e4ad525802653ce316ea1d9d5a078eef1afc1bd0b2d24007a5413d","value":{"id":"100","assetType":"ipad","status":"START","location":"N/A","deviceId":"0e83ff","comment":"Initializ
ed asset","from":"N/A","to":"N/A"}},{"txId":"1223dff330cc17083a4e15edb2b9f6385a2e73417b34f0ba59df72c63cca1157","value":{"id":"100","assetType":"ipad","status":"ORDER","location":"New York
","deviceId":"0e83ff","comment":"initial order from school","from":"SCHOOL","to":"OEM"}},{"txId":"c8597357e76ac40a0793028be5ae27549ccb3aaa4907le1d2d2337c44f5f4e1c","value":{"id":"100","asset
Type":"ipad","status":"SHIP","location":"New Jersey","deviceId":"0e83ff","comment":"OEM deliver ipad to school","from":"OEM","to":"SCHOOL"}},{"txId":"4fc606ef1c98f057031a1ad4d50bac44d02f70ff
596e31f0b9ba2d6efe7df2e3","value":{"id":"100","assetType":"ipad","status":"DISTRIBUTE","location":"New York","deviceId":"0e83ff","comment":"Distribute device to student","from":"SCHOOL","to
":"STUDENT"}}]
```

이처럼 getHistory 명령은 Fabric 블록체인에서 호출한 모든 트랜잭션 레코드를 반환합니다.

작동 원리

Fabric 커맨드라인 인터페이스(CLI)는 Fabric SDK Go를 사용하여 빌드됩니다. CLI는 다양한 명령을 제공합니다. 여기에는 peer 노드를 구동하고, 채널 및 체인코드와 상호 작용하고, 블록체인 데이터를 쿼리하는 명령이 포함됩니다. CLI가 제공하는 기능은 다음과 같습니다.

컴포넌트	기능	예제 명령
채널	채널 생성	peer channel create -c myc
	피어를 채널에 합류	peer channel join -b myc.block
체인코드	체인코드 설치	peer chaincode install -p chaincodedev/chaincode/assetmgr -n mycc -v 0
	체인코드 초기화	peer chaincode instantiate -n mycc -v 0 -c '{"Args":["100","ipad", "0e83ff"]}' -C myc
	체인코드 함수 호출	peer chaincode invoke -n mycc -c '{"Args":["Order", "100", "initial order from school", "New York"]}' -C myc
	체인코드 데이터 쿼리	peer chaincode query -C myc -n mycc -c '{"Args":["getHistory","100"]}'

이들 CLI 명령을 사용하여, 개발 환경에서 체인코드를 테스트할 수 있습니다.

다음으로 클라이언트 측 코드를 작성하고 Fabric에서 assetmgr 체인코드와 상호 작용하겠습니다.

SDK로 Hyperledger Fabric용 어플리케이션 개발

이전 예제에서 fabric-sample이 제공하는 devmode 환경인 chaincode-docker-devmode를 사용하여 자산 관리자 체인코드를 배포하고 테스트했습니다. 본 예제에서는 블록체인의 체인코드와 상호 작용하기 위한 UI[7] 코드를 작성하겠습니다. 또한 어플리케이션의 보안을 향상시키기 위해 Fabric CA 컨테이너를 구축할 것입니다. fabric-sample은 basic-network 템플릿을 제공하기 때문에, 기본 Fabric 네트워크를 설정하는데 도움이 됩니다.

---

[7] (역자) UI(User Interface): 사용자 인터페이스

수행 절차

Fabric 네트워크를 시작하고 체인코드를 배포하기 위해서 먼저 Fabric 스크립트를 작성해야 합니다. cli 컨테이너를 사용하여 체인코드를 설치하고 인스턴스화합니다. 클라이언트는 지갑wallet의 신원을 사용하여 인가authorized되고, 네트워크에서 Fabric 체인코드와 상호 작용할 수 있습니다.

startFabric.sh 작성 및 실행

다음 단계를 따릅니다:

1. itasset 폴더로 이동합니다.
2. Client 폴더를 생성합니다.
3. Client 폴더에서 startFabric.sh라는 스크립트 파일을 작성합니다.
4. webapp 폴더를 생성합니다.

지금까지 생성한 폴더 구조는 다음과 같습니다.

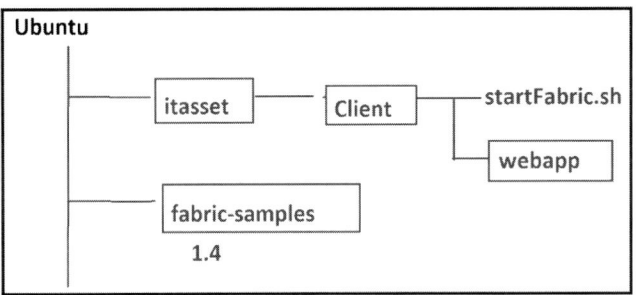

startFabric.sh 파일에는 다음 명령이 포함되어 있습니다.

```
export MSYS_NO_PATHCONV=1
starttime=$(date +%s)
CC_RUNTIME_LANGUAGE=golang
CC_SRC_PATH=github.com/assetmgr
# clean the keystore
rm -rf ./hfc-key-store
```

```
# launch network; create a channel and join peer to the channel
cd /home/ubuntu/fabric-samples/basic-network
./start.sh
```

이 스크립트는 start.sh 파일을 호출하여 Fabric 네트워크를 불러옵니다. start.sh 파일은 basic-network 프로젝트의 fabric-samples 섹션에 있습니다. 그러면 ca, orderer, couchdb, cli, peer 컨테이너가 구동합니다. 그 다음 cli 명령을 실행하여 assetmgr 체인코드를 설치하고 인스턴스화합니다.

```
# bring up cli cntainer to install, instantiate, invoke chaincode
docker-compose -f ./docker-compose.yml up -d cli
docker exec -e "CORE_PEER_LOCALMSPID=Org1MSP" -e
"CORE_PEER_MSPCONFIGPATH=/opt/gopath/src/github.com/hyperledger/fabric/peer
/crypto/peerOrganizations/org1.example.com/users/Admin@org1.example.com/msp
" cli peer chaincode install -n assetmgr -v 1.0 -p "$CC_SRC_PATH" -l
"$CC_RUNTIME_LANGUAGE"

docker exec -e "CORE_PEER_LOCALMSPID=Org1MSP" -e
"CORE_PEER_MSPCONFIGPATH=/opt/gopath/src/github.com/hyperledger/fabric/peer
/crypto/peerOrganizations/org1.example.com/users/Admin@org1.example.com/msp
" cli peer chaincode instantiate -o orderer.example.com:7050 -C mychannel -
n assetmgr -l "$CC_RUNTIME_LANGUAGE" -v 1.0 -c '{"Args":["100","ipad",
"0e83ff"]}' -P "OR ('Org1MSP.member','Org2MSP.member')"
```

그 다음, 기본 네트워크 환경에서 체인코드를 설정합니다. 다음 단계에서는 cli에서 체인 코드를 호출합니다.

```
docker exec -e "CORE_PEER_LOCALMSPID=Org1MSP" -e
"CORE_PEER_MSPCONFIGPATH=/opt/gopath/src/github.com/hyperledger/fabric/peer
/crypto/peerOrganizations/org1.example.com/users/Admin@org1.example.com/msp
" cli peer chaincode invoke -o orderer.example.com:7050 -C mychannel -n
assetmgr -c '{"Args":["Order", "100", "initial order from school", "New
York"]}'
```

스크립트 파일을 실행할 준비가 되었습니다. 먼저, 다른 Docker 컨테이너가 아직 구동 중인지 확인해야 합니다. Docker 환경을 정리하는 명령은 다음과 같습니다.

```
~/fabric-samples/first-network$ ./byfn.sh down
~/fabric-samples/first-network$ docker rm -f $(docker ps -aq)
~/fabric-samples/first-network$ docker network prune
```

이제 script.sh 파일을 실행할 수 있습니다.

```
~/itasset/client$ ./startFabric.sh
```

script.sh 파일을 실행한 결과는 다음과 같습니다.

결과에서 볼 수 있듯이 Fabric CA, client, peer, orderer, counchdb 컨테이너가 실행 중입니다. assetmgr 체인코드는 블록체인에 설치되고 초기화됩니다. 주문 체인코드 호출 명령을 실행하면, orgAsset 상태가 ORDER로 변경됩니다.

클라이언트 프로젝트 설정

다음으로 체인코드를 구동하기 위해 클라이언트 측 코드를 작성해야 합니다. 아시는 것처럼, 클라이언트가 체인코드를 쿼리하거나 호출하기 위해 Fabric 네트워크에 요청을 보낼 때, 이 요청은 승인되었어야 합니다. Fabric 1.4에서는 사용자를 등록하여 지갑을 생성하거나, 신원을 지갑으로 임포트할 수 있습니다. 클라이언트 어플리케이션은 승인된 지갑과 함께 fabric-ca-client 및 fabric-network API를 활용하여 블록체인의 스마트 컨트랙트와 상호 작용할 수 있습니다.

Node.js 앱을 만들어 봅시다:

1. ~/itasset/client/webapp 폴더로 이동하여 npm init 명령을 실행한 다음, 관련 프로젝트 정보를 채웁니다. 그러면 기본 노드 어플리케이션이 생성됩니다.

```
ubuntu@ip-172-31-9-54:~/itasset/client/webapp$ npm init
package name: (webapp) assetmgr
version: (1.0.0)
description: hyperledger cookbook fabric
entry point: (index.js)
```

2. 기본 npm 라이브러리를 설치합니다. 다음과 같이 express.js, ejs, fabric-ca-client, fabric-network 라이브러리가 포함됩니다.

```
npm install
npm install express -save
~/itasset/client/webapp$ npm i fabric-ca-client@1.4.0
~/itasset/client/webapp$ npm i fabric-network@1.4.0
~/itasset/client/webapp$ npm install ejs
```

3. fabric-samples/fabcar 프로젝트의 세 파일(connection.json, enrollAdmin.js, registerUser.js)을 클라이언트 프로젝트(~/itasset/client/webapp)로 복사합니다.

```
cp ~/fabric-samples/basic-network/connection.json .
cp /home/ubuntu/fabric-samples/fabcar/javascript/enrollAdmin.js .
cp /home/ubuntu/fabric-samples/fabcar/javascript/registerUser.js .
Create empty wallet folder by issue below command:
mkdir wallet
```

이 단계에서 클라이언트 프로젝트의 파일과 폴더는 다음과 같아야 합니다.

```
ubuntu@ip-172-31-9-54:~/itasset/client/webapp$ ls
app.js  connection.json  enrollAdmin.js  node_modules  package.json  package-lock.json  registerUser.js  views  wallet
ubuntu@ip-172-31-9-54:~/itasset/client/webapp$ ls -lrt
total 96
drwxrwxr-x   4 ubuntu ubuntu  4096 Jan 18 08:17 wallet
-rw-rw-r--   1 ubuntu ubuntu  1706 Jan 18 08:17 enrollAdmin.js
-rw-rw-r--   1 ubuntu ubuntu  1157 Jan 18 08:17 connection.json
-rw-rw-r--   1 ubuntu ubuntu  2395 Jan 18 08:17 registerUser.js
drwxrwxr-x 191 ubuntu ubuntu  4096 Jan 18 09:17 node_modules
-rw-rw-r--   1 ubuntu ubuntu   339 Jan 18 09:17 package.json
-rw-rw-r--   1 ubuntu ubuntu 64226 Jan 18 09:17 package-lock.json
drwxrwxr-x   2 ubuntu ubuntu  4096 Jan 18 09:38 views
-rw-rw-r--   1 ubuntu ubuntu  3965 Jan 18 09:41 app.js
```

4. `fabric-samples/fabcar` 폴더에서 `enrollAdmin.js`와 `registerUser.js`를 복사했으므로, `enrollAdmin.js`와 `registerUser.js` 파일에 정의된 파일 경로도 업데이트해야 합니다. `enrollAdmin.js`와 `registerUser.js` 파일에서 다음과 같이 `path.resolve()`를 업데이트합니다.

```
const ccpPath = path.resolve(__dirname, 'connection.json');
```

`basic-network`에서 복사한 `connection.js` 파일은 `enrollAdmin.js`, `registerUser.js`와 같은 폴더에 있습니다.

5. 관리자와 사용자를 Fabric 네트워크에 등록할 수 있는 지갑을 만들어 봅시다. 다음 명령을 실행합니다.

```
~/itasset/client/webapp$ node enrollAdmin.js
~/itasset/client/webapp$ node registerUser.js
```

관리자와 사용자를 위한 지갑이 생성됩니다. 다음 스크린샷은 `admin`과 `user1`의 `wallet` 구조를 보여줍니다.

```
ubuntu@ip-172-31-9-54:~/itasset/client/webapp/assetmgrweb$ ls
connection.json  enrollAdmin.js  node_modules  package.json  package-lock.json  public  README.md  registerUser.js  src  wallet
ubuntu@ip-172-31-9-54:~/itasset/client/webapp/assetmgrweb$ node enrollAdmin.js
Wallet path: /home/ubuntu/itasset/client/webapp/assetmgrweb/wallet
Successfully enrolled admin user "admin" and imported it into the wallet
ubuntu@ip-172-31-9-54:~/itasset/client/webapp/assetmgrweb$ node registerUser.js
Wallet path: /home/ubuntu/itasset/client/webapp/assetmgrweb/wallet
Successfully registered and enrolled admin user "user1" and imported it into the wallet
ubuntu@ip-172-31-9-54:~/itasset/client/webapp/assetmgrweb$ tree wallet/
wallet/
├── admin
│   ├── 5d880df4121c0e2b0584190648446eca7ffe6e217542cf98e92d864e094bdf0c-priv
│   ├── 7b8ea5cc14719f8b6ed374a882a80acc9c567799ad6760982eb67112c1e67bda-priv
│   ├── 7b8ea5cc14719f8b6ed374a882a80acc9c567799ad6760982eb67112c1e67bda-pub
│   └── admin
└── user1
    ├── 5d880df4121c0e2b0584190648446eca7ffe6e217542cf98e92d864e094bdf0c-priv
    ├── 5d880df4121c0e2b0584190648446eca7ffe6e217542cf98e92d864e094bdf0c-pub
    └── user1

2 directories, 7 files
```

서버 측 Node.js 코드 작성

이제 설정된 클라이언트 환경을 원격 Fabric 네트워크에 연결하고, 체인코드 API를 구동하게 만들어야 합니다. 서버 측 Node.js 앱은 app.js 파일을 만듭니다. 이 파일은 커넥터 역할을 하며, 피어 노드에 연결할 새 게이트웨이를 만듭니다. 또한 신원 관리를 위한 파일 시스템 기반의 새 지갑을 만듭니다. 피어 노드에 연결되면, app.js의 함수는 채널을 통해 컨트랙트를 찾은 다음에 특정 트랜잭션을 제출할 수 있습니다. 그러기 위해서 다음 단계를 수행합니다.

1. wallet 파일을 작성합니다.

```
async function ship() {
   try {
       // Create a new file system based wallet for managing identities.
       const walletPath = path.join(process.cwd(), 'wallet');
       const wallet = new FileSystemWallet(walletPath);
..
}
```

2. wallet 파일은 wallet.exist 메소드를 사용하여 사용자의 신원이 지갑에 존재하는지 확인해야 합니다.

```
const userExists = await wallet.exists('user1');
if (!userExists) {
console.log('An identity for the user "user1" does not exist in the wallet');
console.log('Run the registerUser.js application before retrying');
return;
}
```

3. wallet과 identity 정보를 전달하고 게이트웨이를 통해 블록체인에 연결합니다. 네트워크에 성공적으로 연결되면, 네트워크에서 assetmgr 컨트랙트를 가져옵니다.

```
// Create a new gateway for connecting to our peer node.
const gateway = new Gateway();
await gateway.connect(ccp, { wallet, identity: 'user1', discovery:
{ enabled: false } });
// Get the network (channel) our contract is deployed to.
const network = await gateway.getNetwork('mychannel');
// Get the contract from the network.
const contract = network.getContract('assetmgr');
```

4. 트랜잭션을 제출하여 체인코드 함수를 호출합니다.

```
// Submit the specified transaction.
await contract.submitTransaction("Ship", "100", "OEM deliver ipad
to school", "New Jersey");
```

5. 게이트웨이에서 연결을 끊고 클라이언트 호출자로 돌아갑니다.

```
// Disconnect from the gateway.
await gateway.disconnect();
With node.js, you need set up your node.js server listen, of
course.
app.listen(3000, function () {
console.log('Example app listening on port 3000!');
});
```

클라이언트 측 Node.js 코드 작성

엔드-투-엔드 개발을 완료하기 전에, 여러 파일을 수정해야 합니다. 클라이언트 측 Node.js 코드는 사용자 인터페이스를 제공합니다. 사용자는 웹브라우저에서 작업 결과를 조회하고, 웹페이지에서 메소드를 호출합니다. 클라이언트 측 Node.js 코드는 `views` 폴더 아래의 `index.ejs`에 있습니다. 이 파일을 열고 코드를 추가할 수 있습니다.

`Ship` 함수의 경우, jQuery의 `post` 메소드를 사용하여 서버 측 Node.js의 `Ship` 함수를 호출합니다. 그러면 다음과 같이 `assetmgr` 체인코드에서 블록체인 `Ship` 메소드가 호출됩니다.

```
<script>
$(document).ready(function(){
$("#ship").click(function(){
$.post("http://52.15.203.98:3000/ship", function(data){
var parsedJson = $.parseJSON($.parseJSON(data));
console.log(parsedJson);
});
});
});
</script>
```

Query 함수는 Ship 코드와 유사합니다. jQuery의 get 메소드를 사용하여 서버 측 Node.js의 query 함수를 호출합니다. 그러면 assetmgr 체인코드에서 블록체인 query 메소드가 호출됩니다.

결과가 반환되면 UI의 관련 필드에 데이터가 채워집니다.

```
$("#chainCodeQuery").click(function(){
            $.get("http://52.15.203.98:3000/query",
            function(data){
                        var parsedJson =
$.parseJSON($.parseJSON(data));
$("#assetType").val(parsedJson.assetType);
                        …
        });
});
```

드디어 전체 코드를 완성했습니다. 이제 노드 서버를 시작하고 간단한 실험을 할 차례입니다.

웹 어플리케이션 실행

다음 단계에 따라 웹 어플리케이션을 실행합니다.

1. 노드 app.js를 실행합니다. 그러면 노드 서버가 구동합니다.

```
ubuntu@ip-172-31-9-54:~/itasset/client/webapp$ node app.js
Example app listening on port 3000!
```

2. 노드 서버가 가동되면 **Query Chaincode** 버튼을 클릭합니다. 블록체인에서 현재 `orgAsset` 결과를 반환합니다. 결과는 다음과 같습니다.

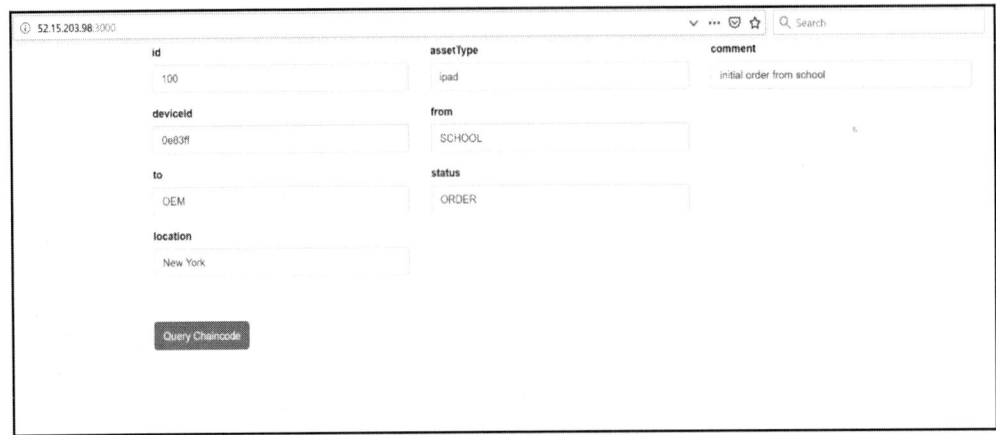

3. **Ship** 버튼을 클릭하면 블록체인에서 `Ship` 메소드가 호출됩니다. 성공적으로 호출되면, **Query Chaincode** 버튼을 다시 클릭합니다. 그러면 업데이트된 orgAsset 결과와 함께 **status**가 `SHIP`으로 업데이트된 것을 보게 됩니다. 업데이트된 페이지는 다음과 같습니다.

몇 초의 지연이 있기 때문에, 업데이트를 확인하려면 버튼을 몇 번 클릭해야 할 수도 있습니다.

작동 원리

지갑은 여러 개의 신원을 보유할 수 있습니다. 이들 신원은 CA가 발급합니다. 앞에서 본 것처럼, 각 사용자 신원에는 개인키와 공개키가 포함된 인증서 X.509, 일부 Fabric 관련 메타데이터가 포함되어 있습니다. 인증서 파일은 Fabric CA 서비스에서 발행됩니다.

```
ubuntu@ip-172-31-9-54:~/itasset/client/webapp/wallet$ tree .
├── admin
│   ├── 5d880df4121c0e2b0584190648446eca7ffe6e217542cf98e92d864e094bdf0c-priv
│   ├── 7b8ea5cc14719f8b6ed374a882a80acc9c567799ad6760982eb67112c1e67bda-priv
│   ├── 7b8ea5cc14719f8b6ed374a882a80acc9c567799ad6760982eb67112c1e67bda-pub
│   └── admin
└── user1
    ├── 5d880df4121c0e2b0584190648446eca7ffe6e217542cf98e92d864e094bdf0c-priv
    ├── 5d880df4121c0e2b0584190648446eca7ffe6e217542cf98e92d864e094bdf0c-pub
    └── user1
```

블록체인 admin은 사용자 접근 권한을 부여하기 위해 지갑을 생성합니다. 그 다음 X509WalletMixin.createIdentity를 포함한 몇 가지 key 클래스 메소드를 호출하여 지갑과 신원(Org1MSP 포함)을 관리합니다. 해당 내용은 다음 코드에서 보여집니다.

```
const caURL = ccp.certificateAuthorities['ca.example.com'].url;
const ca = new FabricCAServices(caURL);
// Create a new file system based wallet for managing identities.
const walletPath = path.join(process.cwd(), 'wallet');
const wallet = new FileSystemWallet(walletPath);
..
// Enroll the admin user, and import the new identity into the wallet.
const enrollment = await ca.enroll({ enrollmentID: 'admin',
enrollmentSecret: 'adminpw' });
const identity = X509WalletMixin.createIdentity('Org1MSP',
enrollment.certificate,
enrollment.key.toBytes());
wallet.import('admin', identity);
```

X509WalletMixin.createIdentity는 X.509 인증서로 Org1MSP 신원을 만드는데 사용됩니다. 이 함수의 입력 파라미터로 mspid, 인증서, 개인키가 필요합니다.

connection.json 파일을 통해, Org1MSP 신원이 peer0.org1.example.com과 연관되어 있음을 알 수 있습니다.

```
"organizations": {
    "Org1": {
        "mspid": "Org1MSP",
        "peers": [
            "peer0.org1.example.com"
        ],
        "certificateAuthorities": [
            "ca.example.com"
        ]
    }
}
```

트랜잭션 제출 및 알림 프로세스를 관리를 위해, 게이트웨이는 연결된 프로필을 읽고 SDK는 프로필과 연결합니다. basic-networkdocker-compose.yml 파일에서 ca.example.com CA 컨테이너는 fabric-ca-server를 구동하여 Fabric CA 키 파일을 관리합니다.

```
ca.example.com:
image: hyperledger/fabric-ca
environment:
- FABRIC_CA_HOME=/etc/hyperledger/fabric-ca-server
- FABRIC_CA_SERVER_CA_NAME=ca.example.com
- FABRIC_CA_SERVER_CA_CERTFILE=/etc/hyperledger/fabric-ca-serverconfig/ca.org1.example.comcert.pem
- FABRIC_CA_SERVER_CA_KEYFILE=/etc/hyperledger/fabric-ca-server-config/4239aa0dcd76daeeb8ba0cda701851d14504d31aad1b2ddddbac6a57365e497c_sk
ports:
- "7054:7054"
command: sh -c 'fabric-ca-server start -b admin:adminpw'
volumes:
- ./cryptoconfig/peerOrganizations/org1.example.com/ca/:/etc/hyperledger/fabric-caserverconfig
container_name: ca.example.com
networks:
- basic
```

peer0.org1.example.com는 MSPID 값이 Org1MSP이며, crypto-config 파일과 연결되어 각 트랜잭션을 검증합니다.

```
peer0.org1.example.com:
container_name: peer0.org1.example.com
image: hyperledger/fabric-peer
environment:
- CORE_PEER_ID=peer0.org1.example.com
- CORE_PEER_LOCALMSPID=Org1MSP
- CORE_PEER_ADDRESS=peer0.org1.example.com:7051
volumes:
- ./cryptoconfig/
peerOrganizations/org1.example.com/peers/peer0.org1.example.com/msp:
/etc/hyperledger/msp/peer
- ./cryptoconfig/
peerOrganizations/org1.example.com/users:/etc/hyperledger/msp/users
```

basic-networkdocker-compose.yml의 프로파일이 수행되면, 체인코드 라이브러리가 로드하고 Go 코드가 컴파일됩니다.

CHAPTER 3

Hyperledger Composer로 비즈니스 네트워크 모델링

Hyperledger Composer는 비즈니스 소유자와 개발자를 위한 협업 도구 세트로, Hyperledger Fabric과 **분산 어플리케이션(DApp)**을 위한 체인코드를 쉽게 작성할 수 있습니다. Composer를 사용하면 짧은 시간 안에 POC[8]를 신속하게 구축하고 체인코드를 블록체인에 배포할 수 있습니다. Hyperledger Composer는 다음 도구들로 구성됩니다.

- **CTO라는 모델링 언어**: 도메인 모델링 언어로, 비즈니스 네트워크 설정을 위한 비즈니스 모델, 개념, 기능 정의
- **Playground**: 비즈니스 네트워크의 빠른 구성, 배포, 테스트
- **CLI[9] 도구**: 비즈니스 네트워크를 Hyperledger Fabric과 통합

본 장에서는 Composer 비즈니스 네트워크 및 개발 컴포넌트를 살펴봅니다. 개발 컴포넌트에는 모델 구현, 트랜잭션 로직, 접근 제어, 쿼리 정의가 포함됩니다. 개발 환경을 설정하고, Hyperledger Playground를 사용하여 테스트하겠습니다. 또한 클라이언트 SDK를 사용하여 클라이언트 측 코드와 콜^{call} 체인코드를 작성합니다.

본 장에서는 다음 예제를 다룹니다.

- Hyperledger Composer 비즈니스 네트워크 및 개발 컴포넌트
- Hyperledger Composer 사전^{prerequisites} 환경 설정

---

8 (역자) POC(Proof of Concept): 개념 증명
9 (역자) CLI(Command-Line Interface): 커맨드라인 인터페이스

- 개발 환경 설정
- Composer 비즈니스 네트워크 구성
- 모델, 트랜잭션 로직, 접근 제어, 쿼리 정의 구현
- Composer CLI를 사용하여 비즈니스 네트워크 아카이브 배포, 테스트, 내보내기export
- RESTful API를 통한 Composer와 상호 작용

Hyperledger Composer 비즈니스 네트워크 및 개발 컴포넌트

Hyperledger Composer를 사용하여 비즈니스 네트워크를 빠르게 구축할 수 있습니다. 비즈니스 네트워크의 자산asset, 참가자, 트랜잭션, 접근제어 규칙 및 선택적 이벤트, 쿼리를 정의할 수 있습니다. 모델(.cto) 파일은 비즈니스 네트워크에서 모든 정의를 포함합니다. 자산은 실제 객체와 연관되어 있고, 참가자는 고유한 신원을 가집니다. 트랜잭션은 자산과 상호 작용합니다. 참가자는 트랜잭션을 통해 자산과 상호 작용할 수 있습니다. 비즈니스 네트워크의 구조에는 접근제어 규칙을 지정하는 접근제어(permissions.acl), 트랜잭션 로직을 구현하는 스크립트(logic.js) 파일, 프로젝트 메타데이터를 보유한 package.json 파일이 포함됩니다.

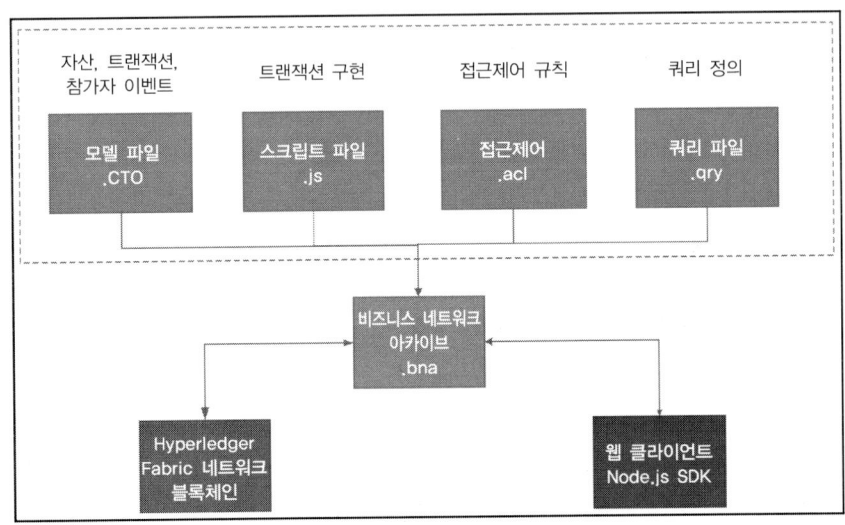

사전 준비

본 장에서는 Hyperledger Composer를 사용하는 **FarmaTrace Enterprise(FTE)**라는 어플리케이션을 개발합니다. FTE는 제약 공급망 전반에 걸쳐 의약품의 종단간end-to-end 추적을 가능하게 합니다. 여기에는 제약 공급망과 이해 관계자가 매일 직면하는 다양한 도전 과제가 있습니다. 프로세스는 많은 시간이 소요되며, 프로세스 정보가 모든 당사자에게 효율적이거나 투명하지는 않습니다. 유연하고 전체적인holistic 공급망 전략을 수립하면, 기업은 프로세스를 더욱 효과적으로 제어하고 커뮤니케이션을 향상시키며 비용을 절감할 수 있습니다.

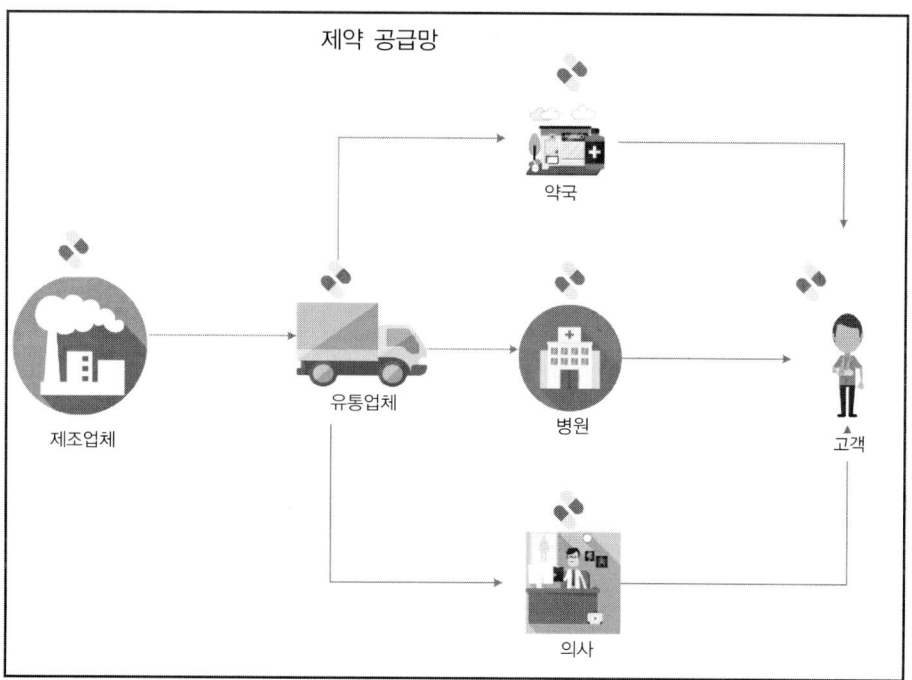

수행 절차

Composer 어플리케이션을 위한 일반적인 디자인과 구현 방식을 제공하겠습니다. 이 절차는 킥스타트kickstart를 얻는 방법을 이해하는 데 도움이 됩니다. FarmaTrace 어플리케이션에서 비즈니스 네트워크와 구성 요소를 구축하겠습니다. 일반적인 제약 공급망의 작동 방식을 보여주겠지만, 실제 유즈케이스는 훨씬 더 복잡할 수 있습니다. 다음은 FarmaTrace 프로세스 흐름의 작동 방식입니다.

프로세스 흐름

먼저 전체 프로세스 흐름을 이해해야 합니다.

1. **제조업체**는 의약품을 생산한 다음, 포장하고 라벨을 붙입니다.
2. **유통업체**는 포장된 제품을 수집하고 납품을 시작합니다.
3. **유통업체**는 **약국**에 약을 보냅니다.
4. **유통업체**는 **병원**에 약을 보냅니다.
5. **유통업체**는 **의사**에게 약을 보냅니다.
6. **고객**은 약국, 병원 또는 의사로부터 약을 구입합니다.

프로세스 흐름은 다음과 같이 표현될 수 있습니다.

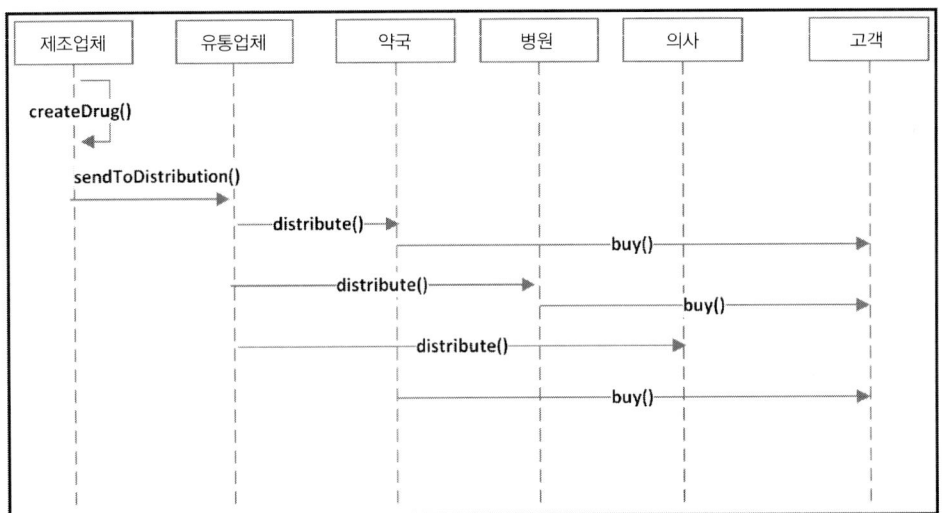

엔터티

다음으로 FarmaTrace 어플리케이션의 엔터티entity를 식별해야 합니다. 참가자는 6종류의 엔터티로 분류됩니다.

- 제조업체
- 유통업체
- 약국
- 병원
- 의사
- 고객

자산

모든 트랜잭션을 블록체인에 기록합니다. 이들 레코드에 대한 정보는 영수증 자산 오브젝트에 저장됩니다. 네트워크의 모든 참가자는 이 영수증을 추적할 수 있습니다. 약물 영수증에는 각 트랜잭션에 대한 모든 프로세스 증거evidence 정보가 포함되어 있습니다. 필요한 문서를 표시하여 특정 단계의 증거를 제공하는데 활용될 수 있습니다. 이 자산은 또한 특정한 접근제어 규칙을 정의하여, 승인된 당사자만 트랜잭션 작업을 수행하도록 합니다. 영수증은 각 단계에서 트랜잭션 증명proof을 추적하기 위해, 다른 자산 정보(예: 약물 상태)도 포함합니다.

쿼리

이제 약물 정보를 검색하는데 필요한 파라미터를 확인합니다.

- 약물 ID
- 약물 이름
- FDA 심사일정action date
- 마케팅 상태(처방전, 비처방 또는 중단)
- 승인 유형(보충 유형 또는 기타 규제 조치)
- ID로 참가자 검색

FarmaTrace 어플리케이션 비즈니스 유즈케이스와 개발 컴포넌트를 분석했습니다. 비즈니스 네트워크를 구축하기 위해, 다음 주요 파일을 모두 생성합니다.

- **모델 파일**: `org.packt.farmatrace.cto`
- **스크립트 파일**: `logic.js`
- **ACL 파일**: `permissions.acl`
- **쿼리 파일**: `queries.qry`

Composer 비즈니스 네트워크 구성 예제에서 개발 환경을 설정한 뒤, 이들 파일을 작성합니다.

작동 원리

네트워크 토폴로지 설계는 엔터프라이즈 블록체인의 중요 단계입니다. FarmaTrace 어플리케이션의 경우, 배포된 Composer 비즈니스 네트워크는 다음과 같습니다.

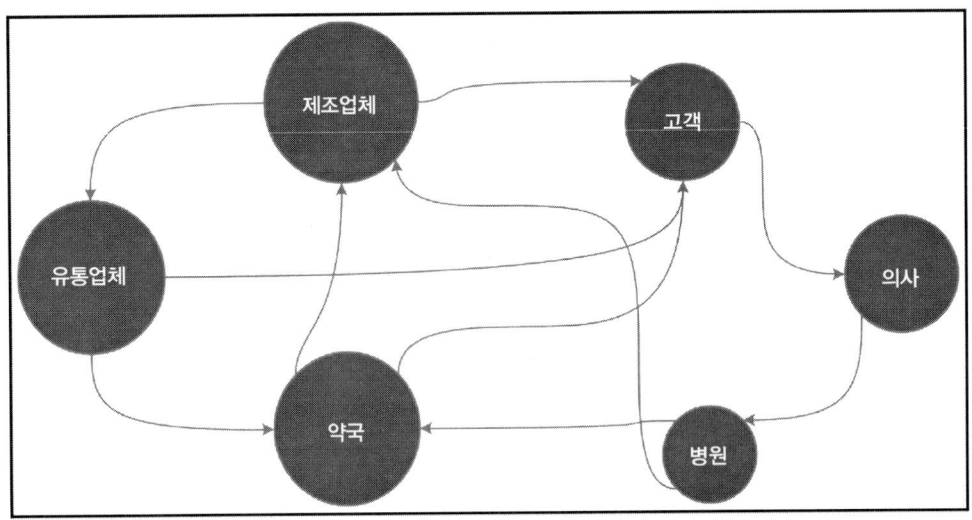

6명의 참가자 모두 네트워크에 참여하고 있으며 서로 통신할 수 있습니다. `farmatrace-logic.js`로 작성된 메소드는 Fabric 체인코드로 변환됩니다. 체인코드를 호출함으로써, Fabric 오더 서비스는 공유 통신 채널을 제공하고 트랜잭션을 피어에게 브로드캐스트합니다. 피어는 트랜잭션을 확인하고, 동일한 순서로 트랜잭션을 커밋하고 적용합니다. 마침내 피어는 같은 방식으로 상태 정보를 업데이트합니다.

Hyperledger Composer 사전 환경 설정

개발 환경은 Hyperledger Composer 구축을 시작하는데 필요한 모든 Composer 도구 및 네트워크로 구성됩니다. 이것은 어렵지 않습니다. Hyperledger Composer는 Unix(Ubuntu), macOS, Windows를 포함한 다양한 운영체제에서 실행될 수 있습니다. 이 섹션에서는 Ubuntu를 다룰 것입니다.

 사전 준비

개발 환경을 설정하기 전에 다음 전제 조건을 설치했는지 확인합니다.

- **운영체제**: Ubuntu Linux(64-bit) 14.04/16.04 LTS, 또는 macOS 10.12
- **Node**: 버전 8.9 이상 9 미만
- **npm**: 버전 5.x 이상
- **Git**: 버전 2.9 이상
- **Python**: 2.7.x
- **Docker Engine**: 버전 17.03 이상
- **Docker Compose**: 버전 1.8 이상

> **TIP** Hyperledger Composer와 Hyperledger Fabric을 실행하려면 4GB 메모리가 필요합니다. VirtualBox에서 Ubuntu 시스템을 실행중인 경우, 시스템은 12-16GB 이상의 디스크 공간이 필요합니다.

우리는 Amazon Ubuntu Server 16.04를 운영체제로 사용하겠습니다. EC2에 Ubuntu를 설치한 경험이 없으면 다음 AWS 문서를 참조하십시오.
https://aws.amazon.com/getting-started/tutorials/launch-a-virtual-machine/

로컬 컴퓨터의 VirtualBox에 Ubuntu를 설치할 수도 있습니다. 관련 문서는 http://www.psychocats.net/ubuntu/virtualbox와 https://askubuntu.com/questions/142549/how-to-install-ubuntu-on-virtualbox에 있습니다.

💡 수행 절차

Ubuntu를 설치한 후 Unix에 로그온합니다. 그리고 다음 명령을 사용하여 Hyperledger GitHub 사이트에서 필수 구성 요소를 다운로드하고 실행할 수 있습니다.

```
curl -O https://hyperledger.github.io/composer/latest/prereqs-ubuntu.sh
chmod u+x prereqs-ubuntu.sh
./prereqs-ubuntu.sh
```

`sudo` 명령을 사용하면 root의 비밀번호를 묻는 메시지가 표시됩니다.

```
Installation completed, versions installed are:
Node:            v8.12.0
npm:             6.4.1
Docker:          Docker version 18.06.1-ce, build e68fc7a
Docker Compose:  docker-compose version 1.13.0, build 1719ceb
Python:          Python 2.7.12

Please logout then login before continuing.
```

설치가 완료되면, 모든 변경 사항을 적용하기 위해 로그아웃 후 다시 로그온 해야 합니다.

💡 작동 원리

이전 단계에서, `prereqs-ubuntu.sh`는 개발 환경에 필요한 모든 라이브러리를 설치하기 위한 명령어들이 포함되어 있었습니다. Docker는 HyperLedger Fabric과 테스트를 실행하기 위한 컨테이너 환경을 제공합니다. Docker Compose는 HyperLedger Fabric을 쉽게 구성하고 시작하는데 사용됩니다. Node.js와 npm은 패키지 관리 및 종속성 설치를 처리하여 메인 런타임 환경을 제공합니다. **Ubuntu Trusty**를 실행 중인 경우, Docker 용 AUFS[10] 저장소 드라이버를 사용하려면 추가 커널 패키지를 설치해야 합니다.

---

[10] (역자) AUFS(Advanced multi-layered Unification FileSystem): 리눅스 파일 시스템의 union mount를 구현하는 프로젝트

개발 환경 설정

Composer-CLI는 Composer 배포에 가장 중요한 도구입니다. 핵심 커맨드라인 작업이 모두 포함되어 있습니다. 다른 유용한 도구로는 **Composer REST 서버**, **generator Hyperledger Composer, Yeoman, Playground**가 있습니다. Composer CLI는 개발자에게 유용한 도구들을 제공합니다. 본 예제에서 이 도구들을 사용할 것입니다.

Composer CLI를 사용하여 다중 관리, 운영, 개발 작업을 수행할 수 있습니다. 다음은 CLI 명령의 요약입니다.

명령	설명	예제
composer archive <subcommand>	Composer 저장	Composer archive list.
composer card <subcommand>	비즈니스 네트워크 카드관리	Composer card list.
composer generator <subcommand>	비즈니스 네트워크 정의를 코드로 변환	Composer generator docs.
composer identity <subcommand>	신원 관리	Composer identity issue.
composer network <subcommand>	네트워크 관리	Composer network install.
composer participant <subcommand>	참가자 관리	Composer participant add.
composer report	현재 Composer 환경 리포트 생성	Composer report.
composer transaction <subcommand>	트랜잭션 관리	Composer transaction submit.

Composer REST 서버는 블록체인 비즈니스 네트워크에 REST 인터페이스를 생성합니다.

사전 준비

이전 예제에서 모든 필수 라이브러리를 설치했습니다. 이 작업을 수행하지 않았다면 이전 설정을 완료해야 합니다. 이제 다음 설치를 진행할 수 있습니다.

```
docker kill $(docker ps -q)
docker rm $(docker ps -aq)
docker rmi $(docker images dev-* -q)
```

수행 절차

1. 다음 CLI 도구를 설치합니다.

   ```
   npm install -g composer-cli@0.19.15
   npm install -g composer-rest-server@0.19.15
   npm install -g generator-hyperledger-composer@0.19.15
   npm install -g yo
   ```

2. Playground를 설치합니다.

   ```
   npm install -g composer-playground@0.19
   ```

3. IDE[11]를 설정합니다. VSCode를 다운로드(https://code.visualstudio.com/download)하고 화면에 제시된 지침에 따라 설치합니다.

4. Composer 확장 기능을 설치합니다. VSCode 확장 메뉴를 열고, **EXTENSIONS : MARKETPLACE**에서 **Hyperledger Composer** 확장을 찾아서 설치합니다.

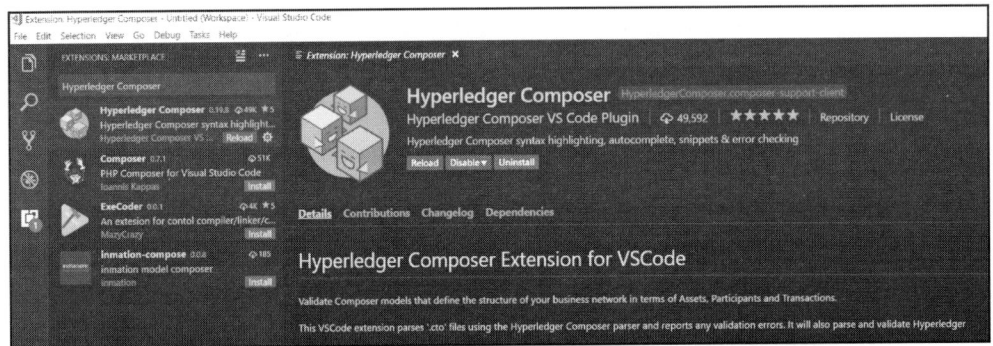

5. Hyperledger Fabric을 설치합니다.

---

11 (역자) IDE(Integrated Development Environment): 통합 개발 환경

a. ~/fabric-dev-servers라는 디렉토리를 만들고 fabric-dev-servers.tar.gz 파일을 다운로드합니다.

```
mkdir ~/fabric-dev-servers && cd ~/fabric-dev-servers
curl -O
https://raw.githubusercontent.com/hyperledger/composer-tool
s/master/packages/fabric-dev-servers/fabric-devservers.
tar.gz
tar -xvf fabric-dev-servers.tar.gz
```

b. 압축 해제가 완료되면, 로컬 Hyperledger Fabric v1.1 런타임을 구동합니다.

```
cd ~/fabric-dev-servers
export FABRIC_VERSION=hlfv11
./downloadFabric.sh
```

6. Hyperledger Composer의 기본 개발자 환경을 설정했습니다. 개발 Composer 어플리케이션을 시작하려면 Fabric 런타임을 시작하고 중지할 수 있어야 합니다. Fabric 런타임을 처음 시작하는 경우, PeerAdmin 카드를 생성하여 startFabric.sh를 실행해야 합니다.

```
cd ~/fabric-dev-servers
export FABRIC_VERSION=hlfv11
./startFabric.sh
./createPeerAdminCard.sh
```

7. Fabric 런타임을 중지하려면 stopFabric.sh를 실행한 다음, ~/fabric-dev-servers/teardownFabric.sh를 실행하여 런타임 환경을 정리합니다.

8. Playground를 시작하려면 다음 명령을 실행합니다.

```
composer-playground
```

9. http://localhost:8080/login 또는 http://서버의IP주소:8080/login 을 입력하여 Playground 페이지를 불러옵니다.

클라우드 서버에서 실행되는 경우, 서버 포트 번호 8080이 차단되지 않았는지 확인합니다.

작동 원리

어플리케이션은 Hyperledger Composer LoopBack 커넥터를 사용하여 비즈니스 네트워크에 연결하고, 모델을 추출한 뒤, 페이지에서 관련 REST API를 모델링합니다. 코드 로직은 다음과 같습니다.

```
if (require.main === module) {
    const composerConfig = require('./composer.json');
    module.exports(composerConfig)
        .then((result) => {
            // Start the LoopBack application.
            const app = result.app, server = result.server;
            return server.listen(() => {
                app.emit('started');
                let baseUrl = app.get('url').replace(/\/$/, '');
                console.log('Web server listening at: %s', baseUrl);
                if (app.get('loopback-component-explorer')) {
                    let explorerPath = app.get('loopback-componentexplorer').
                                mountPath;
                    console.log('Browse your REST API at %s%s', baseUrl,
                            explorerPath);
                }
......
            }
        })
        .catch((error) => {
...
        });
}
```

generator-hyperledger-composer는 Hyperledger Composer와 함께 사용할 템플릿을 작성하는데 사용됩니다.

Yeoman은 어플리케이션을 생성하기 위한 generator-hyperledger-composer 유틸리티 도구를 제공합니다.

Hyperledger Composer Playground는 비즈니스 네트워크를 구성, 배포, 테스트할 수 있는 브라우저 기반의 사용자 인터페이스입니다. Playground를 사용하여 자산, 참가자, ACL, 프로세스와 관련된 트랜잭션 정의를 포함한 비즈니스 네트워크를 모델링 할 수 있습니다. Playground의 고급 기능을 통해 사용자는 비즈니스 네트워크의 보안을 관리하고, 참가자를 비즈니스 네트워크에 초대하며, 여러 블록체인 비즈니스 네트워크에 연결할 수 있습니다.

Hyperledger Composer에서는 샘플 Hyperledger Fabric 네트워크(v1.0)를 설치했습니다. PeerAdmin은 이 네트워크의 관리자로, 네트워크의 모든 피어에 대한 관리자 권한이 있습니다. PeerAdmin 비즈니스 네트워크 카드를 만들면 PeerAdmin에 접근할 수 있습니다.

Composer 비즈니스 네트워크 구성

이전 섹션에서는 개발 환경을 설정했습니다. 본 섹션에서는 .cto, .script, .query, .acl 파일을 포함하여 FarmaTrace 비즈니스 네트워크 정의를 작성한 다음, Composer 도구를 사용하여 .bna 파일로 패키지합니다.

yo hyperledger-composer 명령에는 businessnetwork, Angular, CLI라는 세 가지 옵션이 있습니다. 이들은 다음과 같이 정의됩니다.

- hyperledger-composer:businessnetwork는 자산, 참가자 및 트랜잭션 뿐만 아니라 Mocha 유닛 테스트가 정의된 기본 비즈니스 네트워크를 생성하는 데 사용됩니다.
- hyperledger-composer:angular는 실행중인 비즈니스 네트워크에 연결하여 Angular 어플리케이션을 생성하는데 사용됩니다.
- hyperledger-composer:cli는 이름, 작성자, 설명의 일반적인 속성을 가진 표준 npm 모듈을 작성하고 샘플 구조를 작성하는데 사용됩니다.

수행 절차

자신만의 비즈니스 네트워크를 만들기 위해 다음 단계를 따릅니다.

1. FarmaTrace 비즈니스 네트워크 정의를 작성하려면 프로젝트 구조를 설정해야 합니다.

    ```
    mkdir farmaTrace
    cd farmaTrace
    ```

2. Yeoman의 hyperledger-composer 도구를 사용하여 businessnetwork 프로젝트 템플릿을 만듭니다. 모든 필수 정보를 입력합니다. 예를 들어, 비즈니스 네트워크 이름, 설명, 작성자 이름, 작성자 이메일 주소, 라이센스 선택 및 네임스페이스가 있습니다.

    ```
    yo hyperledger-composer:businessnetwork
    ```

3. 네임스페이스로 org.packt.farmatrace를 선택합니다.
4. 빈 네트워크 생성 여부를 물으면 No를 선택합니다.
5. Yeoman 도구는 다음과 같이 farmatrace-network 파일을 생성합니다.

```
└── farmatrace-network
    ├── features
    │   ├── sample.feature
    │   └── support
    │       └── index.js
    ├── lib
    │   └── logic.js
    ├── models
    │   └── org.packt.farmatrace.cto
    ├── package.json
    ├── permissions.acl
    ├── README.md
    └── test
        └── logic.js

6 directories, 8 files
```

작동 원리

이제 로컬 시스템에 FramaTrace 네트워크를 만들었습니다. 여기에는 FarmaTrace Composer 어플리케이션을 개발하는데 필요한 모든 스켈레톤 파일이 포함되어 있습니다. 이를 통해 Hyperledger Playground로 모든 개발 작업을 수행할 수 있습니다.

모델, 트랜잭션 로직, 접근제어, 쿼리 정의 구현

Yeoman을 사용하여 `businessnetwork` 프로젝트 템플릿을 생성하겠습니다. 제공된 템플릿 파일을 수정해야 합니다.

사전 준비

Playground에서 **empty-business-network** 템플릿을 선택하여 모델, 로직, ACL 구현을 시작합니다.

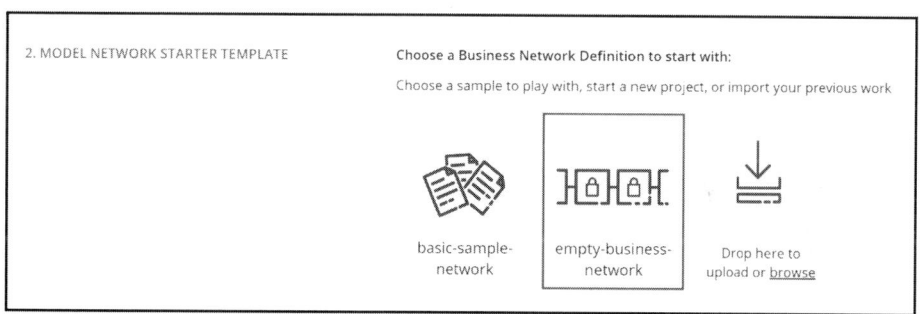

먼저 models 폴더 아래의 모드^{mode} 파일 이름을 `org.packt.farmatrace.cto`로 바꿉니다. 그런 다음 파일 추가 클릭, **Script File (.js)** 선택, 파일 추가 클릭, 새 **Query File (.qry)** 추가하기 순서로 새 스크립트 파일을 추가합니다. 그런 다음 **Query File (.qry)**을 선택합니다.

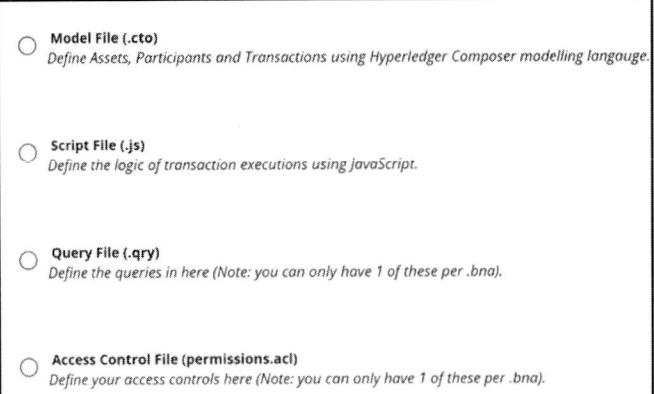

이들 파일에서 기본으로 생성된 컨텐츠를 제거합니다. 이전의 FarmaTrace 유즈케이스 분석을 통해, 다음과 같은 businessnetwork 컴포넌트를 만들어야 한다는 것을 확인했습니다.

- participants: 제조업체, 유통업체, 약국, 병원, 의사, 고객
- asset: drugReceipt, Evident, Drug
- transaction: Init(), makeDrug(), sendToDistribution(), 세 가지 deploy() 함수(약국, 의사, 병원), 세 개의 구매 함수, 마지막으로 닫기finally close
- query: 제조업체, 유통업체, 약국, 병원, 의사, 고객 등을 포함하여 ID별로 참가자를 쿼리합니다.
- permissions.acl: 참가자 권한을 정의합니다.

수행 절차

businessnetwork 프로젝트를 생성하기 위해 다음 단계를 실행합니다.

1. 모델 파일 org.packt.farmatrace.cto을 위해 participant, asset, concept, enum, transaction, event를 정의합니다.
2. ParticipantType에 대한 enum을 MANUAFACTURER, DISTRIBUTION, PHARMACY, HOSPITAL, PHYSICIAN, CUSTOMER로 정의합니다.
3. 모델 파일은 다음과 같이 영수증을 위한 FarmaTrace 흐름 상태를 정의합니다.

3 Hyperledger Composer로 비즈니스 네트워크 모델링

```
enum ReceiptStatus {
o START
o CREATE_DRUG
o PICK_UP_DRUG
o DEVLIER_PHARMACY
o DEVLIER_HOSPITAL
o DEVLIER_PHYSICIAN
o CUSTOMER_RECEIVED
o CLOSED
}
```

4. 모델 파일은 다음과 같이 네트워크에서 6명의 참가자를 정의합니다.

```
//address
concept Address {
    o String street
    o String city
    o String country default = "US"
}
concept Entity {
    o String name
    o String desc
    o String phone
    o Address address
}
concept Person {
    o String firstName
    o String lastName
    o String phone
    o Address address
}
participant Manufacturer identified by manufacturerId {
    o String manufacturerId
    o Entity entityInfo
}
..
```

5. Evident 자산을 정의합니다. 이를 통해 트랜잭션이 발생하는 시기, 트랜잭션에 관련된 참가자, ReceiptStatus와 같은 중요 정보를 추적할 수 있습니다.

```
asset Evident identified by evidentId {
    o String evidentId
    o DateTime lastUpdate
    o ParticipantType from
    o ParticipantType to
    o String fromId
    o String toId
    o ReceiptStatus status
}
```

6. Drug 자산을 정의합니다. Drug 자산은 제조일, 만료시기, 이름, 설명을 포함한 중요 정보를 정의합니다.

7. DrugReceipt 자산을 정의합니다. 영수증에는 모든 트랜잭션과 약물 정보가 기록됩니다. 또한, 현재 트랜잭션 상태를 유지합니다.

```
asset DrugReceipt identified by receiptId {
    o String receiptId
    o ReceiptStatus currentStatus
    --> Evident[] evidents
    --> Drug drug
    o String closeReason optional
}
```

8. 모델 파일에서 FarmaTrace 트랜잭션과 이벤트를 정의하고, 스크립트 파일에서 구현합니다.

9. Drug 자산을 생성합니다. 기본 제조 날짜로 설정하고 만료 날짜를 1900-01-01 (유효하지 않은 날짜)로 설정합니다.

```
    async function initialApplication(application) {
        const factory = getFactory();
        const namespace = 'org.packt.farmatrace';
const drugReceipt = factory.newResource(namespace, 'DrugReceipt',
        application.receiptId);
        drugReceipt.currentStatus = 'START';
        drugReceipt.evidents = [];
        //initial drug
```

```
        const drug = factory.newResource(namespace, 'Drug',
                                         application.drugId);
        drug.manu_date="1900-01-01";
        drug.expire_date="1900-01-01";
        drug.name=application.drug_name;
        drug.desc=application.drug_desc;
        drugReceipt.drug = drug;
        //save the application
...
        //save the application
..
            // emit event
...
}
```

10. makeDrug 함수를 구현합니다. 이 단계에서 makeDrug 함수는 제조업체가 makeDrug를 추적하는 로직을 구현합니다. 먼저 영수증 상태가 START로 설정되어 있는지 확인합니다. 그렇지 않은 경우 스마트 컨트랙트에서 예외가 발생합니다.

```
/**
  * @param {org.packt.farmatrace.makeDrug} makeDrug - Manufacturer make a drug
  * @transaction
  */
async function makeDrug(request) {
    const factory = getFactory();
    const namespace = 'org.packt.farmatrace';
    let drugReceipt = request.drugReceipt;
    if (drugReceipt.currentStatus != 'START') {
        throw new Error ('This drug receipt should be in START');
    }
    drugReceipt.currentStatus = 'CREATE_DRUG';
....
}
```

11. 블록체인을 쿼리하여 fromId 및 toId 파라미터 입력이 유효한지 확인합니다. 이를 위해 query.qry에 정의된 findManufacturerById를 쿼리합니다.

```
let fromResults = await query('findManufacturerById',{
        "manufacturerId": request.fromId
});
if(fromResults.length==0) {
    throw new Error ('Can't find manufacturer');
}
```

12. 다음과 같이 evident를 작성하여 영수증에 추가합니다.

```
let evidentId = Math.random().toString(36).replace('0.', '');
let evident = factory.newResource(namespace, 'Evident', evidentId);
evident.lastUpdate = new Date();
evident.from = 'MANUAFCTURER';
evident.to = 'MANUAFCTURER';
evident.fromId = request.fromId;
evident.toId = request.toId;
evident.status ='CREATE_DRUG'
//save the application
const evidentRegistry = await getAssetRegistry(namespace+'.Evident');
await evidentRegistry.add(evident);
drugReceipt.evidents.push(evident);
```

13. 의약품 제조일과 만료일을 업데이트합니다.

```
let drug = drugReceipt.drug;
    var currentDate = new Date()
    drug.manu_date = currentDate.getFullYear();+ "-" +
(currentDate.getMonth() + 1) + "-"
+ currentDate.getDate();
    drug.expire_date = (currentDate.getFullYear();+ 3) + "-" +
(currentDate.getMonth() +
1)+ "-" + currentDate.getDate();
    const drugAssetRegistry = await
getAssetRegistry(drug.getFullyQualifiedType());
    await drugAssetRegistry.update(drug);
```

14. 영수증을 업데이트하고 블록체인에서 이벤트를 생성합니다. FarmaTrace의 다른 트랜잭션들도 유사합니다.

작동 원리

Composer 모델의 언어는 객체 지향 언어입니다. 먼저 모든 중요 정보를 분석하고 캡처한 다음, OOD[12] 설계를 적용하여 시스템에 6명의 참가자를 정의합니다. 그런 다음 Composer 모델 언어를 사용하여 이들 참가자를 정의합니다. 참가자는 두 가지 유형이 있습니다. 하나는 조직 기반이고 다른 하나는 개인 기반입니다. 이 참가자들의 관계는 다음과 같습니다.

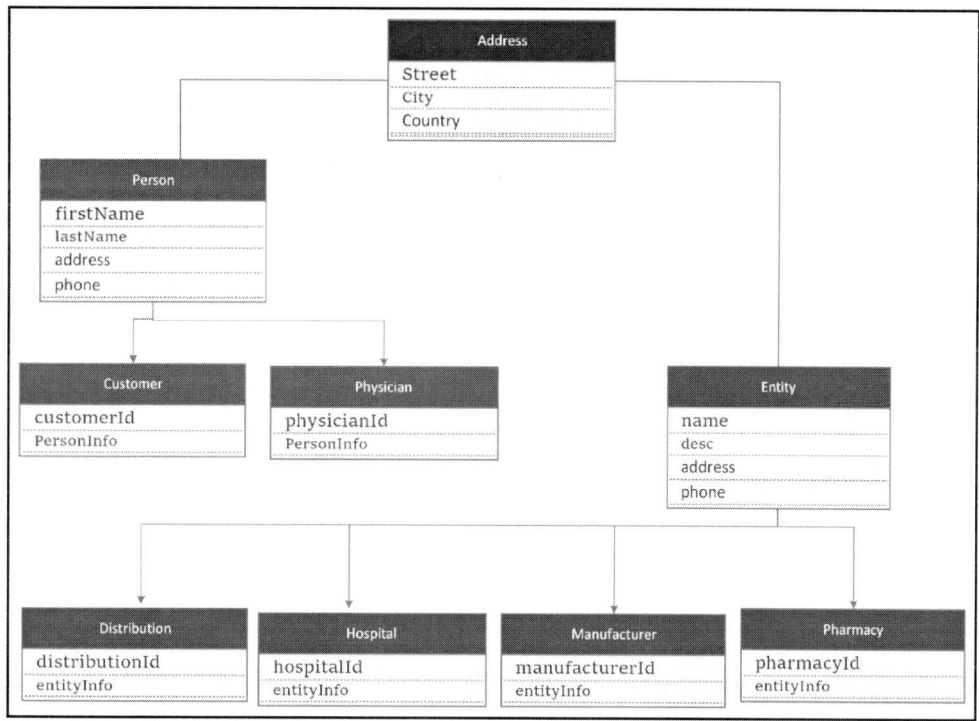

Distribution, Hospital, Manufacturer, Pharmacy는 조직 기반 참가자로, 엔터티 정보가 있습니다. Customer, Physician는 개인 기반 참가자로, 개인 정보가 있습니다. Entity와 Person 모두 Address 자산을 포함합니다.

또한 모델 파일에서 트랜잭션 메소드를 정의하고, 로직 파일에서 트랜잭션 로직을 구현합니다. 트랜잭션 함수는 스마트 컨트랙트 실행으로 간주될 수 있습니다. 이러한 트랜잭션은 함수의 코멘트에서 주석annotation을 통해 트랜잭션 함수의 구현으로 연결됩니다. @param

---

[12] (역자) OOD(object-Oriented Design): 객체지향 설계

은 이 트랜잭션을 모델에 정의된 `makeDrug`에 연결합니다. `@transaction`은 이 함수를 트랜잭션 함수로 표시합니다.

```
/**
* Manufacturer make a drug
* @param {org.packt.farmatrace.makeDrug} makeDrug - Manufacturer make a drug
* @transaction
*/
```

일반 JavaScript의 post 메소드처럼, 스크립트는 쿼리 파일 검색 함수를 직접 호출할 수 있습니다. JSON 형식의 데이터를 파라미터로 전달합니다. 이 예제에서는 `manufacturerId` 파라미터를 전달하여 `findManufacturerById`를 호출합니다. 제조업체 레코드가 없으면, 트랜잭션에서 예외가 발생하여 중단됩니다.

트랜잭션 및 이벤트 레코드를 작성하거나 업데이트하는데 필요한 세 가지 함수가 있습니다. 첫 번째는 `getFactory()`로, 자산 또는 참여자를 트랜잭션의 일부로 작성할 수 있습니다. 두 번째는 `getAssetRegistry(namespace+'.xyzAsset)`, `getParticipantRegistry(namespace+'.xyzParticipant)` 또는 `factory.newEvent('org.namespace','xyzEvent')`입니다. 지정된 네임스페이스에 정의된 xyzAsset, xyzParticipant, xyzEvent를 작성합니다. 그런 다음 asset, participant, event에 필요한 속성을 설정해야 합니다. 마지막으로 event를 발생시키기 위해 `xyzEventRegistry.add()`를 사용합니다. 새 asset이나 participant를 추가하려면, `xyzParticipantRegistry.add()`나 `xyzAssetRegistry.add()`를 사용해야 합니다. 새 asset이나 participant를 업데이트하려면, `xyzParticipantRegistry.update()`나 `xyzAssetRegistry.update()`를 사용해야 합니다.

```
        const drugReceiptAssetRegistry = await
getAssetRegistry(request.drugReceipt.getFullyQualifiedType());
    await drugReceiptAssetRegistry.update(drugReceipt);
    // emit event
    const makeDrugEvent = factory.newEvent(namespace, 'makeDrugEvent');
    makeDrugEvent.drugReceipt = drugReceipt;
```

```
    emit(makeDrugEvent);
emit(makeDrugEvent);
```

💡 추가 정보

쿼리 함수를 사용하여 ID로 제조업체를 찾는 방법을 살펴보았습니다. 동일한 결과를 얻는 다른 방법이 있습니다. Composer는 getNativeAPI를 제공하여 Composer 트랜잭션 프로세서 함수에서 Hyperledger Fabric API를 호출합니다. getNativeAPI를 사용하면 Fabric shim API를 호출할 수 있습니다 체인코드는 이 API를 통해 상태 변수, 트랜잭션 컨텍스트에 접근할 수 있고 다른 체인코드를 호출할 수도 있습니다.

```
const nativeSupport = request.nativeSupport;
    const nativeFromIdKey =
getNativeAPI().createCompositeKey('Participant:org.packt.farmatrace.Manufac
turer', [request.fromId]);
    const fromIterator = await
getNativeAPI().getHistoryForKey(nativeFromIdKey);
    let fromResults = []; let fromRes = {done : false};
    while (!fromRes.done) {
        fromRes = await fromIterator.next();
        if (fromRes && fromRes.value && fromRes.value.value) {
            let val = fromRes.value.value.toString('utf8');
            if (val.length > 0) {
                fromResults.push(JSON.parse(val));
            }
        }
        if (fromRes && fromRes.done) {
            try {
                fromIterator.close();
            }
            catch (err) {
            }
        }
    }
    if(fromResults.length==0) {
```

```
        throw new Error ('Cant find manufacturer');
    }
```

`getState`와 `putState` Hyperledger Fabric API 함수는 Hyperledger Composer 접근제어 규칙을 무시합니다.

Playground는 **Composer API**를 사용하고 **Composer 프록시 커넥터**를 호출함으로써 **SOCKETI/O**를 통해 **Composer 커넥터 서버**에 연결합니다. 웹 모드의 모든 Playground 데이터는 위치^{location} 저장소에 저장됩니다. **Composer Playground API**는 Express 앱13으로, **Composer 커넥터 서버**에 직접 연결합니다. 이 서버는 **Composer HLF 런타임**과 상호작용합니다. Playground를 로드하면 몇 가지 샘플이 표시됩니다. 이들 샘플은 **NPM** 라이브러리에서 가져옵니다. Playground UI는 **HTTP**를 통해 **Composer Playground API**와 통신합니다.

다음 그림은 컴포넌트들이 서로 상호 작용하는 방식을 보여줍니다.

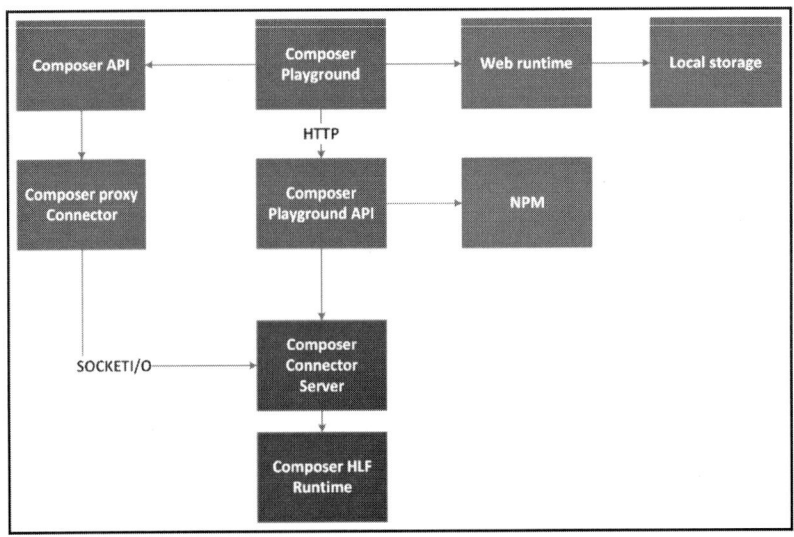

---

13 (역자) Express 앱: 노드(Node.JS) 상에서 동작하는 웹 개발 프레임워크

Composer 커맨드라인 인터페이스를 사용한 비즈니스 네트워크 아카이브의 배치, 테스트, 내보내기

이전 예제에서 모든 모델, 트랜잭션, 쿼리 함수를 구현했습니다. 이제 어플리케이션을 Fabric 네트워크에 배포할 차례입니다.

사전 준비

배포하는 방법에는 여러 가지가 있습니다. Playground에는 파일을 .bna 파일로 내보내는 옵션이 있습니다. 그 다음, .bna 파일을 Ubuntu 서버에 업로드하여 배포를 시작할 수 있습니다. 또한 Ubuntu 서버의 farmatrace-network 폴더에 있는 모든 관련 파일 (logic.js, permissions.acl, org.packt.farmatrace.cto, query.qry)을 업데이트 한 다음, .bna 파일을 수작업으로 생성할 수도 있습니다.

수행 절차

.bna 파일을 생성한 후, 다음 단계를 사용하여 파일을 블록체인에 배포할 수 있습니다.

1. ~farmatrace-network 디렉토리로 이동하여 다음 명령을 실행합니다.

   ```
   composer archive create -t dir -n .
   ```

   farmatrace-network 폴더에 farmatrace-network@0.0.1.bna라는 .bna 파일이 생성됩니다. 이제 이 .bna 파일을 비즈니스 네트워크에 배포할 수 있습니다.

2. farmatrace-network@0.0.1.bna 파일을 비즈니스 네트워크에 설치하고 다음 명령을 실행합니다.

   ```
   composer network install --card PeerAdmin@hlfv1 --archiveFile
   ```

```
farmatrace-network@0.0.1.bna
```

3. 비즈니스 네트워크를 시작하고 다음 명령을 실행합니다.

```
composer network start --networkName farmatrace-network --
networkVersion 0.0.1 --networkAdmin admin --
networkAdminEnrollSecret adminpw --card PeerAdmin@hlfv1 --file
networkadmin.card
```

4. 네트워크 관리자 ID를 가져와서 import 사용 가능한 비즈니스 네트워크 카드로 설정한 뒤, 다음 명령을 실행합니다.

```
composer card import --file networkadmin.card
```

5. 배포된 비즈니스 네트워크를 핑 ping 하여 성공적인 배포를 확인하고, 다음 명령을 실행하여 네트워크를 핑 합니다.

```
composer network ping --card admin@farmatrace-network
```

명령을 실행한 뒤, 다음 정보가 반환되는 것을 확인할 수 있습니다.

축하합니다. 첫 번째 비즈니스 네트워크를 블록체인에 성공적으로 배포했습니다.

```
ubuntu@ip-172-31-2-9:~/farmaTrace/farmatrace-network$ composer network ping --card admin@farmatrace-network
The connection to the network was successfully tested: farmatrace-network
    Business network version: 0.0.1
    Composer runtime version: 0.19.15
    participant: org.hyperledger.composer.system.NetworkAdmin#admin
    identity: org.hyperledger.composer.system.Identity#c2e3a2eec9d99a8e1b9e8ba12ff21781653d51adf3659dc96896a46b73560554
Command succeeded
```

작동 원리

비즈니스 네트워크 아카이브에는 모델 정의, JavaScript 로직 파일, 권한 파일뿐만 아니라 쿼리 설명 파일이 선택적으로 포함됩니다. `composer cli archive` 명령을 사용하여 .bna 파일을 생성합니다. 이 파일은 `package.json`을 포함한 Composer 파일들을 zip으로 압축한 것입니다.

.bna 파일이 생성되면 Composer 네트워크 설치 명령을 실행합니다. 그 다음, 시작 명령을 실행하여 Composer 네트워크를 시작하고, 블록체인 네트워크의 Hyperledger Fabric 피어에 .bna 파일을 설치하고 배포합니다. 배포가 완료되면, 이전에 만든 PeerAdmin 카드를 사용하여 networkadmin.card가 생성됩니다. 이 카드는 관리자 자격 증명, 즉 사용자 ID와 암호를 저장합니다. 마지막으로 생성된 networkadmin.card를 farmatrace-network로 가져옵니다. Composer 배포 절차는 다음과 같이 표시됩니다.

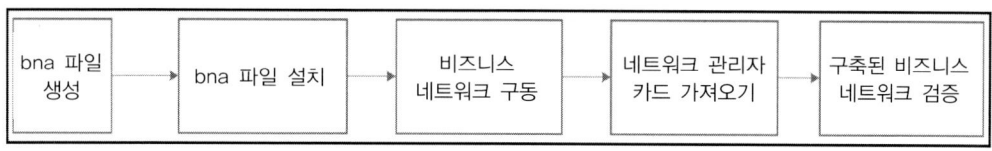

RESTful API를 통한 Composer와 상호 작용

비즈니스 네트워크 아카이브를 블록체인 네트워크에 배포하면, 클라이언트 어플리케이션과는 어떻게 통합할 수 있을까요? 한 가지 솔루션은 Hyperledger Composer REST 서버를 사용하는 것입니다.

Hyperledger Composer REST 서버는 Hyperledger Fabric 비즈니스 네트워크에서 Swagger REST 엔드포인트 API를 생성할 수 있습니다. REST 서버는 루프백^{LoopBack}을 사용하고 비즈니스 네트워크 모델을 오픈 API 정의로 변환합니다. 인증된 클라이언트는 이 엔드포인트 API를 통해 REST 서버를 호출하여 블록체인과 상호 작용합니다. 호출된 각 트랜잭션은 인증서로 서명되어야 합니다. REST 서버는 이 인증서의 신원^{identity}을 확인하고, 이 신원으로 모든 트랜잭션에 서명합니다. 구동 중에, REST 서버는 **CRUD**$^{Create,\ Read,\ Update,\ Delete}$ 연산을 구현하여 자산 및 참여자의 상태를 조작^{manipulate}합니다. 그리고 트랜잭션을 제출하거나, 쿼리로 트랜잭션을 검색할 수 있습니다.

💡 사전 준비

Composer REST 서버를 시작하기 위해 다음을 입력합니다.

```
composer-rest-server
```

유닉스 터미널은 비즈니스 네트워크에 대해 몇 가지 질문을 합니다.

```
ubuntu@ip-172-31-14-42:~$ composer-rest-server
? Enter the name of the business network card to use: admin@farmatrace-network
? Specify if you want namespaces in the generated REST API: never use namespaces
? Specify if you want to use an API key to secure the REST API: No
? Specify if you want to enable authentication for the REST API using Passport: No
? Specify if you want to enable the explorer test interface: Yes
? Specify a key if you want to enable dynamic logging:
? Specify if you want to enable event publication over WebSockets: Yes
? Specify if you want to enable TLS security for the REST API: No
```

웹 서버는 http://localhost:3000 또는 http://서버의IP주소:3000로 구동됩니다. http://localhost:3000/explorer에서 REST API를 둘러볼 수 있습니다.

Hyperledger Composer REST server

buyFromHospital : A transaction named buyFromHospital	Show/Hide	List Operations	Expand Operations
buyFromPharmacy : A transaction named buyFromPharmacy	Show/Hide	List Operations	Expand Operations
buyFromPhysician : A transaction named buyFromPhysician	Show/Hide	List Operations	Expand Operations
Close : A transaction named Close	Show/Hide	List Operations	Expand Operations
Customer : A participant named Customer	Show/Hide	List Operations	Expand Operations
distributeToHospital : A transaction named distributeToHospital	Show/Hide	List Operations	Expand Operations
distributeToPharmacy : A transaction named distributeToPharmacy	Show/Hide	List Operations	Expand Operations

REST API를 탐색해 봅시다. 이 페이지는 다양한 엔드포인트가 표시되는데, 모델과 `logic.js`에 정의된 모든 자산, 참여자 및 트랜잭션을 포함합니다. `query.qry`의 쿼리 API도 페이지에 표시됩니다. 탐색기 내에서 간단한 쿼리를 테스트할 수 있습니다.

이제 생성된 REST API와 상호 작용할 클라이언트 어플리케이션을 빌드할 수 있습니다. 이에 관련된 몇 가지 옵션을 살펴보겠습니다.

💡 수행 절차

Yeoman 생성기는 `hyperledger-composer` 모듈을 통해 Angular 기반의 웹 어플리케

이션 스켈레톤 생성을 지원합니다. Composer REST 서버가 실행 중이고 Hyperledger Fabric 블록체인에 연결되어 있어야 합니다. Yeoman Angular 명령은 .bna 파일이 있는 디렉토리에서 실행해야 합니다. 다음 명령을 실행합니다.

1. 새 터미널을 열고 다음 명령을 사용하여 ~/farmaTrace/farmatrace-network로 이동합니다.

   ```
   yo hyperledger-composer
   ```

2. 필요한 프로젝트 정보와 비즈니스 네트워크 카드를 입력합니다.

   ```
   ubuntu@ip-172-31-14-42:~/farmaTrace/farmatrace-network$ yo hyperledger-composer
   Welcome to the Hyperledger Composer project generator
   ? Please select the type of project: Angular
   You can run this generator using: 'yo hyperledger-composer:angular'
   Welcome to the Hyperledger Composer Angular project generator
   ? Do you want to connect to a running Business Network? Yes
   ? Project name: farmatrace-ng
   ? Description: farmatrace angular composer client app
   ? Author name: brian wu
   ? Author email: brian.wu@smartchart.tech
   ? License: Apache-2.0
   ? Name of the Business Network card: admin@farmatrace-network
   ? Do you want to generate a new REST API or connect to an existing REST API? Connect to an existing REST API
   ? REST server address: http://localhost
   ? REST server port: 3000
   ? Should namespaces be used in the generated REST API? Namespaces are not used
   Created application!
   Completed generation process
      create app.js
      create Dockerfile
      create e2e/app.e2e-spec.ts
   ```

3. Yeoman 도구가 Angular 어플리케이션을 생성합니다. farmatrace-ng 디렉토리로 이동하면 다음과 같은 Angular 파일이 생성된 것을 볼 수 있습니다.

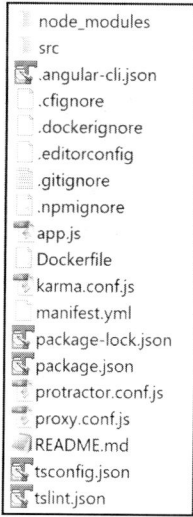

4. 모든 angular 관련 패키지를 설치했는지 확인합니다.

```
npm install -g typings
npm install -g bower
npm install -g @angular/cli
Start angular application by enter command:
ng serve
```

AWS 클라우드 서버에서 실행하는 경우, 다음 명령을 실행할 수 있습니다.

```
ng serve --host your_private_IP --port 4200
```

클라우드 서버에서 Angular를 실행할 때, '잘못된 호스트 헤더'라는 에러 메시지를 받을 수 있습니다. 이는 Angular CLI와 관련된 문제로, https://github.com/angular/angular-cli/issues/6070#issuecomment-298208974에서 확인할 수 있습니다. `ode_modules/webpack-dev-server/lib/Server.js` (line 425)에서 `service.js`를 편집하여 이 문제를 해결할 수 있습니다. 'return true;'로 변경해야 합니다.

5. 이전 단계에서 Angular 클라이언트 서버가 구동합니다. 서버가 가동되면, `http://localhost:4200`나 `http:///서버의IP주소:4200`를 열 수 있습니다.

```
ubuntu@ip-172-31-14-42:~/farmaTrace/farmatrace-network/farmatrace-ng$ ng serve
Your global Angular CLI version (6.2.3) is greater than your local
version (1.0.1). The local Angular CLI version is used.

To disable this warning use "ng config -g cli.warnings.versionMismatch false".
** NG Live Development Server is running on http://localhost:4200 **
Hash: 4211cda886e66f39542c
Time: 13657ms
chunk    {0} polyfills.bundle.js, polyfills.bundle.js.map (polyfills) 270 kB {5} [initial] [rendered]
chunk    {1} main.bundle.js, main.bundle.js.map (main) 551 kB {4} [initial] [rendered]
chunk    {2} styles.bundle.js, styles.bundle.js.map (styles) 184 kB {5} [initial] [rendered]
chunk    {3} scripts.bundle.js, scripts.bundle.js.map (scripts) 439 kB {5} [initial] [rendered]
chunk    {4} vendor.bundle.js, vendor.bundle.js.map (vendor) 4.12 MB [initial] [rendered]
chunk    {5} inline.bundle.js, inline.bundle.js.map (inline) 0 bytes [entry] [rendered]
webpack: Compiled successfully.
```

6. 여기에서 `farmatrace` 용 웹 어플리케이션을 빌드하기 위해 Angular 파일의 업데이트를 시작할 수 있습니다.

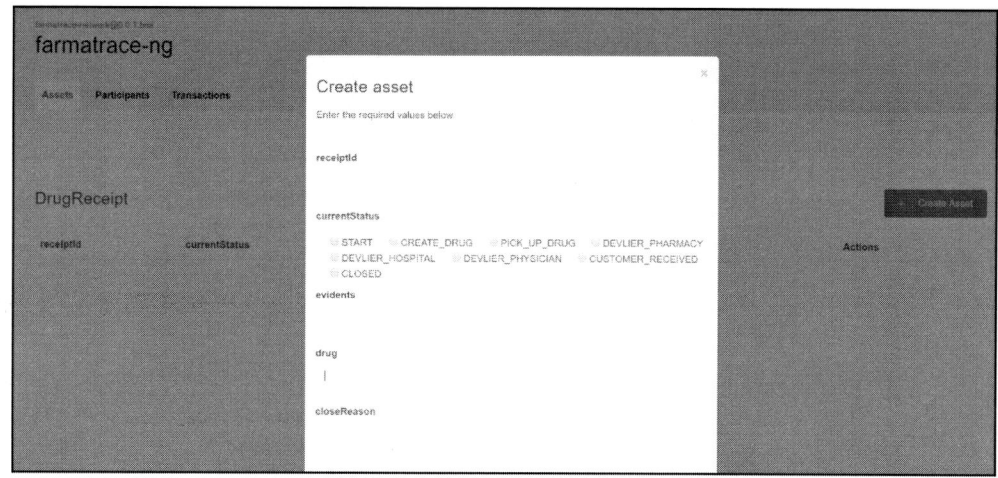

작동 원리

Yeoman Hyperledger Composer 도구는 프록시 구성을 생성하고 Composer REST 서버에 연결합니다.

```
function getTarget() {
    if (process.env.REST_SERVER_URLS) {
        const restServerURLs = JSON.parse(process.env.REST_SERVER_URLS);
        const restServerURL = restServerURLs['farmatrace-network'];
...
    }
...
    return 'http://localhost:3000';
}
```

이 도구는 비즈니스 네트워크의 메타 정보를 읽은 다음, `org.hyperledger.composer.system.ts` typescript 파일을 생성합니다. 다음 코드에서 보이는 것처럼, 이 파일은 asset, transaction, participant 정의를 포함합니다.

```
export namespace org.hyperledger.composer.system{
    export abstract class Registry extends Asset {
        registryId: string;
```

```
    name: string;
    type: string;
    system: boolean;
}
..
```

또한 org.hyperledger.composer.system.ts로부터 모든 asset, participant, transactions 클래스를 정의한 org.packt.farmatrace.ts를 생성합니다.

```
import {Participant} from './org.hyperledger.composer.system';
import {Transaction} from './org.hyperledger.composer.system';
// export namespace org.packt.farmatrace{
    export class Manufacturer extends Participant {
        manufacturerId: string;
        entityInfo: Entity;
    }
```

Angular 어플리케이션의 data.service.ts 파일은 Composer REST 서버가 탐색하는 트랜잭션 API를 쿼리하거나 업데이트합니다.

```
export class DataService<Type> {
    constructor(private http: Http) {
        this.actionUrl = '/api/';
        this.headers = new Headers();
        this.headers.append('Content-Type', 'application/json');
        this.headers.append('Accept', 'application/json');
    }
    public getAll(ns: string): Observable<Type[]> {
        console.log('GetAll ' + ns + ' to ' + this.actionUrl + ns);
        return this.http.get(`${this.actionUrl}${ns}`)
            .map(this.extractData)
            .catch(this.handleError);
    }
```

CHAPTER 4
Hyperledger Fabric과 Explorer의 통합

Hyperledger Explorer는 사용자가 웹-기반 어플리케이션을 만들 수 있게 도와주는 강력한 유틸리티입니다. Hyperledger Explorer는 블록체인 대시보드로서, 실제 블록체인 데이터와 네트워크 정보의 조회, 호출, 배포, 쿼리 기능을 제공합니다. 여기서 네트워크 정보는 원장에 저장된 블록 정보, 체인코드, 트랜잭션을 포함합니다.

Hyperledger Explorer는 잘 관리되는 오픈소스 브라우저로, macOS 및 Ubuntu에서 기본적으로 구축 가능합니다. 이 책이 쓰여진 시점에 Hyperledger Explorer는 아직 출시되지 않았습니다. 최신 릴리스 v0.3.8은 Fabric v1.3을 지원합니다.

여기 저기 오류가 발생하는 것이 일반적이며, 특히 버전 또는 환경 설정과 관련된 문제가 있습니다. 디버깅하는 동안의 시간을 절약하기 위해, 다음 예제에서 발생 가능한 일부 오류에 대한 권장 사항과 함께 다양한 메모와 팁을 포함 시켰습니다.

공개된 공식 디렉토리 구조를 통해 Hyperledger Explorer의 기본 빌딩 블록을 쉽게 검토할 수 있습니다. 자세한 내용은 Hyperledger Explorer의 GitHub 저장소(https://github.com/hyperledger/blockchain-explorer)를 참조 바랍니다.

다음 그림은 Hyperledger Explorer 디렉토리의 구조를 보여줍니다.

```
├── app                      Application backend root, Explorer configuration
│   ├── rest                 REST API
│   ├── persistence          Persistence layer
│   │   └── fabric           Persistence API (Hyperledger Fabric)
│   ├── platform             Platforms
│   │   └── fabric           Explorer API (Hyperledger Fabric)
│   └── test                 Application backend test
├── client                   Web UI
│   ├── public               Assets
│   ├── src                  Front end source code
│   │   ├── components       React framework
│   │   ├── services         Request library for API calls
│   │   ├── state            Redux framework
│   │   └── static           Custom and Assets
```

간단히 말해서, Hyperledger Explorer 어플리케이션은 주요 컴포넌트 6개로 구성됩니다.

- **웹 서버**: Node.js는 서버 측 컴포넌트를 구현하는데 사용됩니다.
- **웹 사용자 인터페이스**: AngularJS는 프론트엔드 프레임워크를 구현하는데 사용됩니다. 부트스트랩[Bootstrap]은 풍부한 UI 및 반응형 기능에 사용됩니다.
- **웹소켓**: WebSocket API는 서버에서 클라이언트로 정보를 푸시하는 데 사용됩니다.
- **데이터베이스**: PostgreSQL은 데이터 저장소입니다. 이 데이터베이스에는 블록, 트랜잭션, 스마트 컨트랙트에 대한 정보가 저장됩니다.
- **보안 저장소**: 이것은 다른 블록체인 플랫폼의 보안 구현을 위한 관문[facade] 역할을 합니다. 사용자 신원 및 접근 관리는 연합[federated] 보안 저장소를 사용하여 구현됩니다.
- **블록체인 구현**: 트랜잭션, 블록, 노드 로그, 스마트 컨트랙트의 업데이트를 탐색기[Explorer] 웹 서버에 제공합니다.

이 장에서는 다음과 같은 예제를 다룰 것입니다.

- Hyperledger Explorer 환경 설정
- Hyperledger Explorer 설치 및 데이터베이스 설정
- Fabric과 연동하는 Hyperledger Explorer 구성
- Hyperledger Explorer 구축
- Hyperledger Explorer 어플리케이션 실행

기술적 요구사항

안정성을 위해 본 장은 Hyperledger Fabric v1.3을 블록체인 프레임워크로 사용합니다.

Hyperledger Explorer와 기타 도구를 성공적으로 설치하고 실행하려면, 다음과 같은 최소 설정을 가진 시스템이 필요합니다.

- **CPU**: 4 코어, 16GB RAM
- **운영 체제**: Ubuntu Linux 16.04

본 장은 Amazon Ubuntu Server 버전 16.04를 사용합니다. Amazon 클라우드 EC2에서 Ubuntu 사용 경험이 적다면 https://aws.amazon.com/getting-started/tutorials/launch-a-virtual-machine/ 링크에서 AWS 설명서를 참조 바랍니다.

테스트 드라이브나 PoC가 목적이라면, Amazon EC2 환경을 사용하는 것이 편리합니다. 원하신다면 로컬 컴퓨터에 Ubuntu를 설치할 수도 있지만, Hyperledger Explorer 실행 환경을 다른 기존 환경과 분리하려면 가상 컴퓨터를 사용하는 것이 좋습니다. 즉, 예기치 않은 상황이 발생하더라도 환경을 신속하게 복구하고 재구축할 수 있습니다. 가상 머신 설정에 대한 일부 정보는 다음 링크에서 찾을 수 있습니다. http://www.psychocats.net/ubuntu/virtualbox 또는 https://askubuntu.com/questions/142549/how-to-install-ubuntu-on-virtualbox.

Hyperledger Explorer 환경 설정

이 섹션에서는 Hyperledger Explorer가 Hyperledger Fabric과 연동하는 방법을 보여줍니다. 그전에 Hyperledger Explorer와 Hyperledger Fabric의 모든 필수 컴포넌트를 설치해야 합니다.

사전 준비

다음 점검항목은 필수 컴포넌트와 버전을 보입니다.

Hyperleger Explorer v0.3.8은 다음 컴포넌트가 필요합니다.

- Node.js v8.11.x 이상(v9.x는 아직 지원되지 않음): 자세한 내용은 `https://nodejs.org/en/download/`와 `https://nodejs.org/en/download/package-manager/`에서 찾을 수 있습니다.
- PostgreSQL(v9.5 이상)이 필요합니다.
- jq (v1.5)의 경우, 자세한 내용은 `https://stedolan.github.io/jq/`에서 찾을 수 있습니다.

Hyperledger Fabric v1.3은 다음 컴포넌트가 필요합니다.

- **Node.js v8.11.x 이상(v9.x는 아직 지원되지 않음)**: 자세한 내용은 `https://nodejs.org/en/download/` 및 `https://nodejs.org/en/download/package-manager/`에서 찾을 수 있습니다.
- **cURL(v7.47)**: Ubuntu v16.04와 함께 제공됩니다: `https://curl.haxx.se/download.html`
- **Docker(v17.06.2-ce 이상)**: 자세한 내용은 `https://www.docker.com/community-edition` 에서 찾을 수 있습니다.
- **Docker Compose(v1.14.0 이상)**: `https://docs.docker.com/compose/` 또는 `https://github.com/docker/compose/releases/tag/1.14.0`에서 찾을 수 있습니다.

- **Go(v1.10.x)**: https://golang.org/dl/
- **Python(v2.7 / v3.5.1)**: Python v3.5.1은 Ubuntu v16.04와 함께 제공됩니다. Fabric Node.js JDK에는 v2.7이 필요합니다.

수행 절차

다음 단계를 통해 Hyperledger Explorer 환경을 구축할 수 있습니다.

1. Hyperledger Fabric v1.3 전제 조건pre-requisites을 설치합니다. Hyperledger Fabric v1.3을 이미 설치했다면, 이 단계를 건너뛰고 2단계로 이동합니다. Hyperledger Fabric을 아직 설치하지 않은 경우, 1~2장을 참조하고 지시에 따라 필요한 Fabric 종속성dependencies을 모두 설치합니다.

2. Hyperledger Explorer 앱의 전제 조건을 설치합니다. Hyperledger Explorer가 구동하려면 Node.js가 필요합니다. Hyperledger Fabric을 이미 설치했다면, Node.js는 이미 설치되어 있습니다. Hyperledger Explorer는 아직 Node.js v9.x를 지원하지 않습니다. 따라서, v9.x를 설치한 경우, v9.x 버전을 제거하고 Node.js v8.x를 다시 설치하는 것이 좋습니다. 다음 명령을 실행하여 시스템에서 Node.js 버전을 확인합니다.

```
$ nodejs -v
v8.15.0
```

3. 다음 명령을 실행하여 최신 버전의 jq를 설치합니다. 프롬프트가 표시되면, Y를 입력하여 진행합니다.

```
$ sudo apt-get install jq
....
Do you want to continue? [Y/n] Y
```

4. 마지막으로 Ubuntu 저장소에서 PostgreSQL을 설치합니다. v9.5 이상이 필요합니다. 프롬프트가 표시되면 다음 명령을 실행하고 Y를 입력합니다.

```
$ sudo apt-get install postgresql
......
Do you want to continue? [Y/n] Y
```

Hyperledger Explorer 설치 및 데이터베이스 설정

모든 전제 조건이 설치되었으므로, 이제 Hyperledger Explorer를 설치할 준비가 되었습니다.

수행 절차

다음 단계를 실행하여 데이터베이스와 Hyperledger Explorer를 설정합니다.

1. 홈 디렉토리에서 다음 명령을 실행합니다. 이렇게 하면 최신 버전의 Hyperledger Explorer가 GitHub에서 여러분의 시스템으로 복제됩니다. v0.3.8을 다운받기 위해, 최신 릴리스가 있는 경우 버전 체크아웃checkout을 수행합니다.

   ```
   $ git clone https://github.com/hyperledger/blockchain-explorer.git
   $ git checkout release-3.8
   $ cd blockchain-explorer
   ```

2. PostgreSQL 데이터베이스를 설정합니다. Hyperledger Explorer의 app 디렉토리로 이동하여 원래 Explorer 설정 파일의 백업 사본을 만듭니다. 원래 구성으로 롤백해야 할 경우를 대비하여 수행하는 작업입니다.

   ```
   $ cd app or $ cd ~/blockchain-explorer/app
   $ cp explorerconfig.json explorerconfig.json.bak
   ```

3. 에디터를 사용하여 explorerconfig.json 파일에서 PostgreSQL 속성을 업데이트 합니다. 원하는 비밀번호로 설정한 다음, 변경 사항을 저장합니다.

```
"postgreSQL": {
    "host": "127.0.0.1",
    "port": "5432",
    "database": "fabricexplorer",
    "username": "hppoc",
    "passwd": "password"
},
```

4. 다음으로 PostgreSQL 데이터베이스를 생성해야 합니다. 다음 명령을 실행합니다.

```
$ cd ~/blockchain-explorer/app/persistence/fabric/postgreSQL/db
$ sudo bash ./createdb.sh
```

5. 데이터베이스 상태를 확인하려면, PostgreSQL 커맨드라인 인터페이스를 사용하여 PostgreSQL 데이터베이스에 연결할 수 있습니다. 다음 샘플 명령을 확인합니다.

```
$ sudo -u postgres psql
psql (9.5.14)
Type "help" for help.

postgres=# \l
```

Postgres 데이터베이스 목록이 있는 다음 화면이 표시됩니다.

```
                                List of databases
     Name       |  Owner   | Encoding |  Collate    |   Ctype     |  Access privileges
----------------+----------+----------+-------------+-------------+-----------------------
 fabricexplorer | hppoc    | UTF8     | en_US.UTF-8 | en_US.UTF-8 |
 postgres       | postgres | UTF8     | en_US.UTF-8 | en_US.UTF-8 |
 template0      | postgres | UTF8     | en_US.UTF-8 | en_US.UTF-8 | =c/postgres          +
                |          |          |             |             | postgres=CTc/postgres
 template1      | postgres | UTF8     | en_US.UTF-8 | en_US.UTF-8 | =c/postgres          +
                |          |          |             |             | postgres=CTc/postgres
(4 rows)
```

6. PostgreSQL을 종료하려면 다음 명령을 사용합니다.

```
# to exit from psql:
postgres=# \q
```

Fabric과 연동하는 Hyperledger Explorer 구성

Hyperledger Explorer가 설치되면, 이제 블록체인 네트워크에 연결하도록 탐색기를 설정할 수 있습니다.

사전 준비

Hyperledger Explorer의 작동 방식을 보여주기 위해, 구동중인 블록체인 네트워크가 필요합니다. 본 예제에서는 Hyperledger Fabric 네트워크를 사용합니다. Fabric의 모든 전제 조건을 설치했다면, 설치된 `first-network` 스크립트를 활용하겠습니다.

1. Fabric의 `first-network` 디렉토리로 이동합니다.

   ```
   $ cd fabric-samples/first-network
   ```

2. 4개의 피어, 2개의 조직, 1개의 오더^{order} 노드, 1개의 채널로 이루어진 Fabric 네트워크를 구축합니다. 다음 명령을 실행하여 제네시스 블록, 필요한 모든 인증서, 키, 채널 설정을 생성합니다.

   ```
   $ sudo bash ./byfn.sh generate
   ```

   이 스크립트는 꽤 빠르게 동작합니다.

    이 명령은 `fabric-samples` 저장소의 `first-network` 디렉토리에서 실행해야 합니다. 그렇지 않으면, 제공된 여러 스크립트를 제대로 실행할 수 없습니다.

3. 이제 네트워크를 구동합니다:

   ```
   $ sudo ./byfn.sh up
   ```

   다음 화면을 볼 수 있습니다.

4 Hyperledger Fabric과 Explorer의 통합

```
Starting for channel 'mychannel' with CLI timeout of '10' seconds and CLI delay of '3' seconds
Continue? [Y/n] y
proceeding ...
LOCAL_VERSION=1.3.0
DOCKER_IMAGE_VERSION=1.3.0
Creating network "net_byfn" with the default driver
Creating volume "net_peer0.org2.example.com" with default driver
Creating volume "net_peer1.org2.example.com" with default driver
Creating volume "net_peer1.org1.example.com" with default driver
Creating volume "net_peer0.org1.example.com" with default driver
Creating volume "net_orderer.example.com" with default driver
Creating peer1.org1.example.com ...
Creating peer0.org2.example.com ...
Creating peer1.org2.example.com ...
Creating orderer.example.com ...
Creating peer1.org1.example.com
Creating peer0.org1.example.com ...
Creating peer0.org2.example.com
Creating peer1.org2.example.com
Creating orderer.example.com
Creating peer1.org2.example.com ... done
Creating cli ...
Creating cli ... done

 ____ _____  _    ____ _____
/ ___|_   _|/ \  |  _ \_   _|
\___ \ | | / _ \ | |_) || |
 ___) || |/ ___ \|  _ < | |
|____/ |_/_/   \_\_| \_\|_|

Build your first network (BYFN) end-to-end test

Channel name : mychannel
Creating channel...
```

이 스크립트는 모든 컨테이너를 구동합니다. 성공적으로 완료되면, 다음 화면을 볼 수 있습니다.

```
90
===================== Query successful on peer1.org2 on channel 'mychannel' ==================
==

========= All GOOD, BYFN execution completed ===========

 _____ _   _ ____
|  ___| \ | |  _ \
| |_  |  \| | | | |
|  _| | |\  | |_| |
|_|   |_| \_|____/
```

4. 이제 Fabric 네트워크를 성공적으로 설정했습니다. 네트워크를 중지하려면, 다음 명령을 실행합니다.

```
$ sudo bash ./byfn.sh down
```

이 명령을 실행하면, 다음 화면을 보게 됩니다.

```
Stopping for channel 'mychannel' with CLI timeout of '10' seconds and CLI delay of '3' seconds
Continue? [Y/n] y
proceeding ...
Stopping cli ... done
Stopping peer0.org1.example.com ... done
Stopping orderer.example.com ... done
Stopping peer1.org2.example.com ... done
Stopping peer0.org2.example.com ... done
Stopping peer1.org1.example.com ... done
Removing cli ... done
Removing peer0.org1.example.com ... done
Removing orderer.example.com ... done
Removing peer1.org2.example.com ... done
Removing peer0.org2.example.com ... done
Removing peer1.org1.example.com ... done
Removing network net_byfn
```

블록체인 네트워크 사용이 끝났을 때만 `byfn.sh down` 명령을 실행합니다. 이 명령은 모든 컨테이너를 종료하고, 암호화 자료$^{crypto\ material}$와 4개의 아티팩트를 제거하고, Docker 레지스트리에서 체인코드 이미지를 삭제합니다.

수행 절차

다음 단계는 Hyperledger Explorer를 설정하는데 도움이 됩니다.

1. 다른 터미널 창에서, Explorer의 `platform/fabric` 디렉토리로 이동합니다.

   ```
   $ cd blockchain-explorer/app/platform/fabric
   ```

2. 선호하는 에디터를 사용하여 `config.json` 파일을 엽니다.

   ```
   $ vi config.json
   ```

3. `network-configs`를 다음과 같이 업데이트합니다.

   ```
   + For keys"adminPrivateKey", "signedCert" , "tlsCACerts" and
   "configtxgenToolPath" :
   ```

   `Fabric-path`를 Fabric 네트워크 경로로 변경합니다. 이것은 Fabric을 설치한 디렉토리입니다. 예를 들어, Fabric 디렉토리는 /cookbook/이며 HOME 디렉토

리 아래에 있다면, `fabric-path`를 `$HOME/cookbook`으로 바꿉니다. 그러면 `adminPrivateKey` 키 경로가 다음과 같이 만들어집니다.

```
"adminPrivateKey": {
            "path": "$HOME/cookbook/fabric-samples/firstnetwork/
cryptoconfig/
peerOrganizations/org1.example.com/users/Admin@org1.example.
com/msp/keystore"
           },
```

각 클라이언트에 대해, `network-id.clients.client-id.channel`을 기본 채널(본 예제에서는 `mychannel`)로 수정합니다.

설치오류를 피하기 위해, `fabric-path`를 업데이트 할 때 path에 있는 사용자의 홈 디렉토리를 나타내는 ~를 사용하지 않습니다. 비록 동일한 경로를 참조하더라도 말입니다. 그렇지 않으면 다음과 같은 오류가 발생할 수 있습니다. {Error: ENOENT: no such file or directory, scandir'~/cookbook/fabric-samples/first-network/.../users/Admin@org1.example.com/msp/keystore'} 비록 디렉토리가 실제로 존재해도 말입니다.

작동 원리

Hyperledger Explorer를 Fabric에 통합하려면, 탐색기가 데이터를 수집할 블록체인 네트워크를 정의해야 합니다. `config.json` 파일을 수정하여 Fabric 네트워크의 `network-configs` 속성을 업데이트하면 됩니다.

Hyperledger Explorer 구축

이전 작업을 모두 완료하면, 이제 Hyperledger Explorer 애플리케이션을 빌드할 준비가 되었습니다.

수행 절차

다음 명령을 실행합니다.

1. 모든 것이 예상대로 실행되고 있음을 볼 수 있습니다.

   ```
   $ cd ~/blockchain-explorer/
   $ sudo npm install
   > pkcs11js@1.0.16 install /home/ubuntu/blockchainexplorer/
   node_modules/pkcs11js
   > node-gyp rebuild
   make: Entering directory '/home/ubuntu/blockchainexplorer/
   node_modules/pkcs11js/build'
   ....
   make: Leaving directory '/home/ubuntu/blockchainexplorer/
   node_modules/pkcs11js/build'
   added 2 packages from 1 contributor in 392.181s
   ```

2. 그렇지 않고, 만약 sudo로 모든 것을 실행한 경우, 다음과 같이 권한 거부 오류가 발생할 수 있습니다.

   ```
   > dtrace-provider@0.8.7 install /home/ubuntu/blockchainexplorer/
   node_modules/dtrace-provider
   > node-gyp rebuild || node suppress-error.js
   gyp ERR! configure error
   gyp ERR! stack Error: EACCES: permission denied, mkdir
   '/home/ubuntu/blockchain-explorer
   /node_modules/dtrace-provider/build'
   ...
   gyp ERR! cwd /home/ubuntu/blockchain-explorer/node_modules/pkcs11js
   gyp ERR! node -v v8.15.0
   gyp ERR! node-gyp -v v3.8.0
   gyp ERR! not ok
   npm ERR! code ELIFECYCLE
   npm ERR! errno 1
   npm ERR! pkcs11js@1.0.16 install: 'node-gyp rebuild'
   npm ERR! Exit status 1
   npm ERR!
   npm ERR! Failed at the pkcs11js@1.0.16 install script.
   ```

```
npm ERR! This is probably not a problem with npm. There is likely
additional logging output above.
```

3. 다음 명령을 실행하여 소유권을 변경한 다음, 재설치를 해야 합니다.

```
$sudo chown -R $USER:$(id -gn $USER) ./node_modules
$ npm install
```

4. 새로운 머신 또는 새로운 EC2 인스턴스에서 작업중인 경우, 다음 오류가 발생할 수 있습니다.

```
> pkcs11js@1.0.16 install /home/ubuntu/blockchainexplorer/
node_modules/pkcs11js
> node-gyp rebuild
gyp ERR! build error
gyp ERR! stack Error: not found: make
gyp ERR! stack at getNotFoundError
(/usr/lib/node_modules/npm/node_modules/which
/which.js:13:12)
gyp ERR! stack at F
(/usr/lib/node_modules/npm/node_modules/which/which.js:68:19)
gyp ERR! stack at E
(/usr/lib/node_modules/npm/node_modules/which/which.js:80:29)
gyp ERR! stack at
/usr/lib/node_modules/npm/node_modules/which/which.js:89:16
gyp ERR! stack at
/usr/lib/node_modules/npm/node_modules/isexe/index.js:42:5
gyp ERR! stack at
/usr/lib/node_modules/npm/node_modules/isexe/mode.js:8:5
gyp ERR! stack at FSReqWrap.oncomplete (fs.js:152:21)
gyp ERR! System Linux 4.4.0-1075-aws
gyp ERR! command "/usr/bin/node"
"/usr/lib/node_modules/npm/node_modules/node-gyp/bin/nodegyp.js"
"rebuild"
gyp ERR! cwd /home/ubuntu/blockchain-explorer/node_modules/pkcs11js
gyp ERR! node -v v8.15.0
gyp ERR! node-gyp -v v3.8.0
gyp ERR! not ok
npm ERR! code ELIFECYCLE
```

```
npm ERR! errno 1
npm ERR! pkcs11js@1.0.16 install: `node-gyp rebuild`
npm ERR! Exit status 1
```

5. 이 오류는 GNU make 도구가 설치되어 있지 않다는 것을 의미합니다. 다음 명령을 실행하면 문제가 해결됩니다.

```
$ sudo apt install build-essential
```

6. 이제 탐색기 테스터를 빌드하고 실행합니다.

```
$ cd blockchain-explorer/app/test
$ npm install
npm WARN hyperledger-explorer-test@0.3.3 No repository field.
added 384 packages from 844 contributors in 7.161s
```

7. 다음과 같이 test를 실행합니다.

```
$ npm run test
```

8. postgres에서 인증 오류가 발생할 수 있습니다.

```
(node:12316) UnhandledPromiseRejectionWarning: error: password
authentication failed for user "postgres"
at Connection.parseE (/home/ubuntu/blockchainexplorer/
app/test/node_modules/pg/lib/connection.js:553:11)
at Connection.parseMessage (/home/ubuntu/blockchainexplorer/
app/test/node_modules/pg/lib/connection.js:378:19)
at Socket.<anonymous> (/home/ubuntu/blockchainexplorer/
app/test/node_modules/pg/lib/connection.js:119:22)
at emitOne (events.js:116:13)
at Socket.emit (events.js:211:7)
at addChunk (_stream_readable.js:263:12)
at readableAddChunk (_stream_readable.js:250:11)
at Socket.Readable.push (_stream_readable.js:208:10)
at TCP.onread (net.js:601:20)
(node:12316) UnhandledPromiseRejectionWarning: Unhandled promise
```

```
rejection. This error originated either by throwing inside of an
async function without a catch block, or by rejecting a promise
which was not handled with .catch(). (rejection id: 1)
(node:12316) [DEP0018] DeprecationWarning: Unhandled promise
rejections are deprecated. In the future, promise rejections that
are not handled will terminate the Node.js process with a non-zero
exit code.
```

9. 그렇다면, 다음 명령을 실행하여 MD5 인증을 신뢰하도록 합니다.

```
$ sudo sed -i.bak '/^host.*md5/ s/md5/trust/'
/etc/postgresql/*/main/pg_hba.conf
$ sudo service postgresql restart
```

10. PostgreSQL이 다시 시작되면, test를 재실행해야 합니다.

```
$ sudo npm run test
> hyperledger-explorer-test@0.3.3 test /home/ubuntu/blockchain-
explorer/app/test
> mocha *.js --exit
GET /api/blockAndTxList/:channel/:blocknum
  should return blockandtx
...
# when it is completed, you will see the status:
19 passing (686ms)
1..1
# tests 1
# pass 1
# ok
```

11. 동일한 터미널에서 다음과 같이 client를 설치합니다.

```
$ cd ../../client/
$ npm install
> jss@9.8.7 postinstall /home/ubuntu/blockchainexplorer/
client/node_modules/jss
> node -e "console.log('\u001b[35m\u001b[1mLove JSS? You can now
support us on open collective: \u001b[22m\u001b[39m\n >
```

```
\u001b[34mhttps://opencollective.com/jss/donate\u001b[0m']"
....
added 2227 packages from 1353 contributors in 60.754s
```

12. 다음과 같이 몇 가지 테스트를 실행합니다.

```
$ npm test -- -u -coverage
> hyperledger-explorer-client@0.3.8 test /home/ubuntu/blockchain-explorer/client
> react-scripts test --env=jsdom "-u" "--coverage"
...
# you might see some console warnings, ignore it
Test Suites: 26 passed, 26 total
Tests: 171 passed, 171 total
Snapshots: 0 total
Time: 24.283s, estimated 198s
Ran all test suites.
```

13. 이제 build를 수행할 수 있습니다:

```
$ npm run build
> hyperledger-explorer-client@0.3.8 build /home/ubuntu/blockchain-explorer/client
> react-scripts build
Creating an optimized production build...
Compiled successfully.
```

클라이언트 빌드를 완료하는 데 시간이 걸립니다. 그러나 5분 이상이 걸리고 시스템이 응답하지 않으며 정지한 것처럼 보이면, 현재 시스템에 충분한 RAM이 없기 때문에 빌드를 처리할 수 없는 것입니다.

Hyperledger Explorer 어플리케이션 실행

Hyperledger Explorer가 성공적으로 구축되면, Explorer 어플리케이션을 실행할 준비가 되었습니다.

사전 준비

Hyperledger Explorer를 실행하기 전에, `explorerconfig.json` 파일에 정의된 Explorer 설정을 검사해야 합니다.

프로젝트의 개별 요구에 따라 다음 정보를 업데이트 합니다.

- 동기화가 실행되는 위치(type): 탐색기(local) 또는 다른 위치의 독립형standalone (host)
- 블록체인 네트워크의 유형(platform): Fabric
- 블록체인 데이터가 탐색기와 동기화되는 빈도(blocksSyncTime)

수행 절차

Hyperledger 어플리케이션을 실행하기 위해 다음 단계를 수행합니다.

1. 에디터를 사용하여 필요에 따라 수정합니다.

```
$ cd blockchain-explorer/app
$ vi explorerconfig.json
# Here we will run local with Explorer, update the "sync" property
as needed to # as below:
"sync": {
   "type": "local",
   "platform": "fabric",
   "blocksSyncTime": "3"
   }
}
```

2. 이제 다른 터미널에서 탐색기를 시작합니다. 탐색기 사용이 끝나면, 탐색기와 노드 서버를 중지해야 합니다.

```
$ cd blockchain-explorer/
$ sudo ./start.sh
```

```
# To stop Explorer, use this command:
$ sudo ./stop.sh
```

3. 다음 로그 파일에서 오류 상태를 확인할 수 있습니다. [logs/console/console-yyyy-mm-dd.log] 모든 것이 잘 진행되면 다음 내용을 볼 수 있습니다.

```
postgres://hppoc:password@127.0.0.1:5432/fabricexplorer
(node:14817) DeprecationWarning: grpc.load: Use the @grpc/proto-loader module with
grpc.loadPackageDefinition instead
Please open web browser to access: http://localhost:8080/
pid is 14817
postgres://hppoc:password@127.0.0.1:5432/fabricexplorer
...
```

4. 콘솔 로그에 다음과 같은 탐색기 오류가 표시될 수 있습니다.

```
postgres://hppoc:password@127.0.0.1:5432/fabricexplorer
<<<<<<<<<<<<<<<<<<<<<<<< Explorer Error >>>>>>>>>>>>>>>>>>>>>>
 Error: The gRPC binary module was not installed. This may be
fixed by running "npm rebuild"
Original error: Cannot find module '/home/ubuntu/blockchain-
explorer/node_modules/grpc/src/node/extension_binary/node-v57-
linux-x64-glibc/grpc_node.node'
at Object.<anonymous> (/home/ubuntu/blockchainexplorer/
node_modules/grpc/src/grpc_extension.js:43:17)
at Module._compile (module.js:653:30)
at Object.Module._extensions..js (module.js:664:10)
at Module.load (module.js:566:32)
at tryModuleLoad (module.js:506:12)
at Function.Module._load (module.js:498:3)
at Module.require (module.js:597:17)
at require (internal/module.js:11:18)
at Object.<anonymous> (/home/ubuntu/blockchainexplorer/
node_modules/grpc/src
/client_interceptors.js:145:12)
at Module._compile (module.js:653:30) code: 'MODULE_NOT_FOUND' }
```

```
Received kill signal, shutting down gracefullyClosed out
connections
```

5. npm rebuild를 실행하고 탐색기를 재시작하면 이 문제를 해결할 수 있습니다.

```
$ cd ~/blockchain-explorer/
$ npm rebuild
> grpc@1.14.2 install /home/ubuntu/blockchainexplorer/
node_modules/grpc
> node-pre-gyp install --fallback-to-build --library=static_library
...
```

> 어플리케이션 로그는 [logs/app/app.log]에 있습니다. 탐색기 어플리케이션을 실행 중에 오류가 발생할 경우 콘솔 로그보다 더 많은 정보를 제공합니다.

6. 한편, 탐색기의 start.sh는 백그라운드에서 실행됩니다. 진행 상황을 관찰하기 위해, app.log 파일에 tail 명령을 사용할 수 있습니다.

```
$ tail -f logs/app/app.log
```

7. 이제 웹브라우저(http://localhost:8080)에서 탐색기를 시작할 수 있습니다.

8. AWS EC2에서 실행중인 경우, 두 단계를 추가로 수행해야 합니다. localhost를 인스턴스의 공개 IP 주소로 바꾸고, EC2 인스턴스와 연결된 보안 그룹을 추가하거나 수정하여 TCP 포트 8080의 인바운드 트래픽을 허용합니다. 문제가 없으면, 탐색기의 DASHBOARD 기본 페이지가 표시됩니다. 이 페이지에서 어플리케이션으로 이동하여 여러 블록체인 데이터를 확인하고 모니터링 할 수 있습니다.

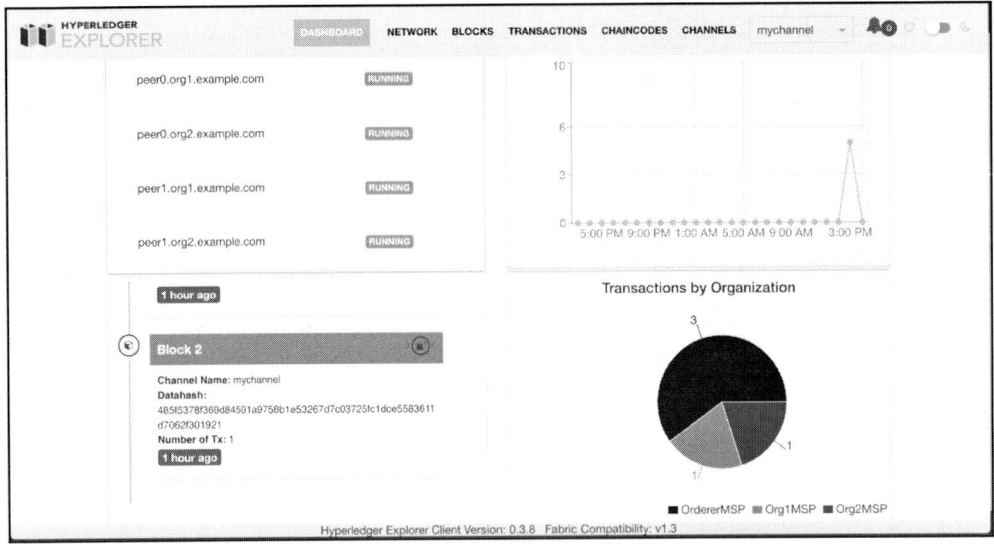

이제 Hyperledger Explorer 애플리케이션을 성공적으로 빌드했습니다. 그리고 이를 Hyperledger Fabric 프레임워크와 통합했습니다. 또한 탐색기를 사용하여 웹브라우저에서 블록체인 네트워크 데이터를 시각화 했습니다.

CHAPTER 5

Hyperledger Sawtooth 구동

Hyperledger Sawtooth는 기업용 블록체인 플랫폼으로, **분산 어플리케이션(DApps)**을 구축, 배포, 실행할 수 있는 고도로 모듈화^{modular}된 아키텍처입니다. Hyperledger Sawtooth는 Intel이 시작했으며, 현재 리눅스^{Linux} 재단의 오픈소스 프로젝트입니다.

Hyperledger Sawtooth의 기본 원칙은 분산 원장, 분산 데이터 저장소, 모듈화 아키텍처, 분산 합의를 유지하는 것입니다. 이 원칙은 스마트 컨트랙트를 안전하게 만드는 것으로, 특히 기업 조직을 위한 것입니다.

본 장에서는 다음 예제를 다룹니다.

- Hyperledger Sawtooth 설치
- Hyperledger Sawtooth 설정
- 네임스페이스와 주소 설계
- 트랜잭션 제품군 구현
- 트랜잭션 프로세서 구축
- Sawtooth 네트워크에서의 권한 부여
- Sawtooth REST API와 SDK를 사용한 클라이언트 어플리케이션 개발

소개

Hyperledger Sawtooth는 기업용 블록체인 플랫폼으로, 중앙 집중식 권한이나 중앙 의사

결정 서비스가 필요 없는 분산 원장 어플리케이션 및 프라이빗/컨소시엄 네트워크를 구축합니다. 핵심 시스템과 다국어 지원 어플리케이션 도메인을 분리함으로써, 블록체인 어플리케이션 개발이 단순해집니다.

Sawtooth는 개방적이고 유연하며 확장 가능합니다. 이 특성을 활용하여 멤버십, ACL, 암호화 자산, 데이터 기밀성과 같은 새로운 서비스를 구축할 수 있습니다. 또한 Sawtooth는 모듈화 아키텍처를 갖추고 있기 때문에, 기업의 요구 사항에 따라 트랜잭션 규칙, 권한 부여, 플러그^{plug} 합의 알고리즘을 선택하고 커스터마이징할 수 있습니다.

Hyperledger Sawtooth가 제공하는 기능은 다음과 같습니다.

- **완전히 분산된 DLT[14]**: Hyperledger Sawtooth 블록체인 네트워크는 검증자^{validator} 노드로 구성됩니다. 원장은 모든 검증자 노드 간에 공유되며, 각 노드는 동일한 정보를 갖습니다. 노드들은 네트워크 관리를 위한 합의에 참여합니다.

- **PoET**$^{Proof\ of\ Elapsed\ Time}$ **합의 및 대규모 네트워크 지원**: Hyperledger Sawtooth는 새로운 합의 알고리즘인 PoET를 사용합니다. PoET은 **BFT**$^{Byzantine\ Fault-tolerance}$ 합의 알고리즘으로, 작업 증명(PoW) 알고리즘에 비해 최소한의 컴퓨팅과 훨씬 더 효율적으로 리소스를 소비하므로 대규모 네트워크를 지원합니다. PoET는 Intel이 발명한 것으로, **SGX**$^{Software\ Guard\ Extensions}$라는 특수 CPU 명령어 세트를 활용하여 Nakamoto 스타일의 합의 알고리즘에 확장성을 제공합니다. 각 노드는 임의의 시간 동안 대기하며, 첫 번째로 완료한 노드가 리더가 되고 다음 블록을 커밋합니다.

- **빠른 트랜잭션 성능**: Hyperledger Sawtooth는 최신 상태의 자산^{assets}을 전역 상태$^{global\ state}$로 유지하고 각 네트워크 노드의 블록체인에서 트랜잭션을 유지합니다. 즉, 빠른 트랜잭션 처리를 요구하는 CRUD[15] 작업을 수행하기 위해, 상태를 빠르게 조회할 수 있습니다. Sawtooth는 트랜잭션을 배치^{batch}로 처리하며 트랜잭션의 병렬 스케줄링을 지원합니다. 트랜잭션을 병렬도 실행하여 처리 속도를 높일 뿐만 아니라, **UTXO**$^{Unspent\ Transaction\ Output}$라는 이중 지출$^{double\ spending}$ 문

---

14 (역자) DLT(Distributed Ledger Technology): 분산 원장 기술

15 (역자) CRUD(Create, Read, Update and Delete): 생성, 읽기, 갱신, 삭제 연산

제를 제대로 처리합니다.

- **다양한 언어 지원**: 트랜잭션 제품군(안전하고 스마트한 컨트랙트)의 구현을 위해 Sawtooth는 다양한 프로그래밍 언어를 지원합니다. 지원 언어로는 Python, Go, Rust, Java, Javascript가 있습니다.
- **프라이빗, 퍼블릭, 컨소시엄 블록체인 네트워크 설정**: Sawtooth는 프라이빗, 컨소시엄, 퍼블릭 네트워크를 구축하고 다양한 권한으로 설정할 수 있습니다. 즉, 검증자 네트워크에 합류하고 합의에 참여할 수 있는 노드를 지정하며, 배치와 트랜잭션을 제출할 수 있는 클라이언트를 지정할 수 있습니다.

Sawtooth는 개방적이고 유연하므로, 네트워크 거버넌스, **고객 신원검증**KYC, Know Your Customer 프로세스, **자금 세탁 방지**AML, anti-money laundering, 암호화 자산과 같은 맞춤형 솔루션을 구축할 수 있습니다.

Sawtooth 네트워크는 다음 컴포넌트들로 구성됩니다.

- **검증자 노드**: 네트워크를 구성하는 피어 노드입니다. 피어 디스커버리, 메시지 통신, 블록체인 동기화, 전역 상태 관리, 합의, 블록 커밋 등을 담당합니다.
- **트랜잭션 프로세서**: 비즈니스 로직 처리를 위한 스마트 컨트랙트입니다.
- **REST API**: 클라이언트 어플리케이션에게 검증자 노드와 상호 작용할 수 있는 기능을 제공하는 API입니다.

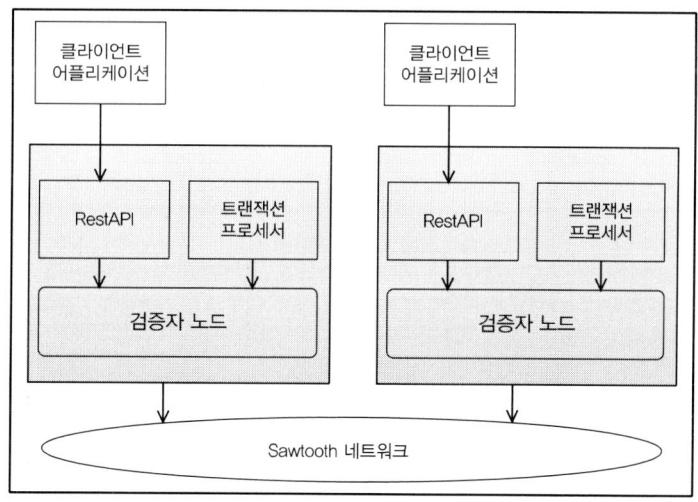

Sawtooth 네트워크 구조

Hyperledger Sawtooth 설치

이 예제는 PuTTy를 사용하여 Amazon AWS와 통신하는 방법, Hyperledger Sawtooth 네트워크를 설치 및 구동하는 방법, AWS에서 Sawtooth 어플리케이션을 개발하기 위해 Python을 설정하는 방법을 보여줍니다. 또한 Sawtooth 커맨드라인을 사용하여 AWS에 설치된 Sawtooth 네트워크를 테스트하고 검증합니다.

사전 준비

AWS에서 PuTTy와 Python을 설정하기 위해 다음을 수행합니다.

1. Windows 데스크톱에서 PuTTy(https://www.chiark.greenend.org.uk/~sgtatham/putty/)를 설치하고, Amazon EC2에서 생성한 개인키를 PuTTygen을 사용하여 putty 키 파일로 변환합니다. 상세 절차는 https://docs.aws.amazon.com/AWSEC2/latest/UserGuide/putty.html에서 찾을 수 있습니다.

2. PuTTygen에서 EC2 키 파일을 로드하고 개인키를 저장합니다.

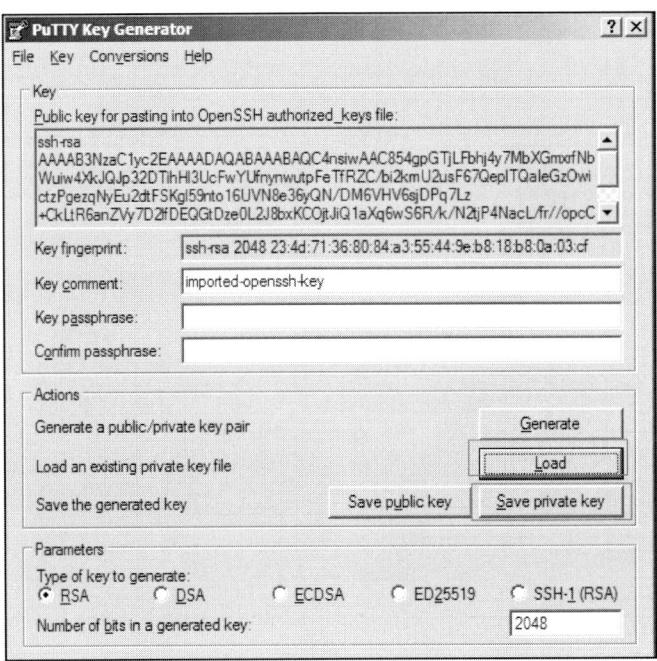

3. PuTTy를 실행하고 **Connection | SSH | Auth**에서 개인키를 지정합니다. Sawtooth AWS 인스턴스에 ubuntu로 로그인합니다.

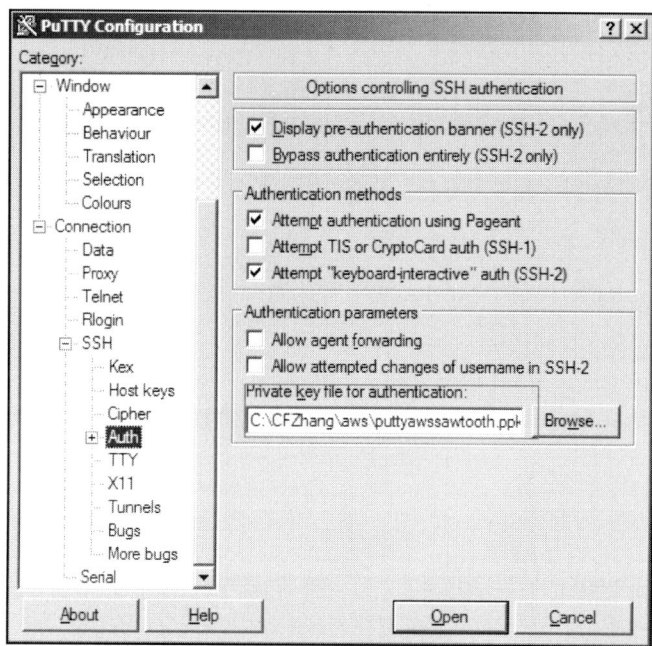

4. Python을 설정합니다. 인스턴스에 Python 버전 3.5 이상이 설치되어 있는지 확인합니다.

```
python3 -V
```

5. 유닉스 패키지 목록을 새로 고칩니다.

```
sudo apt-get update
```

6. Python 패키지 관리자 pip를 설치합니다.

```
sudo apt install python3-pip
```

7. pip가 올바르게 설치되었는지 확인합니다.

```
pip3 -V
```

수행 절차

이제 AWS에서 PuTTy와 Python 개발 환경이 준비되었습니다. 다음 명령은 Sawtooth 네트워크를 설치, 구동, 검증합니다.

1. AWS 마켓플레이스에서 Hyperledger Sawtooth 1.0.4(https://aws.amazon.com/marketplace/pp/B075TKQCC2)를 구독하여 설치합니다. 그리고 개인용 개발을 위한 m4.2xlarge 또는 t2.mroc 타입의 AWS EC2 인스턴스를 시작합니다. Hyperledger Sawtooth가 인스턴스에서 실행 중인지 확인하기 위해 다음 명령을 입력합니다.

   ```
   systemctl list-units|grep -i sawtooth|less
   ```

   다음 스크린샷은 Sawtooth 인스턴스 목록을 보여줍니다.

   ```
   sawtooth-intkey-tp-python.service                   loaded active running   Sawtooth Intkey TP Python
   sawtooth-poet-validator-registry-tp.service         loaded active running   Sawtooth PoET TP Validator Registry
   sawtooth-rest-api.service                           loaded active running   Sawtooth REST API
   sawtooth-settings-tp.service                        loaded active running   Sawtooth TP Settings
   sawtooth-validator.service                          loaded active running   Sawtooth Validator Server
   sawtooth-xo-tp-python.service                       loaded active running   Sawtooth XO TP Python
   ```

2. 다음 명령으로 체인에서 Sawtooth 블록을 볼 수 있습니다.

   ```
   sawtooth block list
   ```

   다음 스크린샷은 Sawtooth 블록 목록을 보여줍니다.

   ```
   ubuntu@ip-172-31-90-67:~$ sawtooth block list
   NUM  BLOCK_ID
        BATS  TXNS  SIGNER
   0    e4d5c459db91048512e45c04f099602d0ba352adcedb3057cd0a141bc2214d861b85438e8d774a7a33c3b51d607dec81a60c411159e8904eb9d746dc918b1ce2
   1    1     02f5d0...
   ```

3. 다음 명령으로 Sawtooth 전역 상태를 봅니다.

   ```
   sawtooth state list
   ```

   ```
   ubuntu@ip-172-31-90-67:~$ sawtooth state list
   ADDRESS                                                                                             SIZE  DATA
   000000a87cb5eafdcca6a8cde0fb0dec1400c5ab274474a6aa82c12840f169a04216b7  110   b'\n1\n4sawtooth.settings.vote.authorized_keys\x12B021c9a9d3155d15e5c834b29e...
   HEAD BLOCK: "e4d5c459db91048512e45c04f099602d0ba352adcedb3057cd0a141bc2214d861b85438e8d774a7a33c3b51d607dec81a60c411159e8904eb9d746dc918b1ce2"
   ```

4. Sawtooth REST API 서비스가 작동하는지 검증합니다.

   ```
   curl http://localhost:8008/blocks
   ```

   이 명령을 실행하면 다음 화면이 나타납니다.

   ```
   ubuntu@ip-172-31-90-67:~$ curl http://localhost:8008/blocks
   {
     "data": [
       {
         "batches": [
           {
             "header": {
               "signer_public_key": "021c9a9d3155d15e5c834b29e995d4f3fb7da54e6aa0b1f43ce753bc77cce36138",
               "transaction_ids": [
                 "470892276e2e589f8943c4bab48baf6f7193865743901593998b78a6ed14cf4a27ffe7ffa432e0ac7e131269d2a7f
               ]
           },
   ```

5. Sawtooth 로그 파일을 봅니다.

   ```
   ls -ll /var/log/sawtooth
   ```

   이 명령을 실행하면 다음 화면이 나타납니다.

   ```
   ubuntu@ip-172-31-90-67:~$ ls -ll  /var/log/sawtooth
   total 28
   -rw-r--r-- 1 sawtooth sawtooth   59 Sep 22 15:02 intkey-3b435ab4a6784bb3-debug.log
   -rw-r--r-- 1 sawtooth sawtooth    0 Sep 22 15:02 intkey-3b435ab4a6784bb3-error.log
   -rw-r--r-- 1 sawtooth sawtooth   59 Sep 22 15:02 mkt-0846bd6b792f4413-debug.log
   -rw-r--r-- 1 sawtooth sawtooth    0 Sep 22 15:02 mkt-0846bd6b792f4413-error.log
   -rw-r--r-- 1 sawtooth sawtooth 1464 Sep 22 15:17 rest_api-debug.log
   -rw-r--r-- 1 sawtooth sawtooth    0 Sep 22 15:02 rest_api-error.log
   -rw-r--r-- 1 sawtooth sawtooth  327 Sep 22 15:02 settings-b2eeac3aaf78484e-debug.log
   -rw-r--r-- 1 sawtooth sawtooth    0 Sep 22 15:02 settings-b2eeac3aaf78484e-error.log
   -rw-r--r-- 1 sawtooth sawtooth 5623 Sep 22 15:02 validator-debug.log
   -rw-r--r-- 1 sawtooth sawtooth    0 Sep 22 15:02 validator-error.log
   ```

6. 제네시스 배치 파일의 이름을 바꿉니다. 이름을 바꾸지 않으면, EC2 인스턴스나 Sawtooth 서비스를 다시 시작할 때 Sawtooth 구동이 실패합니다.

   ```
   mv /var/lib/sawtooth/genesis.batch genesis.batch.bk
   ```

7. 공개키와 개인키 쌍을 새로 생성합니다. 이 키 쌍은 검증자 노드에서 메시지 서명 및 암호화에 사용됩니다.

   ```
   sudo sawadm keygen
   ```

Hyperledger Sawtooth 설정

본 예제는 Hyperledger Sawtooth 검증자, REST API 등을 설정하는 방법을 보여줍니다.

수행 절차

Hyperledger Sawtooth를 설정하기 위해 다음 단계를 실행합니다.

1. Sawtooth 검증자 기본 설정 파일은 /etc/sawtooth/validator.toml에 있습니다. 네트워크 바인드bind 포트, 기타 컴포넌트 바인드 포트를 설정하려면 다음 명령을 사용합니다.

    ```
    bind = [
        "network:tcp://127.0.0.1:8800",
        "component:tcp://127.0.0.1:4004"
    ]
    ```

2. 피어 디스커버리 타입, 피어 검증자 노드를 설정하기 위해 다음을 입력합니다.

    ```
    peering = "static"
    peers = ["tcp://127.0.0.1:8801"]
    ```

3. Sawtooth REST API 서비스의 기본 설정 파일은 /etc/sawtooth/rest_api.toml에서 찾을 수 있습니다. REST API 서비스 호스트와 포트를 설정하기 위해 다음 명령을 입력합니다.

    ```
    bind = ["127.0.0.1:8008"]
    ```

4. 검증자 연결 지점connecting point을 설정하기 위해 다음을 입력합니다.

    ```
    connect = "tcp://localhost:4004"
    ```

5. Sawtooth는 예제 설정 파일을 EC2에 배포합니다. Sawtooth 설정 파일을 보고, 생성하고, 편집할 때 sudo를 사용해야 합니다. 그리고 Sawtooth 사용자에게 이

들 파일에 대한 접근 권한이 있는지 확인해야 합니다.

```
sudo nano validator.toml
sudo chmod 777 validator.toml
```

6. 검증자에서 사용하는 설정 파일을 체크하려면, 검증자 로그 파일을 확인하면 됩니다.

```
less /var/log/sawtooth/validator-debug.log
```

다음 스크린샷에서 볼 수 있습니다.

```
[17:06:29.496 [MainThread] cli INFO] sawtooth-validator (Hyperledger Sawtooth) version 1.0.4
[17:06:29.496 [MainThread] cli INFO] config [path]: config_dir = "/etc/sawtooth"; config [path]: key_dir = "/etc/sawtooth/keys"; config [path]: data_dir = "/var/lib/sawtooth"; config [path]: log_dir = "/var/log/sawtooth"; config [path]: policy_dir = "/etc/sawtooth/policy"
[17:06:29.496 [MainThread] core DEBUG] global state database file is /var/lib/sawtooth/merkle-00.lmdb
[17:06:29.496 [MainThread] core DEBUG] txn receipt store file is /var/lib/sawtooth/txn_receipts-00.lmdb
```

작동 원리

Hyperledger Sawtooth 기본 설정 파일은 다음을 포함합니다.

- `conf_dir`: Sawtooth 설정 파일의 디렉토리
- `key_dir`: 키 파일을 로드할 디렉토리
- `data_dir`: 블록체인 데이터 파일을 위한 디렉토리
- `log_dir`: 로그 파일을 위한 디렉토리
- `policy_dir`: 정책 파일을 위한 디렉토리

이들 설정 파일의 경로는 `SAWTOOTH_HOME` 환경 변수의 설정 여부에 따라 달라집니다. `SAWTOOTH_HOME`이 설정되면, 디렉토리 경로는 다음과 같습니다.

- `conf_dir` = SAWTOOTH_HOME/etc/
- `key_dir` = SAWTOOTH_HOME/keys/
- `data_dir` = SAWTOOTH_HOME/data/
- `log_dir` = SAWTOOTH_HOME/logs/

- policy_dir = SAWTOOTH_HOME/policy/

기본적으로 EC2의 Sawtooth 설정 파일은 다음과 같습니다.

- conf_dir = /etc/sawtooth
- key_dir = /etc/sawtooth/keys
- data_dir = /var/lib/sawtooth
- log_dir = /var/log/sawtooth
- policy_dir = /etc/sawtooth/policy

네임스페이스와 주소 설계

본 예제에서는 주택 소유자를 추적하도록 설계된 마켓플레이스Marketplace를 구현합니다. 이를 통해 Sawtooth 트랜잭션 제품군을 구축하는 주요 단계를 안내합니다. 샘플 어플리케이션은 Sawtooth Python SDK로 개발되었으며, Sawtooth XO 트랜잭션 제품군을 템플릿으로 사용합니다. 전체 코드는 이 책과 함께 제공되는 소스코드 파일로 제공됩니다.

본 예제의 주 목적은, 개념 증명 차원proof of concept으로 Sawtooth 어플리케이션 개발을 시연하는 것입니다. 실제 프로덕션 환경에서는 다양한 상용화 요구사항에 따라 상태 접근 제어, 데이터 암호화, 기밀성, 보안이 커스터마이징됩니다.

이 마켓플레이스는 주택 소유자를 추적하는 레코드 생성, 다른 소유자로 이전하는 비즈니스 사례를 다룹니다.

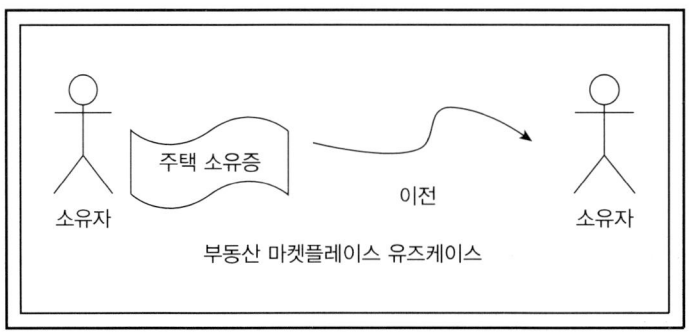

사전 준비

트랜잭션 제품군은 기업에 사용되는 스마트 컨트랙트 또는 비즈니스 로직입니다. 기업 시스템에 Sawtooth 블록체인 네트워크를 적용하려면, 다음을 사용하는 것이 좋습니다.

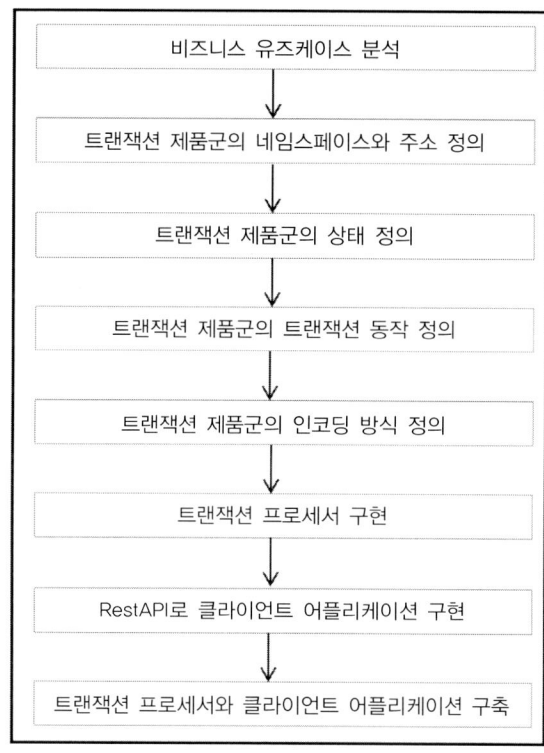

본 예제에서는 트랜잭션 제품군의 네임스페이스와 주소를 설계하는 방법을 다룹니다. 그 다음, Sawtooth가 네임스페이스와 주소를 사용하여 전역 상태를 저장하고 데이터에 접근하는 방법을 설명합니다.

수행 절차

네임스페이스는 3바이트 크기의 주소 접두사로, 특정 트랜잭션 제품군 내에서 동일한 방식으로 계산되어야 합니다. 네임스페이스는 다음 중 하나로 설계할 수 있습니다.

- A00000 또는 A00001과 같은 임의의 상수 문자열에 매핑합니다.

- 최대 3글자의 짧고 의미있는 트랜잭션 제품군 이름을 정의하고, 16진수로 인코딩합니다.
- 제품군 이름을 해시[hash]하고, 처음 6개의 16진수 문자를 자릅니다. 해시는 다양한 길이의 제품군 이름에서 고정 길이의 주소를 생성하는 유용한 방법입니다.

트랜잭션 제품군의 주소는 32바이트 크기여야 하며, 트랜잭션 제품군에 따라 단순하거나 복잡한 로직으로 만들어 질 수 있습니다.

다음 목록은 몇 가지 가능한 방법을 보입니다.

- SHA-512 해시 알고리즘을 사용하여 주요 속성들로부터 주소를 계산합니다. SHA-512 해시는 모든 길이의 문자열에 대해 512비트(32바이트) 크기의 서명을 생성합니다. 트랜잭션 제품군의 속성 집합 문자열 값에서 주소를 직접 계산하는 간단한 방법입니다.
- 주소를 세그먼트로 나누고, 각 세그먼트를 해시하여, 서로 다른 길이의 바이트로 자릅니다. 주소는 `asset type.asset ID` 형태로 지정될 수 있습니다. 자산 타입과 자산 ID를 해시하고, 각각 다른 길이로 분할하여 32바이트 주소를 구성할 수 있습니다. 예를 들어, 하나의 자산 타입을 4바이트로 자르고, 자산 ID를 나머지 28바이트로 자를 수 있습니다.
- LDAP[16] 고유 이름[distinguished name]과 같은 이름을 직접 16진수로 인코딩합니다. 주소는 단순히 16진수로 인코딩된 LDAP 고유 이름(예: uid=, 조직 단위 (ou)=, 도메인 컴포넌트 (dc)=)일 수 있으며, 각 집합의 크기는 고정되어 있습니다. 예를 들어, DC는 4바이트, OU는 4바이트, UID는 나머지 24바이트가 될 수 있습니다.
- 주소는 결정론적[deterministic]이어야 하며, 트랜잭션 제품군의 동일한 주요 속성에 대해 항상 동일한 방식으로 계산됩니다. 하지만 주소 체계에 따라, 두 개의 서로 다른 주요 속성 집합이 동일한 주소를 생성할 수 있습니다. 직렬화[serialization] 및 역 직렬화[deserialization] 메커니즘은 이러한 주소 충돌[collision]을 올바르게 처리

---

[16] (역주) LDAP(Lightweight Directory Access Protocol): 경량 디렉토리 접근 프로토콜

하고, 각 주요 속성 집합을 대상으로 데이터를 올바르게 저장하고 도출retrieve해야 합니다.

샘플 어플리케이션의 네임스페이스와 주소 설계는 다음과 같습니다.

```
Transaction family name = 'mkt'
```

네임스페이스 접두사는 해시의 첫 6개 16진수 문자입니다.

```
hashlib.sha512('mkt'.encode("utf-8")).hexdigest()[0:6]
```

데이터 주소는 주소 이름을 SHA-512 해시한 값입니다.

```
hashlib.sha512(house.encode('utf-8')).hexdigest()[:64]
```

작동 원리

다른 기업용 블록체인 시스템은 네트워크의 참여 노드 간에 원장을 분배하고, 각 노드에서 트랜잭션의 사본을 일관되게 유지합니다. 반면에, Sawtooth 블록체인은 단일 Radix Merkle 트리에서 모든 트랜잭션 제품군의 최신 상태를 추적합니다. 이 트리는 모든 검증자 노드의 블록체인에 대한 전역 상태입니다.

전역 상태는 COW$^{Copy-On-Write}$ Radix Merkle 트리 형태로 작성되며, 자식 노드는 리프leaf에서 루트root까지 레벨 별로 루트 해시를 생성합니다. 루트 해시는 블록 헤더에 저장되어 각 검증자가 합의에 도달할 수 있도록 합니다. 이 합의는 블록 안의 트랜잭션 뿐만 아니라 블록을 위한 전역 상태에 대해서도 이루어집니다. 루트 해시가 다르거나 수정되면, 그 블록은 무효화됩니다.

각 트랜잭션 제품군에서 자산에 대한 최신 상태는 Radix Merkle 트리의 리프 노드에 저장됩니다. 트리는 35개의 레벨을 가질 수 있으며 레벨의 각 부모parent 노드는 최대 256개의 자식child 노드를 가질 수 있습니다. 한 버전의 전역 상태 Merkle 트리는 다음과 같습니다.

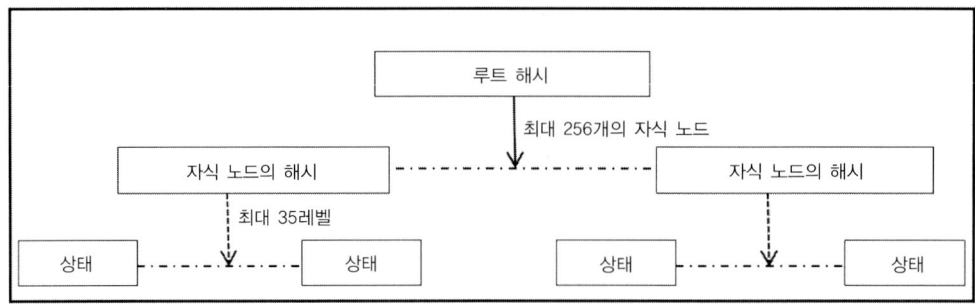

Radix Merkle 트리

네임스페이스와 주소 체계

데이터는 전역 상태의 리프 노드에 저장됩니다. 주소를 사용하여 Merkle 트리의 데이터에 접근합니다. 주소는 데이터에 접근하는 방법을 식별하는 고유한 경로로서, 전역 상태에서 루트부터 리프 노드로 접근합니다. Sawtooth는 35 바이트의 주소, 즉 16진수로 인코딩 된 70바이트 문자로 주소를 표시합니다. 주소의 각 바이트는 트리의 다음 레벨 노드를 정의하며, 주소는 리프 노드와 매핑됩니다. 1바이트가 8비트이므로, 각 레벨에는 2^8(즉, 256)개의 자식 노드가 있습니다. 주소 길이는 35바이트이므로, 전역 상태 Merkle 트리에 대해 최대 35레벨의 깊이를 지정할 수 있습니다.

35바이트 주소 체계에서 처음 3바이트(6개의 16진 문자)는 네임스페이스 접두부prefix입니다. 나머지 32바이트 주소는 64개의 16진 인코딩 문자로 표시되며, 비즈니스 시나리오에 따라 다양한 방식으로 지정될 수 있습니다. Sawtooth 블록체인에서는 총 2^{24} [17]개의 트랜잭션 제품군을 정의할 수 있습니다. 주소 체계는 다음과 같습니다.

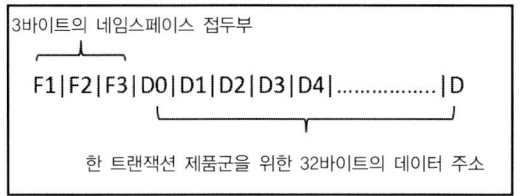

---

[17] (역주) 3바이트의 네임스페이스 접두부는 24비트(24 = 1바이트는 8비트 × 3)이므로, 2의 24승 값을 표현할 수 있다.

추가 정보

트랜잭션 제품군의 네임스페이스와 주소를 설계할 때 지켜야 할 가장 중요한 지침은, 주소가 결정적deterministic이어야 한다는 것입니다. 트랜잭션 프로세서와 클라이언트 어플리케이션에서, 동일한 주요 속성 집합으로 계산된 주소는 항상 같아야 합니다.

설계가 이 규칙을 준수하는 한, 트랜잭션 제품군의 네임스페이스와 주소를 설계하는 방법은 매우 유연하며 기업에 따라 다릅니다. 해싱Hashing은 일반적인 접근 방식이지만 의무사항은 아닙니다. 기업의 비즈니스 요구 사항을 염두에 두고 고유한 주소 체계를 설계해야 합니다.

트랜잭션 제품군 구현

트랜잭션 제품군에 대한 네임스페이스와 주소 체계가 정의된 뒤, 상태, 트랜잭션, 페이로드 인코딩 체계를 정의할 수 있습니다.

수행 절차

상태를 정의하려면, 조직의 데이터 요구 사항을 분석해야 합니다. 그리고 적절한 모델링 프로세스에 따라 시스템의 시맨틱semantic 데이터 모델을 정의해야 합니다. 예를 들어, 엔터티 관계 모델링을 사용하여 기업의 개념적인 데이터 로직logic을 나타낼 수 있습니다. 이 예제에서, 상태는 다음과 같습니다.

다음과 같이 설명할 수 있습니다.

- **주택 APN(Key)**: 주택의 **ASN**Assessor Parcel Number은 토지의 각 구획에 할당된

고유 번호로, 카운티county tax assessor의 세금 사정인이 결정합니다. APN은 주택의 위치에 따른 형식 코드formatting code를 기반으로 합니다. 지방 정부는 APN을 사용하여 토지 소유권을 파악하고 추적함으로써 재산세를 부과합니다.

- **집주인**: 현재 주택을 소유한 사람의 이름입니다.

트랜잭션을 정의하려면 모든 비즈니스 유즈케이스 및 관련 속성을 분석해야 합니다. 이 예제에서 트랜잭션과 해당 페이로드는 다음과 같습니다.

- **주택 APN(Key)**: 상태의 주요 속성입니다.
- **행동**Action: `create` 키워드 또는 `transfer` 키워드일 수 있습니다.
- **집주인**: 집주인의 이름입니다.

페이로드 인코딩 체계를 정의하기 위해 다음 방법 중 하나를 선택할 수 있습니다.

- **JSON 인코딩**: JSONJavaScript Object Notation은 소프트웨어 시스템에서 널리 사용되는 경량lightweight의 데이터 교환 형식으로 XML의 대안으로 사용됩니다. Python용 표준 JSON 패키지는 `https://docs.python.org/3/library/json.html`에서 찾을 수 있습니다. JSON은 사람이 읽을 수 있고, 대부분의 프로그래밍 언어에서 지원되며, 라이브러리를 사용하여 인코딩 및 디코딩하기 쉽다는 장점이 있습니다.
- **Protobuf 인코딩**: 프로토콜 버퍼는 Google의 언어 및 플랫폼 중립 메커니즘으로, 데이터를 직렬화serializing 합니다. `protobuf` 인코딩을 사용하려면, 메시지 형식을 `.proto` 파일로 정의한 뒤 프로토콜 버퍼 컴파일러를 사용하여 컴파일합니다. 자세한 내용은 `https://developers.google.com/protocol-buffers/`에 있는 지침을 참조바랍니다. 작고 빠르며 단순하지만, 사람이 읽을 수는 없습니다. JSON과 마찬가지로, Java, Python, C++, Go와 같은 여러 언어를 지원합니다.
- **간단한 텍스트 인코딩**: 여러분이 원하는 메시지 포맷을 정의하고, 여러분이 원하는 프로토콜을 특수 구분 기호와 함께 사용할 수 있습니다. 또는 `.csv`나 `base64`와 같은 일반적인 포맷을 사용하여, ASCII 포맷 또는 문자열 데이터를

표현합니다. 이 방식은 사람이 읽을 수 있고, 간단하며 쉽고 빠르며, 프로그래밍 언어와 플랫폼에 중립적입니다.

예를 들어, 상태 및 페이로드에 대한 인코딩은 UTF8과 CSV 포맷을 사용한 간단한 텍스트 인코딩입니다. 우리는 Sawtooth XO 제품군을 템플릿으로 사용하고 있습니다.

해시 충돌의 경우, 충돌 상태는 문자열을 UTF-8 인코딩하여 저장하고, '항목 1 | 항목 2'와 같이 |를 구분 기호로 사용합니다.

```
'|'.join(sorted([','.join([house, owner])
for house, (owner) in house_list.items()])).encode()
```

작동 원리

비즈니스를 위해 트랜잭션 제품군을 설계할 때, 상태, 트랜잭션, 인코딩 체계는 중요한 역할을 합니다. 이 섹션에서는 각각의 작동 방식을 설명합니다.

- **트랜잭션 제품군을 위해 데이터 모델링을 사용한 상태 정의**: 기업의 데이터 모델을 상태로 표현하며, 이며, 상태에는 시스템의 데이터가 저장됩니다. 상태는 전역 Merkle 트리에 기록되며, 상태를 활용한 작업은 트랜잭션 형태로 블록체인에 저장됩니다.
- **트랜잭션 제품군을 위해 통합 명령 인터페이스를 사용한 트랜잭션 정의**: 트랜잭션은 상태에서 수행되는 작업이며, 기업의 비즈니스 유즈케이스입니다. 모든 비즈니스 유즈케이스를 분석하고, 기본적인 **생성, 읽기, 갱신, 삭제(CRUD)** 작업을 추상화한 통합 명령 인터페이스를 정의합니다. 그 결과로 프로그래밍 모델이 정리되고 구조화됩니다. 트랜잭션 페이로드는 네트워크를 통해 전송되는 메시지입니다. 트랜잭션 페이로드는 클라이언트와 검증자 노드 간, 네트워크의 검증자 노드 간에 사용되는 통신 프로토콜입니다.
- **트랜잭션 제품군의 인코딩 체계 정의**: 인코딩 체계는 상태와 트랜잭션 페이로드의 직렬화 및 역직렬화를 수행합니다. Sawtooth는 전역 상태의 리프 노드에 임

의의 데이터를 저장하고, 네트워크의 페이로드에 임의의 메시지 포맷을 사용합니다. 여러분은 비즈니스에 적합한 현실적인 인코딩 체계를 선택해야 합니다. Sawtooth는 인프라 플랫폼을 제공하며, 기업은 필요에 따라 이를 커스터마이징 할 수 있습니다.

트랜잭션 제품군을 인코딩 할 때의 요구 사항은 없지만, 다음의 지침을 고려하는 것이 좋습니다.

- **크로스 플랫폼, 크로스 랭귀지**cross-languages: Sawtooth의 경우, 스마트 컨트랙트와 트랜잭션 제품군을 다른 호스트 및 다른 언어로 구현할 수 있습니다. 인코딩 체계는 다른 플랫폼과 다른 언어를 지원해야 합니다.
- **빠르고 효율적인 처리**: 직렬화와 역직렬화는 일반적인 작업이므로, 전체 네트워크 성능에 영향을 미치는 경우가 많습니다. 빠르고 효율적인 인코딩은 네트워크를 개선할 뿐만 아니라 더욱 안정적으로 동작합니다.

트랜잭션 프로세서 구축

Sawtooth는 핵심 시스템을 어플리케이션 도메인에서 분리함으로써 어플리케이션 개발을 단순화합니다. 어플리케이션 개발자는 트랜잭션 프로세서를 사용하여 기업에 비즈니스 로직을 구현하는 데만 집중하면 됩니다. Sawtooth 코어 시스템의 세부 사항을 알 필요없이 원하는 언어를 사용하면 됩니다.

사전 준비

본 예제에서는 Sawtooth Python SDK를 사용한 단계별 가이드를 제시하고, 트랜잭션 프로세서, 예제 트랜잭션 제품군, 스마트 컨트랙트를 구현합니다.

Python Sawtooth SDK: AWS에 Hyperledger Sawtooth를 설치할 때, Python SDK가 자동으로 설치됩니다. Python에서 SDK를 임포트import하여, 다음과 같이 Python Sawtooth

SDK가 컴퓨터에 설치되어 있는지 확인할 수 있습니다.

```
ubuntu@ip-172-31-90-67:~/examples/sawtooth_mkt/processor$ python3
Python 3.5.2 (default, Nov 23 2017, 16:37:01)
[GCC 5.4.0 20160609] on linux
Type "help", "copyright", "credits" or "license" for more information.
>>> import sawtooth_sdk
>>> help(sawtooth_sdk)
```

SDK는 /usr/lib/python3/dist-packages/sawtooth_sdk에 설치됩니다.

수행 절차

트랜잭션 프로세서를 구현하기 위한 단계별 가이드를 살펴보겠습니다. 각 단계의 로직을 설명하기 위해, 중요한 코드 세그먼트를 강조하겠습니다. 전체 소스코드는 GitHub 저장소에서 다운로드 할 수 있습니다.

트랜잭션 핸들러를 트랜잭션 프로세서에 등록

메인 모듈은 트랜잭션 프로세서를 구동하고 예제 어플리케이션의 트랜잭션 핸들러를 등록합니다. 메인 모듈은 sawtooth_mkt/processor/main.py에 있습니다.

메인 모듈은 다음 순서로 동작합니다.

1. 일반general 트랜잭션 프로세서를 인스턴스화하고 검증자 연결 URL을 설정합니다.

   ```
   processor = TransactionProcessor(url=mkt_config.connect)
   ```

2. 트랜잭션 핸들러를 초기화하고 트랜잭션 제품군의 네임스페이스 접두부를 설정합니다.

   ```
   handler = MktTransactionHandler(namespace_prefix=mkt_prefix)
   ```

3. 트랜잭션 핸들러를 트랜잭션 프로세서에 등록합니다.

```
processor.add_handler(handler)
```

4. 트랜잭션 프로세서를 구동하여 검증자에 연결합니다. 그리고 트랜잭션 제품군에 대한 프로세스 요청을 시작합니다.

```
processor.start()
```

트랜잭션 핸들러 클래스 구현

트랜잭션 핸들러 클래스를 사용하면 apply 메소드에서 스마트 컨트랙트 로직을 구현할 수 있습니다. 다음 그림은 스마트 로직을 구현하는 기본 단계를 보여줍니다.

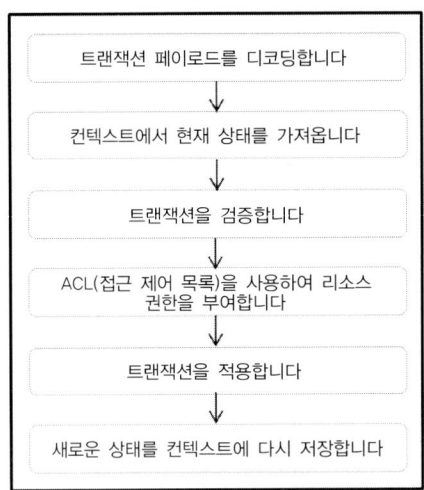

트랜잭션 핸들러 흐름

마켓플레이스 어플리케이션의 트랜잭션 핸들러 모듈은 sawtooth_mkt/processor/handler.py에 있습니다. 위 그림에 표시된 것과 같은 흐름의 apply 메소드 스켈레톤 코드는 다음과 같습니다.

```
def apply(self, transaction, context):
    try:
    # 1. Decode the transaction payload
    house, action, owner, signer = _unpack_transaction(transaction)
```

```
_display("User {} house {} action {} owner {}".format(signer[:6],
        house, action, owner))
# 2. Get the current state from context
dbowner, house_list = _get_state_data(context, self._namespace_prefix, house)
_display("dbowner {} house list {} ".format(dbowner, house_list))
# 3. Validate the transaction
_validate_house_data(action, owner, signer, dbowner)
# 4. Enforce entitlement, ACL
# 5. Apply the transaction
if action == "create":
    _display("User {} created a house {} owner {}.".format(signer[:6], house, owner))
elif action == "transfer":
    _display("User {} transfer: {} from {} to {}\n\n".format(signer[:6],
        house, dbowner, owner))
# 6. Store new state back in context
_store_state_data(context, house_list, self._namespace_prefix, house, owner)
except Exception as e:
    _display("Exception in apply {} \n\n".format(e))
```

마켓플레이스 샘플에 대한 코드 스니펫snippet을 사용하여 트랜잭션 핸들러 흐름의 각 단계를 설명하겠습니다.

1. **트랜잭션 페이로드를 디코딩합니다**: 트랜잭션 헤더에는 서명자 공개키가 있어서 트랜잭션을 제출한 사람을 식별할 수 있습니다. 페이로드는 클라이언트 어플리케이션에서 인코딩 된 트랜잭션 데이터입니다. 마켓플레이스 샘플의 경우, 데이터를 쉼표로 구분된 CSV 포맷으로 인코딩합니다. 페이로드는 '(주택house, 행동action, 집주인owner)'로 보이고, 디코딩 함수는 다음과 같습니다.

    ```
    def _unpack_transaction(transaction):
        header = transaction.header
        # The transaction signer is the player
        signer = header.signer_public_key
        try:
            # The payload is csv utf-8 encoded string
            house, action, owner = transaction.payload.decode().split(",")
        except ValueError:
            raise InvalidTransaction("Invalid payload serialization")
    ```

2. **컨텍스트에서 현재 상태를 가져옵니다**: 기존 자산의 현재 상태를 가져와야 하는 경우가 종종 있습니다. 현재 상태는 전역 상태에 저장되어 있습니다. 컨텍스트를 통해, 주소를 기반으로 현재 상태에 접근할 수 있습니다. 주소는 70글자이며 6글자의 네임스페이스 접두사를 포함합니다. 나머지 64글자는 자산을 위한 것으로, 여러분이 트랜잭션 제품군을 위해 설계한 주소 체계를 따릅니다. 마켓플레이스 예제의 주소는 다음과 같습니다.

```python
def _make_mkt_address(namespace_prefix, house):
    return namespace_prefix + \
        hashlib.sha512(house.encode('utf-8')).hexdigest()[:64]
```

현재 상태는 여러 개의 주택 레코드로 저장되며, 각 레코드는 |로 구분됩니다. 각 주택과 소유자는 쉼표로 구분된 문자열입니다.

```python
def _get_state_data(context, namespace_prefix, house):
    # Get data from address
    state_entries = \
        context.get_state([_make_mkt_address(namespace_prefix, house)])
    # context.get_state() returns a list. If no data has been stored yet
    # at the given address, it will be empty.
    if state_entries:
        try:
            state_data = state_entries[0].data
            _display("state_data {} \n".format(state_data.decode()))
            house_list = { dbhouse: (dbowner) for dbhouse, dbowner in
                [ dbhouseowner.split(',') for dbhouseowner
                  in state_data.decode().split('|') ] }
            _display("house list in db {} \n".format(house_list))
            dbowner = house_list[house]
            _display("db house {} db owner \n".format(house, dbowner))
        except ValueError:
            raise InternalError("Failed to deserialize game data.")
    else:
        house_list = {}
        dbowner = None
    return dbowner, house_list
```

3. **트랜잭션을 검증합니다**: 현재 상태를 업데이트하기 전에, 비즈니스 규칙에 따라 트랜잭션 데이터를 검증해야 합니다.

```
def _validate_house_data(action, owner, signer, dbowner):
    if action == 'create':
        if dbowner is not None:
            raise InvalidTransaction('Invalid action: house already
                                     exists.')
    elif action == 'transfer':
        if dbowner is None:
            raise InvalidTransaction(
                'Invalid action: transfer requires an existing house.')
```

4. **ACL(접근 제어 목록)을 사용하여 리소스 권한을 부여합니다**: 서명자 공개키를 헤더로 사용할 수 있으므로, 트랜잭션을 제출한 사람을 알 수 있습니다. 이를 통해, 트랜잭션을 적용하기 전에 ACL을 사용하여 자산에 리소스 권한을 부여할 수 있습니다. 데이터를 안전하게 유지하기 위해, 권한 부여 및 리소스 접근을 구현할 수 있습니다.

5. **트랜잭션을 적용합니다**: 트랜잭션과 현재 상태를 모두 사용할 수 있게 되면, 트랜잭션의 명령과 지침에 따라 비즈니스 규칙을 적용할 수 있습니다. 현재 상태에 규칙과 계산을 적용하여 새로운 상태를 생성할 수 있습니다.

6. **새로운 상태를 컨텍스트에 다시 저장합니다**: 컨텍스트를 통하여 새로운 상태를 다시 전역 상태로 커밋해야 합니다. 이것은 현재 상태를 얻는 것과 같습니다. 주소를 기반으로 전역 상태를 업데이트하려면 새로운 상태를 인코딩해야 합니다.

```
def _store_state_data(context, house_list, namespace_prefix, house, owner):
    house_list[house] = (owner)
    state_data = '|'.join(sorted([
        ','.join([house, owner]) for house, (owner) in
                    house_list.items() ])).encode()
    addresses = context.set_state(
        {_make_mkt_address(namespace_prefix, house): state_data})
    if len(addresses) < 1:
        raise InternalError("State Error")
```

커맨드라인 스크립트 작성

트랜잭션 핸들러가 구현된 후, 트랜잭션 프로세서가 구동하여 검증자와 연결하고 트랜잭션 제품군에 대한 요청을 처리할 수 있습니다. 트랜잭션 프로세서를 쉽게 실행하기 위해, Python Setuptools를 활용하여 커맨드라인을 작성할 수 있습니다.

Setuptools를 사용하면, 모듈이 콘솔 스크립트 진입점으로 Python 함수를 등록할 수 있습니다. 패키지가 설치되면 Setuptools가 커맨드라인 스크립트를 생성합니다. 이 스크립트는 모듈을 임포트하고 등록된 함수를 호출합니다. 트랜잭션 프로세서의 커맨드라인을 생성하려면, setup.py에 다음 코드를 입력합니다.

```
entry_points={
        'console_scripts': [
            'mkt-tp-python = sawtooth_mkt.processor.main:main',
        ]
})
```

패키지가 설치되면, 커맨드라인을 사용하여 트랜잭션 프로세서를 간단히 시작할 수 있습니다.

```
ubuntu@ip-172-31-90-67:~$ mkt-tp-python --help
usage: mkt-tp-python [-h] [-C CONNECT] [-v] [-V]
optional arguments:
-h, --help show this help message and exit
-C CONNECT, --connect CONNECT
Endpoint for the validator connection
-v, --verbose Increase output sent to stderr
-V, --version print version information
```

트랜잭션 프로세서를 서비스로 설정

systemd는 많은 기능을 제공하는 init 시스템입니다. Linux 플랫폼에서 프로세스를 시작, 중지, 관리할 수 있습니다. 프로세스를 서비스로 실행하기 위해, 프로세스에 대한 단위 파일unit file이 정의됩니다. 이 단위 파일은 프로세스를 서비스로 실행하는 방법을 설명하는 설정 파일입니다.

exec start 명령은 이전 섹션에서 생성된 커맨드라인입니다: mkt-tp-python(sawtooth_mkt/packaging/systemd/sawtooth-mkt-tp-python.service):

```
[Unit]
Description=Sawtooth MKT TP Python
After=network.target
[Service]
User=sawtooth
Group=sawtooth
EnvironmentFile=-/etc/default/sawtooth-mkt-tp-python
ExecStart=/usr/bin/mkt-tp-python $SAWTOOTH_MKT_TP_PYTHON_ARGS
Restart=on-failure
[Install]
WantedBy=multi-user.target
```

이전 단위 파일에 지정된 EnvironmentFile은 서비스의 환경 변수를 정의하는데 사용됩니다. 마켓플레이스 서비스 예제의 환경 파일은 sawtooth_mkt/packaging/systemd/sawtooth-mkt-tp-python에 있습니다. 내용은 다음과 같습니다.

```
SAWTOOTH_MKT_TP_PYTHON_ARGS=-v -C tcp://localhost:4004
```

Python 패키지를 설치하는 동안 etc 디렉토리에 두 파일을 모두 설치하려면, setup.py에 다음 코드를 추가해야 합니다.

```
if os.path.exists("/etc/default"):
    data_files.append(
        ('/etc/default', ['sawtooth_mkt/packaging/systemd/sawtooth-mkt-tppython']))
if os.path.exists("/lib/systemd/system"):
    data_files.append(('/lib/systemd/system',
                    ['sawtooth_mkt/packaging/systemd/sawtooth-mkt-
                    tppython.service']))
```

파이썬 egg[18] 파일 만들기와 파이썬 패키지 설치

트랜잭션 프로세서 패키지를 배포할 준비가 되었습니다. python egg 파일로 만들거나 호스트의 소스코드로 직접 설치할 수 있습니다.

1. Python egg 파일을 만들려면 다음 명령을 입력합니다.

   ```
   sudo python3 setup.py bdist_egg
   ```

2. 소스파일로부터 설치하려면 다음 명령을 입력합니다.

   ```
   sudo python3 setup.py install
   ```

3. 트랜잭션 제품군 배포가 완료되었습니다. 로컬 호스트의 소스코드로 설치하는 경우, 트랜잭션 제품군의 Python 패키지는 다음 위치에 설치해야 합니다. egg 파일로 설치하는 경우에는 python 기본 배포 패키지 폴더에 설치해야 합니다.

   ```
   ubuntu@ip-172-31-90-67:~/examples$ ls -li
   /usr/local/lib/python3.5/dist-packages/sawtooth_mkt-1.0.4-py3.5.egg
   2157 -rw-r--r-- 1 root staff 31390 Sep 16 17:07
   /usr/local/lib/python3.5/dist-packages/sawtooth_mkt-1.0.4-py3.5.egg
   ```

4. 트랜잭션 프로세서의 커맨드라인은 다음과 같습니다.

   ```
   ubuntu@ip-172-31-90-67:~/examples$ which mkt-tp-python
   /usr/local/bin/mkt-tp-python
   ```

5. 트랜잭션 프로세서의 시스템 서비스는 다음과 같습니다.

   ```
   systemctl list-units|grep -i sawtooth-mkt|less
   sawtooth-mkt-tp-python.service loaded active running Sawtooth MKT
   TP Python
   ```

---

18 (역주) egg: Setuptools를 사용하여 python 패키지를 배포할 때 쓰는 배포용 압축파일

트랜잭션 프로세서 서비스 구동

이제 트랜잭션 프로세서를 구동하고 클라이언트 요청을 처리할 준비가 되었습니다.

1. 트랜잭션 프로세서 서비스를 활성화하고 구동하려면 다음을 입력합니다.

```
sudo systemctl enable sawtooth-mkt-tp-python.service
sudo systemctl start sawtooth-mkt-tp-python.service
```

2. 서비스 상태를 확인합니다.

```
sudo systemctl status sawtooth-mkt-tp-python.service
```

3. /var/log/sawtooth에서 트랜잭션 프로세서의 로그를 확인합니다.

```
[04:36:15.955 [MainThread] core INFO] register attempt: OK
[05:42:59.182 [MainThread] core DEBUG] received message of type:
PING_REQUEST
[06:34:54.718 [MainThread] core DEBUG] received message of type:
TP_PROCESS_REQUEST
```

작동 원리

트랜잭션 프로세서에는 두 가지 컴포넌트 — 범용general 트랜잭션 프로세서 클래스, 하나 이상의 트랜잭션 핸들러 클래스 — 가 포함됩니다. 범용 트랜잭션 프로세서는 검증자에 연결하고, 트랜잭션 처리 요청을 수신한 뒤, 요청을 처리할 트랜잭션 핸들러 클래스로 분기합니다.

메인 루틴인 트랜잭션 프로세서를 구동하는 동안, 범용 트랜잭션 프로세서가 생성 및 구동됩니다.

트랜잭션 핸들러 클래스는 어플리케이션에 따라 다르며, 특정 트랜잭션 제품군에 대한 비즈니스 로직을 포함합니다. 즉, 어플리케이션을 위한 스마트 컨트랙트를 실제로 구현한 것이 트랜잭션 핸들러 클래스입니다.

다음 그림은 각 컴포넌트 간의 관계를 보여줍니다.

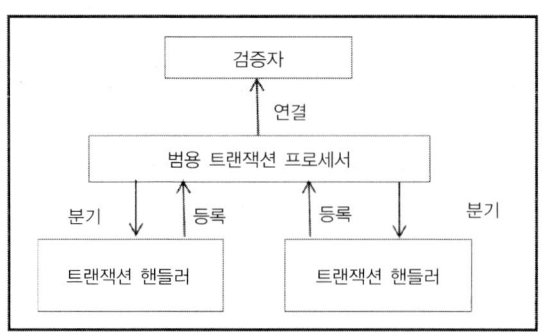

트랜잭션 프로세서와 핸들러

트랜잭션 핸들러는 Sawtooth 블록체인의 스마트 컨트랙트입니다. 어플리케이션 개발의 주목적은 기업의 비즈니스 로직을 구현하는 것입니다. 트랜잭션 핸들러 클래스는 일반 트랜잭션 프로세서와 상호 작용하기 위해 다음 두 가지 방법을 사용합니다.

- **메타데이터**metadata **메소드**: 메타데이터 메소드는 검증자를 사용하여 트랜잭션 핸들러를 트랜잭션 프로세서에 등록하는데 사용됩니다. 이 메소드는 핸들러가 처리할 수 있는 트랜잭션 제품군과 트랜잭션 유형을 지정합니다. 기본적으로 트랜잭션 프로세서가 트랜잭션 요청을 올바른 트랜잭션 처리기로 분기하기 위해서 `family_name`, `family_versions`, `namespace` 메타데이터 속성을 사용합니다.
마켓플레이스 예제의 메타데이터 메소드는 다음과 같습니다.

    ```
    @property
    def family_name(self):
        return 'mkt'
    @property
    def family_versions(self):
        return ['1.0']
    @property
    def namespaces(self):
        return [self._namespace_prefix]
    ```

- **적용**apply **메소드**: 적용 메소드는 트랜잭션 제품군의 모든 비즈니스 로직에 대한 진입점entry point입니다. 메소드 선언은 다음과 같습니다.

```
def apply(self, transaction, context):
```

apply 메소드에는 트랜잭션과 컨텍스트라는 두 가지 인수^{argument}가 있습니다. 이 두 가지 인수를 이해하는 것이 스마트 컨트랙트를 작성하는데 매우 중요합니다. 트랜잭션 인수는 protobuf 정의를 기반으로 메시지에서 생성된 객체입니다. 이 객체에는 헤더와 페이로드가 포함되어 있으며, protobuf 정의는 다음과 같습니다.

```
message Transaction {
    // The serialized version of the TransactionHeader
    bytes header = 1;
    // The signature derived from signing the header
    string header_signature = 2;
    // The payload is the encoded family specific information
    bytes payload = 3;
}
```

트랜잭션의 헤더에는 제품군 이름(familty_name), 버전(family_version), 이 트랜잭션에 서명한 클라이언트의 공개키(signer_public_key)가 포함됩니다. protobuf 정의는 다음과 같습니다.

```
message TransactionHeader {
    // Public key for the client who added this transaction to a batch
    string batcher_public_key = 1;
    // A list of transaction signatures that describe the transactions that
    // must be processed before this transaction can be valid
    repeated string dependencies = 2;
    // The family name correlates to the transaction processor's
    family name
    // that this transaction can be processed on, for example 'intkey'
    string family_name = 3;
    // The family version correlates to the transaction processor's family
    // version that this transaction can be processed on, for example "1.0"
    string family_version = 4;
    // A list of addresses that are given to the context manager and control
    // what addresses the transaction processor is allowed to read from.
```

```
    repeated string inputs = 5;
    // A random string that provides uniqueness for transactions with
    // otherwise identical fields.
    string nonce = 6;
    // A list of addresses that are given to the context manager and control
    // what addresses the transaction processor is allowed to write to.
    repeated string outputs = 7;
    //The sha512 hash of the encoded payload
    string payload_sha512 = 9;
    // Public key for the client that signed the TransactionHeader
    string signer_public_key = 10;
}
```

트랜잭션의 페이로드는 바이트byte 형식이며, 페이로드는 코어 시스템에 전달되지 않습니다. 이는 Sawtooth 코어가 트랜잭션 페이로드를 처리하지 않음을 의미합니다. 페이로드는 구체적specific이며 트랜잭션 제품군에서만 처리됩니다. 스마트 컨트랙트를 위해 선택한 접근 방식에 따라서, 페이로드를 인코딩하고 디코딩하는 방법이 달라집니다. 두 번째 인수인 컨텍스트는 Python SDK의 Context 클래스 인스턴스입니다. API는 컨텍스트를 통해 검증자의 전역 상태에서 현재 상태에 접근할 수 있습니다. 트랜잭션 핸들러에 의한 모든 검증자 상호작용은 Context를 통해 이루어져야 합니다.

Context의 API는 get_state, set_state, delete_state입니다. 전역 상태의 주소를 기반으로 다음과 같이 정의됩니다.

```
class Context:
    def get_state(self, addresses, timeout=None):
    def set_state(self, entries, timeout=None):
    def delete_state(self, addresses, timeout=None):
```

Sawtooth 네트워크에서의 권한 부여

본 예제에서는 Hyperledger Sawtooth 네트워크에서 온-체인on-chain 및 오프-체인off-chain 권한을 설정하는 방법을 다룹니다.

수행 절차

오프-체인 권한을 설정하려면 다음 단계를 수행합니다.

1. 마켓플레이스 예제에 대한 트랜잭션 권한을 설정합니다. `/etc/sawtooth/validator.toml`에 있는 검증자 설정 파일에서 다음 줄을 추가하여 파일을 업데이트합니다.

```
[permissions]
transactor = "policy.toml"
"transactor.transaction_signer" = "policy.toml"
```

2. `/etc/sawtooth/policy/policy.toml`에 있는 정책 파일에서 다음 줄을 추가하여 업데이트합니다.

```
PERMIT_KEY 021c9a9d3155d15e5c834b29e995d4f3fb7da54e6aa0b1f43ce753bc77cce36138
DENY_KEY 02b56f55681409e412fb57b91ba02e16760419d202db40690a6d841e879ec11ee7
DENY_KEY *
```

3. 클라이언트가 허가받지 않은 키로 트랜잭션을 제출하면, 검증자 로그 파일에서 거부됩니다.

```
[16:26:04.004 [Thread-21] permission_verifier DEBUG] Batch Signer: 02b56f55681409e412fb57b91ba02e16760419d202db40690a6d841e879ec11ee7 is not permitted by local configuration.
```

4. 온-체인 역할을 설정하려면, 신원 트랜잭션 제품군을 설치하고 신원 트랜잭션 서명자가 `sawtooth.identity.allowed_keys` 설정에 자신의 공개키를 설정해야 합니다.

```
sawset proposal create sawtooth.identity.allowed_keys=
02f5d0095f9f01e503ad96172bde293b18739860ab988f8b164bc77d3c3b84be00
```

5. 정책 항목을 작성하려면, 다음을 입력합니다.

```
sawtooth identity policy create policypermit "PERMIT_KEY 021c9a9d3155d15e5c834b29e995d4f3fb7da54e6aa0b1f43ce753bc77cce36138"
```

6. 역할 트랜잭션에 정책을 지정하려면, 다음을 입력합니다.

```
sawtooth identity role create transactor policypermit
```

작동 원리

Hyperledger Sawtooth는 간단하고 유연한 역할 정책 기반의 권한 제어를 제공합니다. 이를 통해 조직은 다양한 블록체인 네트워크를 구성할 수 있습니다. 정책policy은 특정 역할에 대하여 당사자를 허용하거나 거부하기 위한 항목들의 목록이며, 엔터티의 공개키로 정의됩니다. 역할role은 Sawtooth에 의해 미리 정의되며, 정책 파일에서 접근 권한을 정의하는데 사용됩니다.

Sawtooth가 제공하는 역할 권한에는 두 가지 범주가 있습니다.

- **거래자 역할 권한**Transactor role permissioning: 트랜잭션 배치batch를 제출할 수 있는 서명자를 제어하기 위한 정책 목록입니다. 허용된 정책에 서명자가 없는 경우, 클라이언트의 요청이 거부됩니다. Sawtooth는 오프-체인과 온-체인 거래자 역할 권한을 모두 지원합니다.
- **검증자 역할 권한**Validator role permissioning: 검증자 네트워크에 참여하고 합의에 참여할 수 있는 피어 노드를 제어하기 위한 정책 목록입니다. Sawtooth는 온-체인 검증자 역할 권한을 지원합니다. 검증자가 시작될 때, 오프-체인 권한이 로컬 검증자 설정 파일에서 로드됩니다. 검증자가 실행되는 동안, 권한은 업데이트되지 않습니다.

Sawtooth의 온-체인 거래자 및 검증자 권한 부여는 신원 트랜잭션 제품군을 통해 지원됩니다. 네트워크를 통해 검증자 노드에서 실시간으로 권한에 대한 업데이트를 수행할 수 있습니다. 검증자가 실행 중일 때, 모든 검증자 노드는 동시에 권한 변경 사항을 업데이트하고 동의할 수 있습니다.

거래자^{transactor} 역할은 다음과 같습니다.

- `default`: 정책 파일에 항목이 지정되지 않은 경우, 기본 역할은 모든 서명자가 트랜잭션을 제출할 수 있습니다.
- `transactor`: 이 역할을 통해 클라이언트는 트랜잭션 및 배치에 서명할 수 있습니다.
- `transactor.transaction_signer.{tp_name}`: 이 역할을 통해 클라이언트는 트랜잭션 제품군에 대한 트랜잭션을 제출할 수 있습니다

검증자^{validator} 역할은 다음과 같습니다.

- `network`: 검증자 네트워크에 참여할 수 있는 노드를 제어합니다.
- `network.consensus`: 합의에 참여할 수 있는 노드를 제어합니다.

추가 정보

다음 표는 Sawtooth에서 거래자와 검증자 역할 권한을 사용하여 다른 네트워크를 구성하는 방법을 보여줍니다.

	거래자 권한	검증자 권한
퍼블릭 네트워크	모두 허용	모두 허용
컨소시엄 네트워크	모두 허용	제한된 키만 허용
프라이빗 네트워크	제한된 키$^{restricted\ key}$만 허용	제한된 키만 허용

Sawtooth REST API와 SDK를 사용한 클라이언트 어플리케이션 개발

Hyperledger Sawtooth는 클라이언트에게 실용적인pragmatic REST API를 제공합니다. 클라이언트는 일반적인 HTTP 표준을 사용하여 검증자와 상호 작용할 수 있습니다. REST API 요청을 작성하는 방법은 여러 가지가 있습니다. 하지만 트랜잭션을 빌드, 배치, 페이로드를 인코딩하고 검증자 노드에 제출하는 프로세스는 쉽지 않습니다. Hyperledger Sawtooth는 Python, Go, Java, JavaScript와 같은 다양한 언어에 대한 여러 SDK를 제공합니다. 이를 통해 Sawtooth 네트워크와 상호 작용할 클라이언트 어플리케이션 개발 프로세스를 크게 단순화합니다.

본 예제에서는 Sawtooth Python SDK를 사용하여 클라이언트 어플리케이션을 빌드하고 Sawtooth XO 트랜잭션 제품군을 템플릿template으로 따릅니다. 예제의 전체 소스 코드는 GitHub에서 구할 수 있습니다. 다음 그림은 트랜잭션을 제출하는 기본 흐름을 보입니다.

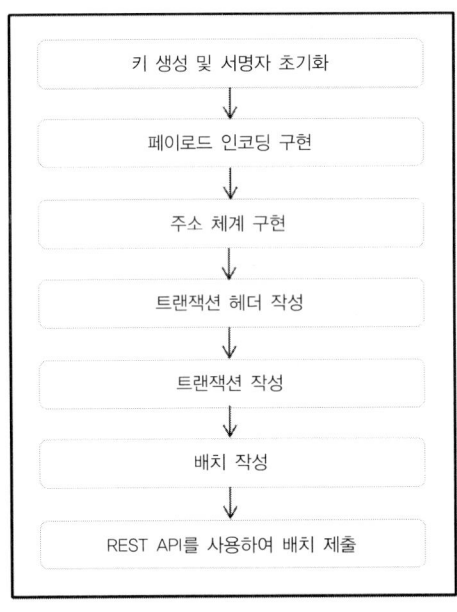

트랜잭션 제출 흐름

수행 절차

본 섹션에서는 각 단계를 수행하고, 샘플 구현 및 로직을 설명하기 위해 코드 스니펫을 제시합니다.

1단계 – 개인키/공개키 쌍 생성 및 서명자 인스턴스 생성

1. 클라이언트가 트랜잭션에 서명할 수 있도록 개인키/공개키 쌍을 생성합니다. 개인키/공개키를 생성하려면 다음 명령을 실행합니다.

   ```
   sawtooth keygen {name}
   ```

2. 이 Sawtooth CLI 명령은 클라이언트가 트랜잭션 요청에 서명할 개인키/공개키를 생성합니다. 기본적으로 키 파일은 사용자의 홈 디렉토리인 ~/.sawtooth/keys/에 위치합니다. 생성된 개인키 파일에 접근하기 위해, 마켓플레이스 예제 클라이언트(/sawtooth_mkt/mkt_client.py)에 다음 코드를 추가할 수 있습니다.

   ```python
   def _get_keyfile(args):
       username = getpass.getuser() if args.username is None else args.username
       home = os.path.expanduser("~")
       key_dir = os.path.join(home, ".sawtooth", "keys")
       return '{}/{}.priv'.format(key_dir, username)
   ```

   개인키가 로드된 후, 클라이언트 어플리케이션에서 개인키로 서명자 인스턴스를 작성하는 다음의 코드 스니펫이 추가됩니다. 이 코드는 Python SDK의 Sawtooth 서명 모듈을 사용합니다. 트랜잭션과 배치^{batch}에 서명하는 코드에서 서명자 인스턴스가 사용됩니다.

3. 트랜잭션 서명에 사용되는 서명자 오브젝트를 시작하려면, 마켓플레이스 샘플 클라이언트(/sawtooth_mkt/mkt_client.py)에 다음 코드를 추가합니다.

   ```python
   private_key = Secp256k1PrivateKey.from_hex(private_key_str)
   ```

```
self._signer = CryptoFactory(create_context('secp256k1')) \
    .new_signer(private_key)
```

2단계 – 트랜잭션-페이로드 인코딩 구현

본 예제에서, 인코딩은 쉼표로 구분된 CSV 파일이고, 코드 스니펫은 /sawtooth_mkt/mkt_client.py에서 찾을 수 있습니다.

```
payload = ",".join([house, action, owner]).encode()
```

3단계 – 네임스페이스 접두사와 주소 체계 구현

본 예제에서, 네임스페이스 접두사는 트랜잭션 프로세서와 동일합니다. mkt 네임스페이스를 인코딩하고, 해싱의 처음 여섯 개 16진 문자를 접두사로 사용했습니다. 데이터 주소는 주택 APN을 SHA-512 알고리즘으로 해싱한 값입니다.

코드 파일은 /sawtooth_mkt/mkt_client.py에 있습니다.

```
def _get_prefix(self):
    return _sha512('mkt'.encode('utf-8'))[0:6]
def _get_address(self, house):
    mkt_prefix = self._get_prefix()
    house_address = _sha512(house.encode('utf-8'))[0:64]
    return mkt_prefix + house_address
```

4단계 – 트랜잭션 헤더와 트랜잭션 작성

클라이언트 어플리케이션에서 트랜잭션을 보내려면, 먼저 예제 클라이언트에서 트랜잭션 헤더를 빌드해야 합니다.

```
(/sawtooth_mkt/mkt_client.py):
header = TransactionHeader(
    signer_public_key=self._signer.get_public_key().as_hex(),
```

```
    family_name="mkt",
    family_version="1.0",
    inputs=[address],
    outputs=[address],
    dependencies=[],
    payload_sha512=_sha512(payload),
    batcher_public_key=self._signer.get_public_key().as_hex(),
    nonce=time.time().hex().encode()
).SerializeToString()
```

TransactionHeader가 구성되면, 헤더[header]와 함께 트랜잭션을 작성할 수 있습니다. 헤더 서명[header signature]은 이전에 생성된 인코딩된 페이로드[payload]를 서명자가 서명한 것입니다. 마켓플레이스 클라이언트에서 트랜잭션을 생성하려면 다음을 입력합니다.

```
(/sawtooth_mkt/mkt_client.py):
signature = self._signer.sign(header)
transaction = Transaction(
    header=header,
    payload=payload,
    header_signature=signature
)
```

5단계 – 배치 작성

배치 헤더는 일반적으로 서명자의 공개키와 트랜잭션 서명 목록으로 구성됩니다. 서명 목록의 순서는 이 배치에 나열된 순서와 동일합니다. 마켓플레이스 샘플 클라이언트에서 배치 헤더를 생성하려면 다음을 입력합니다.

```
(/sawtooth_mkt/mkt_client.py):
transaction_signatures = [t.header_signature for t in transactions]
header = BatchHeader(
    signer_public_key=self._signer.get_public_key().as_hex(),
    transaction_ids=transaction_signatures
).SerializeToString()
```

배치 생성은 트랜잭션 생성과 유사합니다. 배치는 헤더, 서명, 배치에 포함된[wrapped] 트랜잭션으로 구성됩니다. 트랜잭션과 배치가 동일한 공개키를 사용하는 경우, 1단계에서 초기화된 서명자 인스턴스를 사용하여 배치에 서명할 수 있습니다. 서로 다른 경우, 트랜잭션처럼 배치 신원 개인키로부터 다른 서명자 인스턴스를 생성할 수 있습니다. 마켓플레이스 클라이언트에서 배치를 생성하려면 다음을 입력합니다.

```
(/sawtooth_mkt/mkt_client.py):
signature = self._signer.sign(header)
batch = Batch(
    header=header,
    transactions=transactions,
    header_signature=signature)
```

6단계 – REST API를 사용하여 배치 제출

REST API 서비스의 URL은 설정 파일 /etc/sawtooth/rest_api.toml입니다. REST API 서비스가 실행 중인지 확인합니다.

```
ubuntu@ip-172-31-90-67:~/examples/sawtooth_mkt$ sudo systemctl status sawtooth-rest-api.service
sawtooth-rest-api.service - Sawtooth REST API
Loaded: loaded (/lib/systemd/system/sawtooth-rest-api.service; enabled; vendor preset: enabled)
Active: active (running) since Sun 2018-09-30 15:03:34 UTC; 3h 42min ago
Main PID: 1170 (sawtooth-rest-a)
Tasks: 3
Memory: 25.5M
CPU: 385ms
CGroup: /system.slice/sawtooth-rest-api.service
    └─1170 /usr/bin/python3 /usr/bin/sawtooth-rest-api --connect tcp://localhost:4004
Sep 30 15:03:34 ip-172-31-90-67 systemd[1]: Started Sawtooth REST API.
```

마켓플레이스 클라이언트에서 배치를 제출하려면 다음을 입력합니다.

```
(/sawtooth_mkt/mkt_client.py):
response = self._send_request(
```

```
"batches", batch_list.SerializeToString(),
'application/octet-stream',
auth_user=auth_user,
auth_password=auth_password)
while wait_time < wait:
    status = self._get_status(
        batch_id,
        wait - int(wait_time),
        auth_user=auth_user,
        auth_password=auth_password)
    wait_time = time.time() - start_time
    if status != 'PENDING':
        return response
```

7단계 – 클라이언트 어플리케이션 빌드

한 세트의 트랜잭션과 기본 통신 모듈이 구현되면 동일한 방식으로 더 많은 유즈케이스와 비즈니스 로직을 구현할 수 있습니다. 클라이언트 어플리케이션은 개별 비즈니스 요구 사항에 따라 다르게 구현됩니다. 라이브러리를 사용하는 데스크탑 또는 웹 어플리케이션일 수 있습니다.

1. 본 예제의 경우, 클라이언트 어플리케이션은 단순히 Sawtooth 네트워크와 상호작용할 수 있는 커맨드라인 도구 목록을 제공합니다. 예제의 커맨드라인 도구는 /sawtooth_mkt/mkt_cli.py에 구현되어 있습니다. 설치 도중에 마켓플레이스 예제를 위한 커맨드라인 스크립트인 mkt를 생성하려면, setup.py에 다음을 추가합니다.

   ```
   entry_points={
       'console_scripts': [
           'mkt = sawtooth_mkt.mkt_cli:main_wrapper',
   ```

2. 샘플 클라이언트를 위한 Python egg를 빌드하려면, 다음을 입력합니다.

   ```
   sudo python3 setup.py bdist_egg
   ```

3. 소스코드로 클라이언트 어플리케이션을 설치하려면, 다음을 입력합니다.

```
sudo python3 setup.py install
```

8단계 – 샘플 클라이언트 테스트

이 단계에서는 샘플 클라이언트 커맨드라인을 사용하여 마켓플레이스 샘플 트랜잭션 프로세서와 상호 작용하는 방법을 보입니다. 또한 Sawtooth 블록체인과 전역 상태에 데이터를 저장하는 방법을 보여줍니다.

1. 마켓플레이스 샘플 클라이언트를 위해, 다음과 같이 mkt 명령을 실행하는 방법에 대한 자세한 정보를 찾을 수 있습니다.

    ```
    ubuntu@ip-172-31-90-67:~/examples$ mkt --help
    usage: mkt [-h] [-v] [-V] {create,list,transfer} ...

    Provides subcommands to Marketplace sample
    optional arguments:
        -h, --help    show this help message and exit
        -v, --verbose enable more verbose output
        -V, --version display version information

    subcommands:
        {create,list,transfer}
        create      Creates a new house
        list        Displays information for all house
        transfer    transfer house to new owner
    ```

2. 주택 APN과 집주인을 인수로 하여 새 주택에 대한 레코드를 만들려면, 다음을 입력합니다.

    ```
    ubuntu@ip-172-31-90-67:~/examples$ mkt create APN-0001-001-001
    Kevin
    Response: {
    "link":
    "http://127.0.0.1:8008/batch_statuses?id=ab85aa846f8f289f793e09b535
    ```

```
         47b0340315e5217d8d3b00e55af619960257905e5626d56037cb1f0fb1865454dc3
         323ae34e3a411ba0fd8948adb1121562f12"
     }
```

3. 새 블록을 확인하고, 새 레코드에 대한 트랜잭션을 Sawtooth 네트워크에 저장 합니다.

```
ubuntu@ip-172-31-90-67:~/examples$ sawtooth block list
NUM BLOCK_ID BATS TXNS SIGNER 1
b5c04df99187acbd898150d2f6bb2a3bd8f2ad6e38b66d9986fe943f6fc8d6fe7f3
0624fafc231655fa434816adfa157d2cc93113d74047aa50efea8ca8673a7   1
1    02f5d0...
ubuntu@ip-172-31-90-67:~/examples$ sawtooth block show
b5c04df99187acbd898150d2f6bb2a3bd8f2ad6e38b66d9986fe943f6fc8d6fe7f3
0624fafc231655fa434816adfa157d2cc93113d74047aa50efea8ca8673a7
batches:
- header:
    signer_public_key:
021c9a9d3155d15e5c834b29e995d4f3fb7da54e6aa0b1f43ce753bc77cce36138
    transaction_ids:
    -
6e18f353ce9222c9e5f5a663907721104897664c94da71864e2f97c63e6455b7552
f506895a8d872c2393c2851c97b45f844efb028cc4b4133ae43f2685dd086
  header_signature:
ab85aa846f8f289f793e09b53547b0340315e5217d8d3b00e55af619960257905e5
626d56037cb1f0fb1865454dc3323ae34e3a411ba0fd8948adb1121562f12
  trace: false
  transactions:
  - header:
    batcher_public_key:
021c9a9d3155d15e5c834b29e995d4f3fb7da54e6aa0b1f43ce753bc77cce36138
      dependencies: []
      family_name: mkt
      family_version: '1.0'
      inputs:    -
50351cbdb56cc9ba06f9e7e2240d37301a53719f3e9509a3b490b191ac8fbe727
4a09f
      nonce: 0x1.6ec496a2e4eeap+30
      outputs:
```

```
            -
    50351cbdb56cc9ba06f9e7e2240d37301a53719f3e9509a3b490b191ac8fbe727
    4a09f
        payload_sha512:
    ef86aec70b9068b0326540823556301b6b703a4bd266a75155f0c01b195e8f3f1e8
    3bf4ee2448e04496725e7887eb8c20b4dbb4335ac2ff5b1dc51e246f58b2c
        signer_public_key:
    021c9a9d3155d15e5c834b29e995d4f3fb7da54e6aa0b1f43ce753bc77cce36138
        header_signature:
    6e18f353ce9222c9e5f5a663907721104897664c94da71864e2f97c63e6455b7552
    f506895a8d872c2393c2851c97b45f844efb028cc4b4133ae43f2685dd086
        payload: QVBOLTAwMDEtMDAxLTAwMSxjcmVhdGUsS2V2aW4=
    header:
      batch_ids:
        -
    ab85aa846f8f289f793e09b53547b0340315e5217d8d3b00e55af619960257905e5
    626d56037cb1f0fb1865454dc3323ae34e3a411ba0fd8948adb1121562f12
      block_num: '1'
      consensus: RGV2bW9kZQ==
      previous_block_id:
    dc9f9c5d4eb0b4be8cb836f49bb64a7e8be356c2e8510bf0579eb15fcf06834768d
    0e998286c9c8188569157a76c943ee3da1398ddb0c30c950eba27b9044b4d
      signer_public_key:
    02f5d0095f9f01e503ad96172bde293b18739860ab988f8b164bc77d3c3b84be00
      state_root_hash:
    0412b37b75417f753ca9088e4e531a386cbdacbb1f4ba02384ce8e425c555779
    header_signature:
    b5c04df99187acbd898150d2f6bb2a3bd8f2ad6e38b66d9986fe943f6fc8d6fe7f3
    0624fafc231655fa434816adfa157d2cc93113d74047aa50efea8ca8673a7
```

4. 새 주택 레코드가 블록체인 네트워크의 전역 상태에 저장되었는지 확인하려면, 다음 명령을 사용합니다.

```
ubuntu@ip-172-31-90-67:~/examples$ sawtooth state list
ADDRESS SIZE DATA
000000a87cb5eafdcca6a8cde0fb0dec1400c5ab274474a6aa82c12840f169a0421
6b7 110
b' /nl 6n&sawtooth.settings.vote.authorized_keys cx12B021c9a9d3155d15.
..
```

```
50351cbdb56cc9ba06f9e7e2240d37301a53719f3e9509a3b490b191ac8fbe7274a
09f 22 b'APN-0001-001-001,Kevin' ...
HEAD BLOCK:
"b5c04df99187acbd898150d2f6bb2a3bd8f2ad6e38b66d9986fe943f6fc8d6fe7f
30624fafc231655fa434816adfa157d2cc93113d74047aa50efea8ca8673a7"
ubuntu@ip-172-31-90-67:~$ sawtooth state show
50351cbdb56cc9ba06f9e7e2240d37301a53719f3e9509a3b490b191ac8fbe727
4a09f
DATA: "b'APN-0001-001-001,Kevin'"
HEAD:
"b5c04df99187acbd898150d2f6bb2a3bd8f2ad6e38b66d9986fe943f6fc8d6fe
7f30624fafc231655fa434816adfa157d2cc93113d74047aa50efea8ca8673a7"
```

5. 샘플 mkt 커맨드라인으로 주택 레코드를 나열하려면 다음을 입력합니다.

```
ubuntu@ip-172-31-90-67:~/examples$ mkt list
HOUSE              OWNER
APN-0001-001-001   Kevin
```

6. 주택을 다른 집주인에게 이전하고 전역 Merkle 트리에서 동일한 주소의 상태를 확인하려면 다음을 입력합니다.

```
ubuntu@ip-172-31-90-67:~$ mkt transfer APN-0001-001-001 Kathleen
Response: {
"link":
"http://127.0.0.1:8008/batch_statuses?id=47fc39671dee2177222571e97f
637940268d683ea9cedd7fbc9300dfc67d87fb227ff412deb982f83e43575e6894d
2212ae5f1bddf2d8d79bbde9c174edae2eb"
}
ubuntu@ip-172-31-90-67:~$ sawtooth state show
50351cbdb56cc9ba06f9e7e2240d37301a53719f3e9509a3b490b191ac8fbe7274a
09f
DATA: "b'APN-0001-001-001,Kathleen'"
HEAD:
"1800ecc8b36f820aabbbbc076e5cdac02e8541213e518d92ba0d7ad6e74e39fb46
ab2d97312c4e54f2c225c4451e745fd3c4931d5925a3480103d8d6dff2b629"
```

작동 원리

클라이언트 어플리케이션의 개인키/공개키 쌍을 생성하기 위해, Sawtooth는 공개키 암호화, 보안 해싱, 메시지 서명과 같은 암호화 기능을 사용하여 클라이언트의 신원을 확인하고 데이터의 유효성을 검증합니다. 개인키/공개키 쌍은 이러한 암호화 알고리즘의 기초입니다. 개인키는 클라이언트의 신원으로, 네트워크에서 통신할 때 사용합니다. 클라이언트 어플리케이션의 모든 트랜잭션 요청은 클라이언트의 개인키로 서명되어야 합니다. 또한, Sawtooth는 클라이언트의 공개키를 기반으로 거래자transactor 권한을 시행합니다. 네트워크의 리소스와 데이터에 대한 권한 및 접근 제어 목록은 클라이언트의 공개키를 기반으로 합니다. 그래서 개인키를 안전하게 유지하는 것이 매우 중요합니다. 개인키를 분실하거나 도난당한 경우, 신원을 복구할 수 없습니다.

Sawtooth는 메시지 서명에 secp256k1 ECDSA 표준을 사용합니다. secp256k1 표준은 비트코인bitcoin에서도 사용됩니다. python SDK의 Sawtooth 서명 모듈은 클라이언트의 개인키로 트랜잭션을 쉽게 서명할 수 있도록 몇 가지 클래스를 제공합니다.

서명자는 signing/sawtooth_signing/__init__.py인 Python 파일에 정의되어 있습니다. create_context 메소드를 사용하여, 알고리즘 기반의 컨텍스트를 먼저 작성할 수 있습니다. 그런 다음 CryptoFactory를 사용하여 새 서명자 인스턴스를 작성하고, 이를 사용하여 트랜잭션에 서명할 수 있습니다. sawtooth_signing 모듈에서 create_context 함수의 help 문서 문자열은 다음과 같습니다.

```
create_context(algorithm_name)
    Returns an algorithm instance by name.
Help on class CryptoFactory in module sawtooth_signing:
    class CryptoFactory(builtins.object)
        Factory for generating Signers.
        new_signer(self, private_key)
            Create a new signer for the given private key.

Help on class Signer in module sawtooth_signing:
    class Signer(builtins.object)
        A convenient wrapper of Context and PrivateKey
```

```
sign(self, message)
    Signs the given message
```

페이로드payload는 클라이언트가 검증자에 보내는 메시지의 데이터와 정보입니다. 페이로드는 코어 시스템에 대한 일련의 바이트로, 클라이언트 SDK와 검증자 노드 사이에서 통신이 이루어집니다. 네트워크에서 전송할 데이터를 바이트로 직렬화 및 역 직렬화하는 방법을 인코딩이 정의합니다. 클라이언트 어플리케이션에서 트랜잭션 페이로드를 인코딩 및 디코딩하는 로직은, 연관된 트랜잭션 프로세서에서 구현된 인코딩과 일치해야 합니다(자세한 정보는 트랜잭션 프로세서 작성 예제 참조).

동일한 네임스페이스와 주소를 설계하고 구현하기 위해서, 클라이언트 어플리케이션은 트랜잭션 프로세서와 일관성을 유지해야 합니다. 주소는 클라이언트 어플리케이션의 트랜잭션 헤더에 지정됩니다(주소에 대해서는 트랜잭션 처리기 작성 예제 참조).

클라이언트 어플리케이션의 트랜잭션에 지정된 주소에는 입력 및 출력 주소가 모두 명시되어 있습니다. 입력 주소는 상태에서 읽어 오고, 출력 주소는 상태에 쓰여집니다. 검증자 트랜잭션 스케줄러는 두 주소를 모두 사용하여 트랜잭션을 효율적으로 병렬parallel 예약합니다.

비즈니스 데이터의 상태를 업데이트하는 트랜잭션을 제출하기 위해, 클라이언트 어플리케이션은 트랜잭션을 빌드하고 검증자에 제출합니다. 검증자는 연관된 트랜잭션 프로세서로 요청을 라우팅하여, 상태 변경 요청을 적용합니다.

클라이언트 어플리케이션의 트랜잭션은 트랜잭션 프로세서 작성 예제에서 설명한 것과 동일한 protobuf 정의를 따릅니다. 이 정의는 페이로드, 헤더, 서명으로 구성됩니다. 트랜잭션에 대한 protobuf 정의는 다음과 같습니다.

```
message Transaction {
    // The serialized version of the TransactionHeader
    bytes header = 1;
    // The signature derived from signing the header
    string header_signature = 2;
```

```
    // The payload is the encoded family specific information
    bytes payload = 3;
}
```

protobuf의 `TransactionHeader`는 트랜잭션을 올바른 트랜잭션 프로세서로 라우팅하기 위한 정보, 트랜잭션의 입력 및 출력 상태 주소, 트랜잭션에 서명하기 위한 클라이언트의 공개키를 포함하고 있습니다. 트랜잭션 헤더의 입력 상태 주소는 트랜잭션에서 읽을 주소이고, 출력 상태 주소는 트랜잭션에서 쓸 주소입니다.

트랜잭션은 protobuf 정의입니다. 트랜잭션 헤더를 작성하고, 서명자와 인코딩 된 페이로드로 헤더를 서명하는 단순한 오브젝트[object]입니다.

여러 트랜잭션은 항상 배치[batch]로 제출됩니다. 배치는 상태 작업의 최소한의[atomic] 작업 단위입니다. 배치가 성공적으로 처리되면, 모든 트랜잭션이 배치에 포함된 순서대로 커밋됩니다. 배치가 실패하면, 배치의 모든 트랜잭션이 롤백[rolled back]되고 어떤 트랜잭션도 적용되지 않습니다.

배치와 배치의 트랜잭션은 서로 다른 공개키로 서명될 수 있습니다. 트랜잭션 헤더의 `batcher_public_key` 필드는 배치 서명자의 공개키를 지정합니다.

배치와 배치 헤더에 대한 protobuf 정의는 다음과 같습니다.

```
message Batch {
    // The serialized version of the BatchHeader
    bytes header = 1;
    // The signature derived from signing the header
    string header_signature = 2;
    // A list of the transactions that match the list of
    // transaction_ids listed in the batch header
    repeated Transaction transactions = 3;
    // A debugging flag which indicates this batch should be traced through the
    // system, resulting in a higher level of debugging output.
    bool trace = 4;
}
message BatchHeader {
    // Public key for the client that signed the BatchHeader
```

```
    string signer_public_key = 1;
    // List of transaction.header_signatures that match the order of
    // transactions required for the batch
    repeated string transaction_ids = 2;
}
```

REST API로 배치를 제출하는 REST API 서비스는 독립형^{standalone} 프로세스입니다. REST API 서비스는 클라이언트가 HTTP 표준을 사용하여 Sawtooth 네트워크와 통신할 수 있도록 검증자와 함께 실행됩니다. 배치를 제출하려면, POST 요청의 `Content-Type` 헤더에 `application/octet-stream`을 추가하고, 본문에 배치를 일련화하여 추가한 뒤, `/batches` 엔드포인트에 보내기만 하면 됩니다.

CHAPTER 6

Hyperledger Burrow로 Ethereum 스마트 컨트랙트 운영

Hyperledger Burrow는 기업용 블록체인 네트워크로서, 스마트 컨트랙트 인터프리터를 제공합니다. 이를 통해 **Ethereum 가상 머신**^{EVM, Ethereum Virtual Machine} 사양을 따르는 비즈니스 로직을 실행할 수 있습니다.

Hyperledger Seth는 Sawtooth-Ethereum 통합 프로젝트입니다. Hyperledger Burrow의 EVM과 Hyperledger Sawtooth를 통합하여, Hyperledger Sawtooth 플랫폼에서 Ethereum 스마트 컨트랙트를 실행할 수 있습니다.

본 장에서는 Hyperledger Burrow와 Seth로 Ethereum 스마트 컨트랙트를 운영하는 방법에 관한 몇 가지 예제를 다룹니다.

- AWS에 Hyperledger Burrow 설치
- Solidity로 스마트 컨트랙트 작성
- Burrow에서 Ethereum 스마트 컨트랙트 배포 및 호출
- AWS에서 Docker로 Hyperledger Seth 설치
- Seth에서 외부 소유 계정^{externally owned accounts} 생성 및 Solidity 컨트랙트 작성
- Seth CLI와 RPC를 사용한 Ethereum 컨트랙트 배포 및 호출
- Seth의 Ethereum EOA와 컨트랙트 계정 권한 허용

소개

영향력과 시가 총액 측면에서, Ethereum은 가장 중요한 퍼블릭 블록체인 네트워크 중 하나입니다. **공개용 분산 어플리케이션(DApp)**을 실행하는데 사용되며, 글로벌 인프라를 기반으로 하는 개방형 소프트웨어 플랫폼을 가지고 있기 때문에 **월드 컴퓨터**world computer라고도 불립니다. 다양한 조직과 개인이 DApp을 구축 및 배포하여 스마트 컨트랙트를 실행할 수 있습니다. Ethereum은 차세대 블록체인입니다. 블록체인 기술이 암호화폐 현금 시스템 뿐만 아니라, 다양한 어플리케이션을 위한 유연하고 분산된 개방형 글로벌 컴퓨팅 플랫폼으로 발전할 수 있다는 가능성을 보였습니다.

Ethereum에서 실행되는 스마트 컨트랙트는 다양한 프로그래밍 언어로 작성된 어플리케이션입니다. 임의의 비즈니스 로직을 수행하거나 미리 정의된 컨트랙트를 완수합니다. EVM은 스마트 컨트랙트를 실행하기 위한 런타임 환경입니다. EVM은 Ethereum의 핵심이며 **튜링 완전**Turing complete[19]입니다. EVM은 스택 머신으로, 모든 계산이 **스택**stack이라는 영역에서 수행됩니다. 스택의 최대 크기는 1024개이며, 256비트 크기의 워드를 포함합니다. EVM은 스택의 스마트 컨트랙트로부터 컴파일 된 명령 코드opcode를 실행합니다.

Solidity는 스마트 컨트랙트를 작성하는데 가장 많이 사용되는 고수준의 프로그래밍 언어입니다. 컨트랙트 지향적이고 타입 세이프type-safe[20]입니다. C++, Python, JavaScript의 영향을 받았으며, EVM을 타켓으로 설계되었습니다. Hyperledger Burrow는 Golang으로 개발된 허가형permissioned EVM으로, 원래 Monax라는 회사가 기여했으며 Intel이 공동 후원했습니다.

Ethereum 스마트 컨트랙트와 Solidity 언어는 퍼블릭 블록체인 네트워크에서 대부분의 DApp을 구현할 때 사용됩니다. Burrow는 허가형 EVM을 제공하여 Ethereum 네트워크에 있는 수천 개의 DApp이 작동할 수 있도록 합니다.

---

[19] (역주) **튜링 완전**: 어떤 프로그래밍 언어나 추상 기계가 튜링 기계와 동일한 계산 능력을 가진다는 의미입니다.
[20] (역주) **타입 세이프**: 어플리케이션의 컴파일 시점에 객체들의 타입을 미리 체크하기 때문에 런타임 시점에 관련 오류가 발생하지 않는다는 의미입니다.

Burrow는 이제 Hyperledger Sawtooth 및 Hyperledger Fabric과 통합되었습니다. Ethereum 네트워크의 수천 개 DApp을 Hyperledger 제품군의 다양한 블록체인 네트워크로 마이그레이션migrate하거나 실행할 수 있는 기능을 제공합니다.

Burrow 네트워크는 검증자validator 피어 노드로 구성되며, 비잔틴Byzantine 내결함성fault-tolerant Tendermint 프로토콜로 합의consensus를 수행합니다. Tendermint 프로토콜은 허가된 검증자 사이에서 뛰어난 트랜잭션 처리량을 제공하고, 블록체인이 분기되는forking 것을 방지합니다.

Seth 소개

Burrow는 더욱 안정적이고, 작업하기 쉬우며, 강력하고 빠른 블록체인 네트워크를 구축할 수 있습니다. 그 뿐만 아니라 Fabric이나 Sawtooth 같은 다른 Hyperledger 네트워크와 통합하여, 이들 네트워크에서 Ethereum 컨트랙트를 실행할 수 있도록 EVM을 제공했습니다.

Seth는 Burrow, Sawtooth, Ethereum을 통합한 것으로, Hyperledger Sawtooth 블록체인에서 Ethereum 스마트 컨트랙트를 실행할 수 있는 기능을 제공합니다. Burrow와 마찬가지로, Sawtooth에서 Ethereum 스마트 컨트랙트를 실행하려면 허가permission가 필요합니다. 이더ether나 가스gas를 지불할 필요는 없습니다. 다음 다이어그램과 같이, 일반적으로 Seth는 Sawtooth 플랫폼 위에 세 가지 컴포넌트로 구성됩니다.

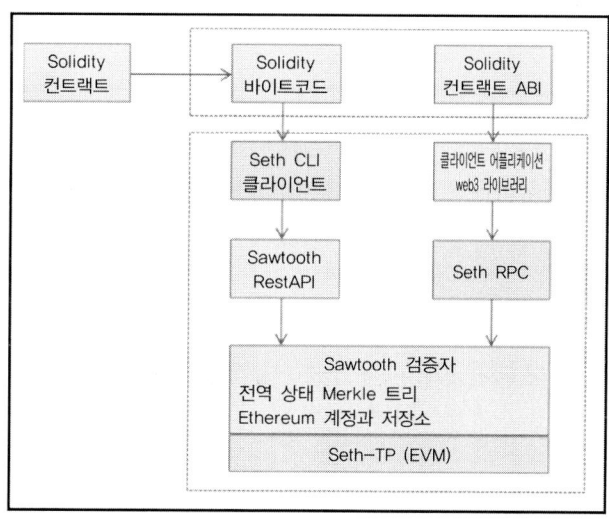

Seth 클라이언트는 Sawtooth 플랫폼과 상호 작용하기 위해 Seth가 제공하는 **커맨드라인 인터페이스** 도구(**CLI**)로서, 스마트 컨트랙트 배포 및 호출과 같은 Seth 관련 기능을 제공합니다. Seth CLI는 일반적인 Sawtooth RestAPI 어댑터를 사용하여 Sawtooth 플랫폼과 통신합니다(자세한 내용은 https://sawtooth.hyperledger.org/docs/seth/releases/latest/cli_reference.html#seth-cli-reference-label 참조).

Seth-TP는 Sawtooth 플랫폼 내에서 Burrow의 EVM을 구현하는 트랜잭션 제품군입니다. 모든 비즈니스 로직과 스마트 컨트랙트는 Seth-TP에서 처리됩니다(자세한 내용은 https://sawtooth.hyperledger.org/docs/seth/releases/latest/cli_reference.html#seth-tp-reference-label 참조).

Seth-RPC 서버는 API 게이트웨이로서, 기존 Ethereum 클라이언트는 Ethereum JSON RPC API(https://github.com/ethereum/wiki/wiki/JSON-RPC)를 사용하여 Sawtooth 플랫폼의 스마트 컨트랙트와 상호작용합니다. API 게이트웨이에 대한 자세한 내용은 https://sawtooth.hyperledger.org/docs/seth/releases/latest/cli_reference.html#seth-rpc-reference-label에서 확인할 수 있습니다.

AWS에 Hyperledger Burrow 설치

본 예제에서는 AWS Cloud 플랫폼에 Hyperledger Burrow를 설치하는 방법을 배웁니다.

사전 준비

본 예제를 설치하고 실행하려면, 다음과 같이 설정된 AWS의 EC2 인스턴스가 필요합니다.

- **운영 체제**: Ubuntu 16.04.5 LTS
- **AWS EC2 인스턴스 타입**: m4.2xlarge 또는 t2.mroc

수행 절차

Hyperledger Burrow를 설치하려면 다음 단계를 실행합니다.

1. Go 버전 1.10 이상을 설치합니다. 다음 명령을 사용하여 EC2 인스턴스에 Go를 설치할 수 있습니다.

   ```
   sudo apt update
   sudo apt install golang-go
   ```

   AWS에 이전 버전의 Go가 설치된 경우, 공식 소스가 아닌 커뮤니티에서 제공하는 PPA^{Personal Package Archive}를 사용(https://launchpad.net/ubuntu/+ppas)하여 Go를 설치할 수 있습니다.

   ```
   sudo add-apt-repository ppa:gophers/archive
   sudo apt-get update
   sudo apt-get install golang-1.10-go
   ```

2. 환경 변수에 Go를 추가합니다. 홈 디렉토리의 go 폴더에 Go 프로젝트를 생성하고, go 폴더 아래에서 mkdir 명령을 사용하여 src와 bin이라는 두 개의 서브 폴더를 생성합니다. GOPATH를 go 폴더로 설정하고, PATH 환경 변수에 Go를 추가합니다.

   ```
   export GOROOT=/usr/lib/go-1.10/
   export GOPATH=$HOME/go
   PATH="$HOME/bin:$HOME/.local/bin:$PATH:$GOROOT/bin:$GOPATH/bin:"
   ```

   Go 설치 및 설정을 확인합니다.

   ```
   ubuntu@ip-172-31-90-67:~/go/src$ go version
   go version go1.10 linux/amd64
   ```

3. 다음과 같이 Go `helloworld.go`를 구현합니다.

   ```go
   package main
   import "fmt"
   func main() {
   fmt.Printf("hello, world\n")
   }
   ```

4. `helloworld.go`를 빌드하고 실행합니다.

   ```
   ubuntu@ip-172-31-90-67:~/go/src/hello$ go run helloworld.go
   hello, world
   ```

5. Burrow 소스 코드를 다운로드하고, Burrow를 빌드합니다.

   ```
   ubuntu@ip-172-31-90-67:~/go/src/hello$ go get
   github.com/hyperledger/burrow/...
   cd github.com/hyperledger/burrow
   make install_burrow
   ```

   이 명령어는 Burrow를 빌드하고 go/bin 디렉토리에 실행파일을 설치합니다. go/bin 디렉토리가 PATH 환경 변수에 설정되었으므로, 이제 burrow 명령을 직접 실행할 수 있습니다.

6. 홈 디렉토리 아래에 Burrow를 위한 디렉토리(예: ~/burrow)를 생성하여 Burrow를 설정하고 시작합니다. 한 명의 참가자와 전체 계정으로 burrow.toml 파일을 생성하려면, 다음 명령을 입력합니다.

   ```
   burrow spec -p1 -f1 | burrow configure -s- > burrow.toml
   ```

   burrow.toml은 Burrow 검증자 노드의 설정 파일입니다. 검증자의 주소와 키는 다음과 같이 정의됩니다.

   ```
   [[GenesisDoc.Validators]]
   Address = "54EF1517D97E7A653D5FA5B05060A82A8856515D"
   ```

```
PublicKey = "{\"CurveType\":\"ed25519\",\"PublicKey
\":\"FF4E4B9D3FB3B4CC0F113661E2E298C7DD7355A1207CA398496550BC162C04
F3\"}"
Amount = 9999999999
Name = "Full_0"
```

7. `burrow.toml`이 생성되면, 동일한 폴더에서 다음 명령을 입력하여 Burrow를 시작합니다.

```
burrow start --validator-index=0 >burrow.log 2>&1 &
```

Burrow 로그를 보려면 다음 명령을 입력합니다.

```
less burrow.log
```

작동 원리

Burrow는 Go로 구현됩니다. 본 예제에서는 Ubuntu 호스트에 Go를 설치하고, Go를 사용하여 Burrow 소스코드와 종속성dependencies을 다운로드했습니다. 소스코드에서 Burrow를 빌드한 뒤, `burrow spec`을 사용하여 설정 파일을 생성하고 인스턴스에서 Burrow를 시작했습니다.

Burrow의 가장 중요한 기능은 Burrow가 허가형permissioned EVM이라는 것입니다. 올바른 권한이 부여되면 Ethereum 스마트 컨트랙트를 실행할 수 있습니다. Ethereum과 달리, Burrow에서 스마트 컨트랙트를 실행할 때 실제 이더ether나 암호화폐가 필요하지 않습니다. 트랜잭션이 유한한finite 시간 내에 실행되도록, 모든 트랜잭션에 대해 임의의 유한한 양의 가스gas가 전달됩니다. Burrow GitHub 저장소의 문서에 따르면, Burrow의 원칙은 실행 권한이 있으면 실행할 돈이 필요 없다는 것입니다.

Solidity로 스마트 컨트랙트 작성

Remix(https://github.com/ethereum/remix)와 Truffle(https://truffleframe-work.com)은 인기있는 Ethereum 개발 프레임워크입니다. 이 중 하나를 사용하여 Solidity로 Burrow 스마트 컨트랙트를 작성할 수 있습니다. 본 예제에서는 온라인 버전의 Remix를 사용하여 Solidity와 샘플 스마트 컨트랙트를 작성합니다. 온라인 버전은 간단하고 사용하기 쉽기 때문입니다. https://remix.ethereum.org에서 사용할 수 있습니다.

사전 준비

이 스마트 컨트랙트에서는 코인 입금, 코인 인출, 계좌 잔고 조회를 위한 트랜잭션을 수행합니다. 스마트 컨트랙트는 다음과 같습니다.

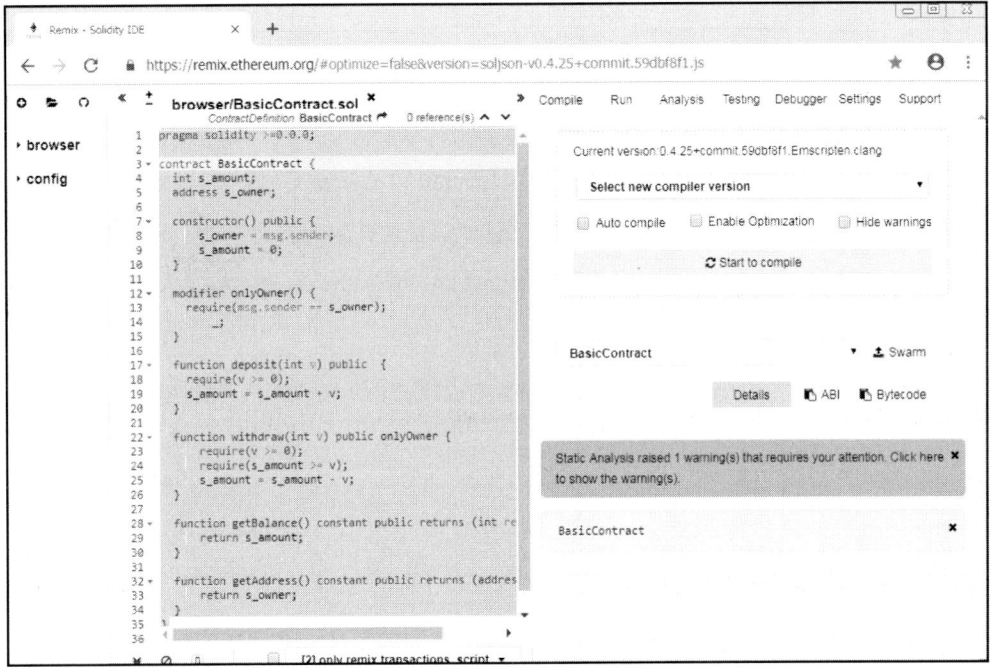

수행 절차

다음 단계에 따라 Remix를 사용하여 첫 번째 스마트 컨트랙트를 작성해 봅시다.

1. Remix 브라우저에서 새 스마트 컨트랙트를 작성합니다. BasicContract.sol 샘플 컨트랙트는 계정 잔액을 보여줍니다. 컨트랙트 소유자는 컨트랙트에 입금 및 출금을 할 수 있습니다. 코드는 다음과 같습니다.

```solidity
pragma solidity >=0.0.0;
contract BasicContract {
    int s_amount;
    address s_owner;
    constructor() public {
        s_owner = msg.sender;
        s_amount = 0;
    }
    modifier onlyOwner() {
        require(msg.sender == s_owner);
        _;
    }
    function deposit(int v) public {
        require(v >= 0);
        s_amount = s_amount + v;
    }
    function withdraw(int v) public onlyOwner {
        require(v >= 0);
        require(s_amount >= v);
        s_amount = s_amount - v;
    }
    function getBalance() constant public returns (int retVal) {
        return s_amount;
    }
    function getAddress() constant public returns (address a) {
        return s_owner;
    }
}
```

2. 위의 코드를 사용하여, 다음과 같이 Remix 브라우저에서 새 BasicContract 컨트랙트를 작성할 수 있습니다. 다음 스크린샷처럼, **Compile** 버튼을 클릭하여 컨트랙트를 컴파일하고 문법이나 코딩 오류가 없는지 확인합니다.

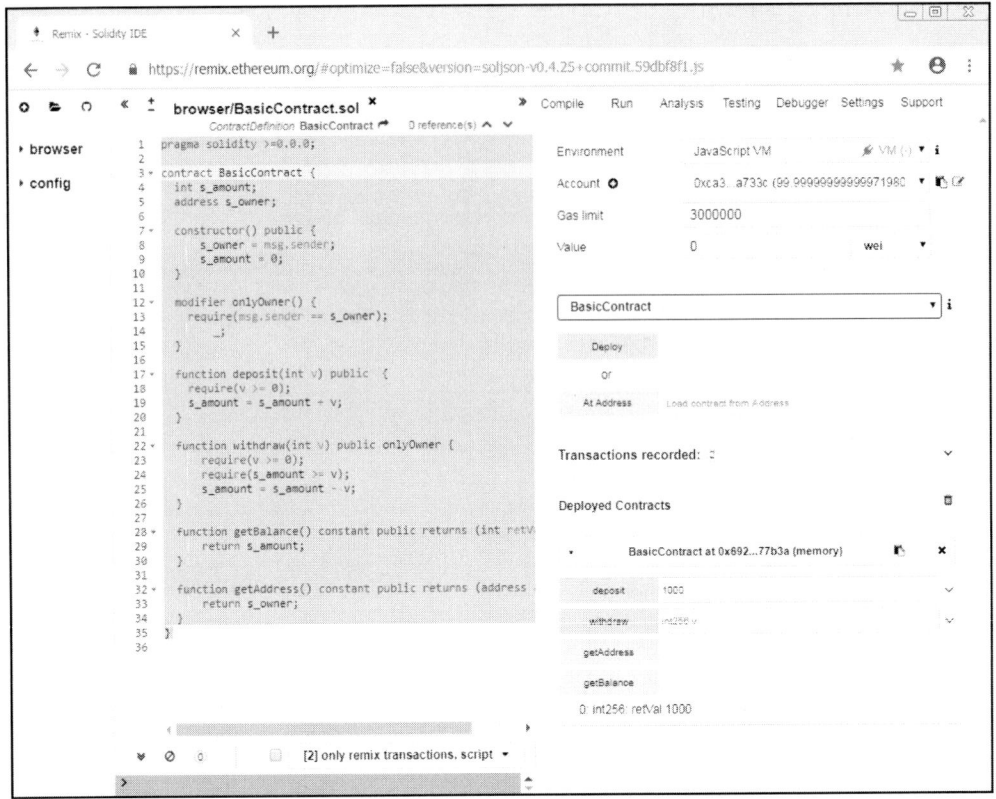

3. Remix 브라우저에서 컨트랙트를 실행하고 테스트합니다. 컨트랙트가 성공적으로 컴파일되면, 브라우저의 **Run** 탭으로 이동할 수 있습니다.

4. **Deploy**를 클릭하여 컨트랙트를 Remix에 배포합니다.

5. **BasicContract**를 선택하고 **deposit**, **withdraw**, **getBalance** 버튼을 클릭하여 Remix에서 컨트랙트를 테스트합니다.

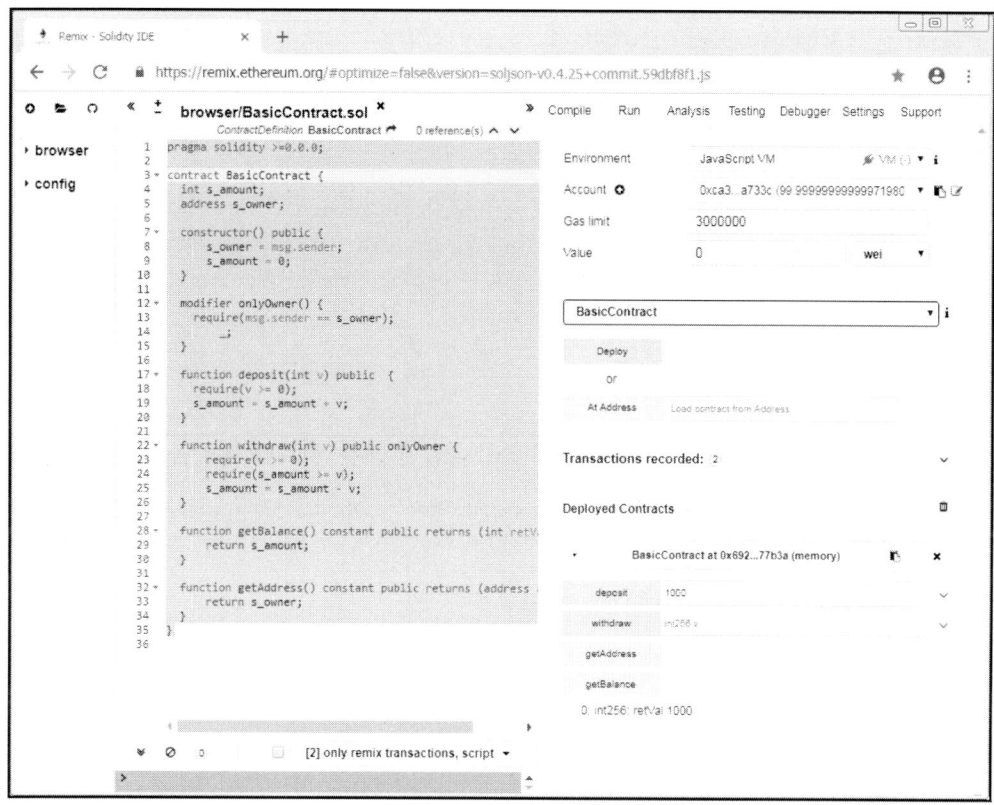

작동 원리

샘플 스마트 컨트랙트를 통해, Solidity 언어의 구조와 기능을 살펴보겠습니다. Ethereum 블록체인에서 스마트 컨트랙트를 작성할 때, Solidity는 일반적으로 사용되는 프로그래밍 언어입니다. Hyperledger Burrow 블록체인 네트워크에서 실행되는 스마트 컨트랙트도 Solidity로 작성할 수 있습니다.

pragma 버전 사용 및 다른 소스파일 임포트

Solidity 파일은 pragma 버전으로 시작하는데, 컨트랙트와 호환하는 컴파일러 버전이 주석으로 명시됩니다. 이 버전은 0.x.0 형식입니다. 버전은 특정 범위로 지정할 수 있으며, 조건을 만족하는 버전을 나타냅니다. 샘플 컨트랙트에서는 버전 0.0.0 이후의 컴파일러를 지정했습니다.

```
pragma solidity >=0.0.0;
```

pragma 버전을 명시한 다음에, Solidity 파일은 다른 소스파일에서 심볼을 임포트하는 방법을 정의할 수도 있습니다. 예를 들어, 다음과 같이 다른 소스파일에서 모든 글로벌 심볼global symbols을 임포트 할 수 있습니다.

```
import "filename";
```

마찬가지로, 다음 명령문을 사용하여 다른 소스파일의 모든 글로벌 심볼을 새 글로벌 심볼로 임포트 할 수 있습니다. 새 글로벌 심볼의 멤버는 파일의 모든 글로벌 심볼입니다.

```
import * as symbolname from "filename";
```

컨트랙트 사용

Solidity의 컨트랙트는 Java, C ++, Python 및 기타 객체 지향 언어의 클래스와 유사합니다. Solidity는 컨트랙트 지향적이며, 컨트랙트에는 상태 변수, 함수, 함수 수정자modifiers, 이벤트 등의 선언이 포함될 수 있습니다. 자세한 내용은 https://solidity.readthedocs.io/en/v0.4.21/structure-of-a-contract.html#structure-state-variables를 참조바랍니다. 컨트랙트는 다음과 같이 정의됩니다.

```
contract BasicContract {
......
}
```

- 컨트랙트의 **상태 변수**state variables는 컨트랙트 스토리지에 영구적으로 저장되고, 컨트랙트와 함께 블록체인에 저장됩니다. 상태 변수의 타입은 부울(bool), 숫자(int, uint, fixed), 문자열, 주소 또는 다른 타입일 수 있습니다.
  주소 타입은 컨트랙트 또는 계정의 Ethereum 주소를 나타냅니다. 주소는 20바이트 크기이며, 모든 컨트랙트는 명시적으로 주소로 변환될 수 있습니다. 주소는 잔액 조회(이더 단위인 wei[21]로 주소의 잔액 제공) 및 이체(해당 주소로 이더 이체)와 같은 기능을 가지고 있습니다.

샘플 컨트랙트에서 두 가지 상태 변수가 정의됩니다. 하나는 int 타입의 총 금액이고, 다른 하나는 컨트랙트를 작성하는 계정의 주소입니다.

```
int s_amount;
address s_owner;
```

- **컨트랙트**가 생성될 때 생성자constructor가 실행됩니다. 컨트랙트 또는 키워드 생성자와 동일한 이름으로 생성자가 선언될 수 있습니다. 생성자가 없는 경우, 컨트랙트는 빈empty 기본 생성자가 있다고 가정합니다. 생성자는 공개형public 또는 내부형internal일 수 있습니다. 샘플 컨트랙트에서 생성자는 다음과 같이 정의됩니다. 상태 변수를 초기화하고 컨트랙트를 생성한 계정의 주소를 할당합니다.

```
constructor() public {
    s_owner = msg.sender;
    s_amount = 0;
}
```

- 다음 구문을 사용하여 컨트랙트에서 함수를 선언할 수 있습니다.

```
function functionname(params) visibility modifier returns (return values)
```

함수는 다음과 같은 가시성visibilities을 가질 수 있습니다.
  - external: 외부 함수는 컨트랙트 인터페이스의 일부분으로, 다른 컨트랙트 및 트랜잭션을 통해 호출할 수 있습니다.
  - public: 공개 함수는 컨트랙트 인터페이스의 일부분이며, 컨트랙트 내부, 메시지 호출, 트랜잭션을 통해 호출될 수 있습니다.
  - internal: 내부 함수는 현재 컨트랙트 및 파생된derived 컨트랙트에서만 내부적으로 접근할 수 있습니다.

---

21 (역자) wei: Ethereum의 가장 작은 화폐 단위. 1이더 = 10^{18} wei

- `private`: 비공개 함수는 현재 컨트랙트에서만 볼 수 있습니다

`pure`, `constant`, `view`, and `payable`과 같은 수정자modifiers를 사용하여 함수를 선언할 수도 있습니다.

- `view/constant`: 함수는 상태를 읽을 수는 있지만 수정하지는 않습니다.
- `pure`: 함수는 상태를 읽거나 수정하지 않습니다.
- `payable`: 함수는 이더를 받을 수 있습니다

컨트랙트는 이름없는 함수인 폴백fallback 함수를 정의할 수 있습니다. 이 함수는 컨트랙트의 함수가 메시지 콜의 함수 ID와 일치하지 않을 때 실행됩니다.

다음 코드 블록은 샘플 컨트랙트에 정의된 함수가 포함되어 있습니다. `require` 함수는 컨트랙트의 보호 조건guard condition 또는 에러 핸들러입니다. `require` 함수를 호출할 때 조건이 충족되지 않으면, EVM은 트랜잭션을 중단하고 컨트랙트 상태를 롤백rollback합니다.

```
function withdraw(int v) public onlyOwner {
    require(v >= 0);
    require(s_amount >= v);
    s_amount = s_amount - v;
}
function getBalance() constant public returns (int retVal) {
    return s_amount;
}
```

- **함수 수정자**는 코드 블록을 재사용하기 위해 마크된marked 함수를 래핑하는 데코레이터decorator입니다. 수정자 정의에서 _는 마크된 함수의 플레이스홀더placeholder입니다.

샘플 컨트랙트에서, 컨트랙트를 생성하는 계정만 인출withdraw 함수를 호출할 수 있도록 함수 수정자를 정의합니다.

```
modifier onlyOwner() {
    require(msg.sender == s_owner);
    _;
}
```

Solidity는 다음과 같은 이벤트도 지원합니다.

- 다음과 같이 이벤트를 정의합니다. `event AmountWithdrawedd(int amount);`
- 다음과 같이 이벤트를 트리거합니다. `emit AmountWithdrawedd(amount);`

Solidity는 객체 지향 기능 전체를 제공하며, 인터페이스, enum, 구조체, 상속 등을 지원합니다. 본 섹션에서는 Solidity로 스마트 컨트랙트를 작성하는데 사용할 수 있는 몇 가지 기본 기능을 살펴보았습니다.

Burrow에서 Ethereum 스마트 컨트랙트 배포 및 호출

본 예제는 Burrow에서 샘플 컨트랙트를 배포하고 실행할 것입니다.

사전 준비

Solidity로 작성된 샘플 컨트랙트를 Burrow에 배포하려면, Solidity 컴파일러를 리눅스에 설치해야 합니다.

1. Solidity 컴파일러를 설치합니다.

```
sudo add-apt-repository ppa:ethereum/ethereum
sudo apt-get update
sudo apt-get install solc
```

2. Solidity 컴파일러인 `solc`가 설치되어 있는지 다음 명령으로 확인합니다.

```
ubuntu@ip-172-31-90-67:~/go/src/hello$ solc --version
solc, the solidity compiler commandline interface
Version: 0.4.25+commit.59dbf8f1.Linux.g++
```

수행 절차

스마트 컨트랙트를 배포하고 실행하려면 다음 단계를 따릅니다.

1. Solidity 컨트랙트에 대한 Burrow 배포 설정 파일을 정의합니다. BasicContract.sol 샘플 컨트랙트의 배포 파일은 basiccontractdeploy.yaml 파일입니다. 다음과 같이 작업job으로 배포deploy를 지정하고, Solidity 컨트랙트 파일을 명시합니다.

   ```
   jobs:
     - name: BasicContract
     deploy:
         contract: BasicContract.sol
   ```

2. Solidity 컨트랙트를 배포합니다. BasicContract.sol 컨트랙트 파일과 basiccontractdeploy.yaml 배포 파일을 모두 작성한 뒤, burrow deploy 명령을 사용하여 컨트랙트를 Burrow 검증자에 배포할 수 있습니다.

   ```
   burrow deploy --address=54EF1517D97E7A653D5FA5B05060A82A8856515D -f basiccontractdeploy.yaml
   ```

   출력은 다음과 같아야 합니다.

   ```
   ubuntu@ip-172-31-90-67:~/burrow/example/basic$ burrow deploy --address=54EF1517D97E7A653D5FA5B05060A82A8856515D -f basiccontractdeploy.yaml
   *****Executing Job***
   Job Name => defaultAddr
   *****Executing Job***
   Job Name => BasicContract
   Deploying Contract name => BasicContract
   addr => 5486CD7F1453396A1C9E4B24CC07AA507C4CD88A
   Saving Binary =>
   /home/ubuntu/burrow/example/basic/bin/BasicContract.bin
   Writing [basiccontractdeploy.output.json] to current directory
   ```

이전 출력에서 배포된 컨트랙트의 주소를 확인할 수 있습니다. 예제 컨트랙트의 주소는 5486CD7F1453396A1C9E4B24CC07AA507C4CD88A이며, 이 주소는 예제 컨트랙트를 호출할 때 사용됩니다.

3. 컨트랙트를 호출합니다. 샘플 컨트랙트의 deposit 함수를 호출하려면, 다음과 같이 Burrow 배포 설정 파일 basiccontractdeposit.yaml을 지정합니다.

```
jobs:
   - name: deposit
call:
   destination: 5486CD7F1453396A1C9E4B24CC07AA507C4CD88A
   function: deposit
   data:
      - 1000
```

4. Burrow CLI 명령을 실행합니다.

```
burrow deploy --address=54EF1517D97E7A653D5FA5B05060A82A8856515D -f basiccontractdeposit.yaml
```

5. 샘플 컨트랙트의 withdraw 함수를 호출하려면, 다음과 같이 Burrow 배포 설정 파일 basiccontractwithdraw.yaml을 지정합니다.

```
jobs:
   - name: withdraw
call:
   destination: 5486CD7F1453396A1C9E4B24CC07AA507C4CD88A
   function: withdraw
data:
   - 200
```

6. Burrow CLI 명령을 실행합니다.

```
burrow deploy --address=54EF1517D97E7A653D5FA5B05060A82A8856515D -f basiccontractwithdraw.yaml
```

7. 샘플 컨트랙트의 `getBalance` 함수를 호출하려면, 다음과 같이 Burrow 배포 설정 파일을 지정합니다.

```yaml
jobs:
   - name: getBalance
     query-contract:
        destination: 5486CD7F1453396A1C9E4B24CC07AA507C4CD88A
        function: getBalance
   - name: getAddress
     query-contract:
        destination: 5486CD7F1453396A1C9E4B24CC07AA507C4CD88A
        function: getAddress
```

8. Burrow CLI 명령을 실행합니다.

```
burrow deploy --address=54EF1517D97E7A653D5FA5B05060A82A8856515D -f basiccontractquery.yaml
```

실행 결과는 다음과 같습니다.

```
ubuntu@ip-172-31-90-67:~/burrow/example/basic$ burrow deploy
--address=54EF1517D97E7A653D5FA5B05060A82A8856515D -f
basiccontractquery.yaml
*****Executing Job***
Job Name => defaultAddr
*****Executing Job***
Job Name => getBalance
Return Value => 800
*****Executing Job***
Job Name => getAddress
Return Value => 54EF1517D97E7A653D5FA5B05060A82A8856515D
Writing [basiccontractquery.output.json] to current directory
```

작동 원리

Burrow 블록체인은 검증자 피어 노드로 구성됩니다. Burrow는 네트워크와 상호 작용하기 위한 CLI 명령을 제공합니다. burrow deploy CLI 명령은 스마트 컨트랙트를 배포하고, 배포된 컨트랙트 계정에서 트랜잭션을 트리거하는데 사용됩니다. 주요 옵션은 다음과 같습니다.

```
ubuntu@ip-172-31-90-67:~/burrow/example/basic$ burrow deploy --help
Usage: burrow deploy [OPTIONS]
Deploy and test contracts
Options:
  -u, --chain-url chain-url to be used in IP:PORT format (default
                        "127.0.0.1:10997")
  -s, --keys IP:PORT of Burrow GRPC service which jobs should or otherwise
     transaction submitted unsigned for mempool signing in Burrow
  -f, --file path to package file which jobs should use. if also using the
  --dir flag, give the relative path to jobs file, which should be in the
  same directory (default "deploy.yaml")
  -a, --address default address to use; operates the same way as the
  [account] job, only before the deploy file is ran
```

burrow deploy 명령으로 트랜잭션을 배포하고 트리거하려면, 검증자 주소와 RPC URL (기본값은 127.0.0.1:10997)이 필요합니다. 이 값들은 생성된 Burrow 검증자 설정 파일 burrow.toml에 다음과 같이 정의됩니다.

```
[[GenesisDoc.Validators]]
Address = "54EF1517D97E7A653D5FA5B05060A82A8856515D"
PublicKey =
"{\"CurveType\":\"ed25519\",\"PublicKey\":\"FF4E4B9D3FB3B4CC0F113661E2E298C
7DD7355A1207CA398496550BC162C04F3\"}"
Amount = 9999999999
Name = "Full_0"

[RPC]
[RPC.Info]
Enabled = true
ListenAddress = "tcp://127.0.0.1:26658"
[RPC.Profiler]
Enabled = false
ListenAddress = "tcp://127.0.0.1:6060"
```

```
[RPC.GRPC]
Enabled = true
ListenAddress = "127.0.0.1:10997"
```

컨트랙트를 배포하고 테스트하려면, 배포 설정 파일을 -f 옵션으로 제공해야 합니다. 이 파일에서 다음 항목을 제공하여 작업을 정의합니다.

- **이름**: 사람이 읽을 수 있는 작업 명
- **작업 타입**: deploy, call, query-contract. 본 예제에서는 컨트랙트를 배포하고(deploy), 트랜잭션을 호출하여 돈을 인출하고(call), 계정 잔액을 조회(query-contract)하는 세 가지 작업 타입을 사용했습니다.
- **대상**^{destination}: 컨트랙트 계정 주소
- **함수**: Solidity 컨트랙트의 함수 이름
- **데이터**: 함수 호출에 사용하는 파라미터

AWS에서 Docker로 Hyperledger Seth 설치

Seth는 Hyperledger Sawtooth 프로젝트와 별도로 패키지화 되었습니다. Seth는 Seth 환경을 구동할 수 있는 Docker 이미지를 제공합니다. 본 예제에서는 Ubuntu에 Docker를 설치하고 Seth Docker 이미지를 구동합니다.

수행 절차

1. Docker 설명서에 따라 **Docker Community Edition(CE)**을 설치합니다. 다음과 같이 apt 패키지 인덱스를 업데이트합니다.

   ```
   sudo apt-get update
   ```

2. HTTPS를 통해 apt가 저장소를 사용할 수 있도록, 필요한 패키지를 설치합니다.

```
sudo apt-get install \
    apt-transport-https \
    ca-certificates \
    curl \
    software-properties-common
```

3. Docker의 공식 GPG 키를 추가합니다.

```
curl -fsSL https://download.docker.com/linux/ubuntu/gpg | sudo aptkey add -
```

4. 안정적인stable 저장소를 설정합니다.

```
sudo add-apt-repository \
    "deb [arch=amd64] https://download.docker.com/linux/ubuntu \
    $(lsb_release -cs) \
    stable"
```

5. Docker CE를 설치합니다.

```
sudo apt-get update
sudo apt-get install docker-ce
```

6. `hello-world`를 실행하여 Docker CE가 올바르게 설치되었는지 확인합니다.

```
ubuntu@ip-172-31-90-67:~$ sudo docker run hello-world
Hello from Docker!
This message shows that your installation appears to be working correctly.
```

7. Docker Compose를 설치합니다. Docker Compose의 최신 버전을 다운로드합니다.

```
sudo curl -L
"https://github.com/docker/compose/releases/download/1.22.0/docker-compose-$(uname -s)-$(uname -m)" -o /usr/local/bin/docker-compose
```

8. docker-compose 실행 파일을 수정합니다.

   ```
   sudo chmod +x /usr/local/bin/docker-compose
   ```

9. Docker Compose 설치를 확인합니다.

   ```
   ubuntu@ip-172-31-90-67:~$ docker-compose --version
   docker-compose version 1.22.0, build f46880fe
   ```

10. Seth를 빌드하고 구동합니다. sawtooth-seth GitHub 저장소를 복제합니다.

    ```
    git clone https://github.com/hyperledger/sawtooth-seth.git
    cd sawtooth-seth
    Build and start up Seth containers:
    sudo docker-compose up --build
    ```

11. Seth Docker 설치를 확인합니다. Docker 컨테이너 상태를 다음과 같이 조회합니다.

    ```
    ubuntu@ip-172-31-90-67:~/sawtooth-seth$ sudo docker container ls --all
    CONTAINER ID    IMAGE                                       NAMES
    a8e364431895    sawtooth-seth-rpc:latest                    sethrpc
    c0f26cde1222    sawtooth-seth-cli-go:latest                 sethcli-go
    6ff3ce573f67    hyperledger/sawtooth-block-info-tp:1.0      blockinfo-tp
    c28309e8e5c7    sawtooth-seth-tp:latest                     sethtp
    7babc1b8684b    hyperledger/sawtooth-settings-tp:1.0        settings-tp
    9500edea282b    hyperledger/sawtooth-rest-api:1.0           restapi
    dd65b46253c5    sawtooth-seth-cli:latest                    sethcli
    6aba65d076ef    hyperledger/sawtooth-validator:1.0          sawtooth-validator
    ```

12. Docker 컨테이너를 검사하고 로그를 조회합니다. 이 경우, seth-tp 컨테이너를 검사합니다.

    ```
    ubuntu@ip-172-31-90-67:~/sawtooth-seth$ sudo docker exec -it sethcli-go bash
    ```

```
"LogPath":
"/var/lib/docker/containers/c28309e8e5c77dd9839cef91bf2fca00d9b64f9
dc2815ad85fd3ed18c86d32e7/c28309e8e5c77dd9839cef91bf2fca00d9b64f9dc 28
15ad85fd3ed18c86d32e7-json.log",
"Name": "/seth-tp",
```

작동 원리

Docker는 개발자를 위한 플랫폼으로, 컨테이너를 사용하여 어플리케이션을 개발, 배포, 실행할 수 있습니다. 경량 런타임 환경에서, 격리된isolated 컨테이너에 어플리케이션 및 해당 종속성을 번들로 묶을 수 있는 유연한 접근 방식을 제공합니다.

Docker Composer는 일련의 어플리케이션이나 서비스를 함께 쌓고stack, 시스템의 여러 컨테이너와 해당 서비스 링크를 관리하는데 사용되는 Docker 도구입니다. Docker Compose YAML 파일은 각 서비스와 호스트에 대한 매핑을 정의하는데 사용됩니다.

Seth 네트워크를 설치하는 가장 좋은 방법은, Seth GitHub 저장소에서 제공하는 Docker composer 파일을 사용하여 Seth Docker 컨테이너를 빌드하는 것입니다. Docker 파일은 https://github.com/hyperledger/sawtooth-seth/blob/master/docker-compose.yaml에서 찾을 수 있습니다. 이 파일은 Seth Docker 이미지를 빌드하고, 각 Seth 서비스를 위해 Seth Docker 컨테이너를 구동하는 데 사용됩니다.

Seth Docker 컨테이너를 빌드한 뒤, Seth 네트워크를 쉽게 설정하고 구동할 수 있습니다. 각 Seth 서비스와 라이브러리를 수동으로 설치하고 각 서비스를 구성하지 않아도 됩니다.

본 예제에서는 Docker와 Docker Composer를 설치하고, Seth 저장소를 다운로드하며, Seth Docker 컨테이너를 빌드하는 단계별 가이드를 제공했습니다. 이제 Seth 네트워크를 시작하고 작업할 준비가 되었습니다.

Seth에서 외부 소유 계정 생성 및 Solidity 컨트랙트 작성

Solidity 컨트랙트를 작성하고 문법 오류를 체크하는 가장 쉬운 방법은 Remix(https://github.com/ethereum/remix)로 작성하는 것입니다.

Burrow에서와 마찬가지로 유사한 스마트 컨트랙트를 구현할 것입니다. EOA 계정을 생성하고, Seth를 통해 Sawtooth 네트워크에서 입금, 인출, 계정을 쿼리하는 트랜잭션을 수행합니다.

수행 절차

1. Seth CLI를 사용하여 **외부 소유 계정(EOA)**을 생성합니다. `seth-cli-go` 컨테이너에서 쉘shell을 구동합니다.

   ```
   sudo docker exec -it seth-cli-go bash
   ```

2. 컨테이너 쉘에서 OpenSSL을 사용하여 패스워드로 암호화된 키 파일을 생성합니다.

   ```
   openssl ecparam -genkey -name secp256k1 | openssl ec -out kevin.pem -aes128
   ```

3. Ethereum 용으로 키 파일을 하나 더 생성합니다. OpenSSL을 사용하고 패스워드로 암호화하지 않습니다.

   ```
   openssl ecparam -genkey -name secp256k1 | openssl ec -out jsacct.pem
   ```

4. 키 파일을 Seth로 임포트import하고 키의 별칭alias을 생성합니다.

   ```
   seth account import kevin.pem kevin
   seth account import jsacct.pem jsacct
   ```

5. Sawtooth 네트워크에서 계정을 생성합니다.

```
seth account create --nonce=0 --wait kevin
seth account create --nonce=0 --wait jsacct
```

6. EOA 정보를 출력합니다.

```
root@c0f26cde1222:~# seth account list
Enter Password to unlock kevin:
jsacct: 3b50ebebf7d0de388f6ce229958fcd7c7dfd3a48
kevin: 1dd8fb9b9742d0c6de2c02614e738a72ac872452
root@c0f26cde1222:~# seth show account
1dd8fb9b9742d0c6de2c02614e738a72ac872452
Address: 1dd8fb9b9742d0c6de2c02614e738a72ac872452
Balance: 0
Code :
Nonce : 45
Perms : +root,+send,+call,+contract,+account
(No Storage Set)
```

7. Solidity 스마트 컨트랙트를 작성합니다. SethContract.sol이라는 간단한 컨트랙트를 작성합니다. 'Solidity로 스마트 컨트랙트 작성' 예제를 확인하여, Solidity의 기본 절차 및 기능에 대해 알아봅니다. 다음 SethContract.sol 코드를 Remix에 복사하여 붙여 넣으면 컨트랙트가 컴파일 됩니다.

```
pragma solidity >=0.0.0;
contract SethContract {
    int s_amount;
    address s_owner;
    constructor() public {
        s_owner = msg.sender;
        s_amount = 0;
    }
    function deposit(int v) public {
        require(v >= 0);
        s_amount = s_amount + v;
    }
    function withdraw(int v) public {
```

```
        require(v >= 0);
        require(s_amount >= v);
        s_amount = s_amount - v;
    }
    function reset(int v) public {
        require(v >= 0);
        s_amount = v;
    }
    function getBalance(int v) constant public returns (string retVal) {
        return int2str(s_amount);
    }
    function getAddress(int v) constant public returns (address a) {
        return s_owner;
    }
    function int2str(int i) internal pure returns (string) {
        if (i == 0) return "0";
        int j = i;
        uint length;
        while (j != 0){
            length++;
            j /= 10;
        }
        bytes memory bstr = new bytes(length);
        uint k = length - 1;
        while (i != 0){
            bstr[k--] = byte(48 + i % 10);
            i /= 10;
        }
        return string(bstr);
    }
}
```

8. seth-go-cli 컨테이너의 EOA 키 파일을 seth-rpc 컨테이너로 복사합니다.

```
sudo docker cp seth-cli-go:/root/.sawtooth/keys/jsacct.pem
jsacct.pem
sudo docker cp jsacct.pem seth-rpc:/root/.sawtooth/keys/jsacct.pem
```

작동 원리

Ethereum에는 EOA와 컨트랙트 계정이라는 두 가지 타입의 계정이 있습니다. 둘 다 주소가 있지만, 몇 가지 중요한 차이점이 있습니다.

- **EOA:**
  - 스마트 컨트랙트를 생성 또는 실행하기 위해 트랜잭션을 보낼 수 있음
  - 사용자가 개인키를 가지고 있음
  - 관련 코드 또는 데이터 저장소가 없음
- **컨트랙트 계정:**
  - 다른 컨트랙트를 호출하기 위해 메시지를 보낼 수는 있지만, 트랜잭션을 시작할 수는 없음
  - 개인키가 없음
  - 코드와 데이터 저장소가 있음

Ethereum 블록체인의 모든 작업은 EOA에서 트리거되는 트랜잭션으로 시작됩니다. EOA는 트랜잭션을 시작하여 EVM에서 스마트 컨트랙트 계정을 실행하고, 컨트랙트 데이터 저장소를 업데이트 할 수 있습니다.

트랜잭션과 컨트랙트 데이터 저장소는 블록체인 네트워크에 유지^{persist}됩니다.

Seth는 Ethereum과 동일한 방식으로 작동합니다. 먼저, Sawtooth 플랫폼에서 EOA를 생성합니다. 그 다음, 생성된 EOA 계정을 사용하여 Ethereum 컨트랙트를 배포하고 호출합니다.

Seth-RPC는 다른 컨테이너를 실행하고 있습니다. Seth-RPC가 마운트 볼륨$^{mount\ volume}$에서 EOA 계정 키 파일을 찾지 못할 수도 있습니다. 안전을 위해, EOA 계정 키 파일을 Seth-RPC 컨테이너에 복사했습니다. web3 라이브러리가 있는 기존 Ethereum 클라이언트는, 이 EOA 계정을 사용하여 Sawtooth의 스마트 컨트랙트와 통신할 수 있습니다.

Seth CLI와 RPC를 사용한 Ethereum 컨트랙트 배포 및 호출

본 예제는 Seth 클라이언트 CLI와 Seth-RPC를 사용하고, Sawtooth 플랫폼에서 Ethereum 스마트 컨트랙트를 컴파일, 배포, 호출합니다.

수행 절차

1. Solidity 컨트랙트를 컴파일합니다. Seth 클라이언트로 배포되는 컨트랙트는 16진수로 인코딩된 바이트 배열 형식을 가깝습니다. Solidity 컴파일러인 `solc`를 사용하여 바이트 코드를 생성할 수 있습니다. 컨트랙트를 16진수로 인코딩된 바이트 형식으로 변환하는 명령은 다음과 같습니다.

   ```
   ubuntu@ip-172-31-90-67:~/seth/example$ solc --bin SethContract.sol
   ======= SethContract.sol:SethContract =======
   Binary:
   608060405234801561001057600080fd5b5033600160006101000a81548173ffffff
   ffffffffffffffffffffffffffffffffffff021916908373ffffffffffffffffffff
   ffffffffffffffffffff1602179055506000808......
   ```

2. Seth CLI를 사용하여 Solidity 컨트랙트를 배포합니다. `seth-cli-go` 컨테이너에서 bash 쉘을 구동합니다.

   ```
   sudo docker exec -it seth-cli-go bash
   ```

3. 다음 명령으로 컨트랙트를 배포합니다.

   ```
   seth contract create --wait EOA-alias contract-byte-codes
   ```

4. 샘플 Solidity 컨트랙트를 배포한 결과는 다음과 같습니다.

   ```
   seth contract create --wait kevin
   "608060405234801561001057600080fd5b5033600160006101000a81548173ffff
   ```

```
ffffffffff
ffffffffffffffffffffffffffffffffff021916908373ffffffffffffffffffff
ffffffffffffffffffffff1602179"
Enter Password to unlock kevin:
Contract created
Transaction Receipt: {
    "TransactionID":
"883335adbdbf70b56435697a53b3757e74a65af0d47c9fb09c4ba1749eea263902
42bf51d0c804dd11445d7f6de908518c86d7a03e089a0ae4661d680435978a",
    "GasUsed": 74,
    "Address": "9127865198b6e7280295ea926f14f7fca5560aa9",
    "ReturnValue":
"6080604052600436106100d6576000357c01000000000000000000000000000000
0000000000000000000000000900463ffffffff1680633f2f......
```

5. 컨트랙트 계정의 세부 사항을 표시하려면 다음 코드를 사용합니다.

```
root@c0f26cde1222:/project/sawtooth-seth# seth show account
"9127865198b6e7280295ea926f14f7fca5560aa9"
Address: 9127865198b6e7280295ea926f14f7fca5560aa9
Balance: 0
Code : Nonce : 1
Perms : -root,+send,+call,+contract,+account
Storage:
0000000000000000000000000000000000000000000000000000000000000001 ->
0000000000000000000000009127865198b6e7280295ea926f14f7fca5560aa9
0000000000000000000000000000000000000000000000000000000000000000 ->
0000000000000000000000000000000000000000000000000000000000000000
```

6. 배포된 Solidity 컨트랙트를 Seth CLI로 호출합니다. Sawtooth 플랫폼에서 배포된 Solidity 컨트랙트를 호출하기 위해, Seth CLI는 16진 인코딩된 바이트를 입력받습니다. 샘플 컨트랙트를 위한 호출 입력 데이터를 생성하려면, 다음을 입력합니다.

```
node
> var abi = require('ethereumjs-abi')
> abi.simpleEncode("deposit(int)", "0x2").toString("hex")
f04991f00000000000000000000000000000000000000000000000000000000000000000
```

```
00002
abi.simpleEncode("withdraw(int)", "0x01").toString("hex")
7e62eab80000000000000000000000000000000000000000000000000000
00001
abi.simpleEncode("getBalance(int):(string)","0x0").toString("hex")
da0a75c80000000000000000000000000000000000000000000000000000
00000
```

7. 배포된 샘플 컨트랙트를 Seth CLI에서 호출하려면, 다음을 입력합니다.

```
seth contract call --wait EOA-alias contract-address inputgenerated-
as-ABI
```

8. 샘플 컨트랙트에서 deposit, withdraw, getBalance 함수를 호출하려면 다음을 입력합니다.

```
deposit 2:
seth contract call --wait kevin
"9127865198b6e7280295ea926f14f7fca5560aa9"
"f04991f000000000000000000000000000000000000000000000000000
000002"
withdraw 1:
seth contract call --wait kevin
"9127865198b6e7280295ea926f14f7fca5560aa9"
"7e62eab8000000000000000000000000000000000000000000000000000
000001"getbalance:
seth contract call --wait kevin
"9127865198b6e7280295ea926f14f7fca5560aa9"
da0a75c80000000000000000000000000000000000000000000000000000
00000"
```

9. 컨트랙트 계정의 세부 사항을 출력합니다.

```
root@c0f26cde1222:/project/sawtooth-seth# seth show account
"9127865198b6e7280295ea926f14f7fca5560aa9"
Address: 9127865198b6e7280295ea926f14f7fca5560aa9
Balance: 0
Code : Nonce : 1
```

```
Perms : -root,+send,+call,+contract,+account
Storage:
0000000000000000000000000000000000000000000000000000000001 ->
00000000000000000000000009127865198b6e7280295ea926f14f7fca5560aa9
0000000000000000000000000000000000000000000000000000000000 ->
0000000000000000000000000000000000000000000000000000000001
```

여기에서는 2를 입금하고 1을 인출합니다. amount 상태 변수에 새로 저장되는 값은 1입니다.

10. Seth-RPC로 Solidity 컨트랙트를 배포하고 호출합니다. Seth-RPC를 시작할 때, 다음과 같이 `docker-compose.yaml`에 -unlock 옵션을 사용하여 계정을 잠금 해제합니다.

```
container_name: seth-rpc
    volumes:
        - sawtooth:/root/.sawtooth
    depends_on:
        - validator
    ports:
        - 3030:3030
    command: |
    bash -c "
        seth-rpc --connect tcp://validator:4004 --bind 0.0.0.0:3030 --unlock jsacct
    "
```

Docker-Compose를 재시작합니다.

11. Seth-RPC로 컨트랙트를 배포하려면 다음을 입력합니다.

```
curl -d '{"jsonrpc": "2.0", "method": "eth_sendTransaction", "id": 2, "params": [{"from": "0x3b50ebebf7d0de388f6ce229958fcd7c7dfd3a48", "data": "0x60806040523480156100105760008 0fd5b5033600160006101000a81548173f......a997178a143f9b2be11fc2ec2f1f883f15d3d5f1340029"}]}' -H "Content-Type: application/json" localhost:3030
```

12. 출력은 다음과 같습니다.

    ```
    {"jsonrpc":"2.0","result":"0xe11a227197b6a6491e67a12979401bc5479743
    0616c92cb4989dd6d34fc17bf62f60e589dd6c6512be7dd6eb8e89e1e1c7ed17517
    0f9d941921c411abee64556","id":2}
    ```

13. EOA jsacct로 생성된 새 컨트랙트를 나열하려면, seth-cli-go 컨테이너에 다음을 입력합니다.

    ```
    root@c0f26cde1222:/project/sawtooth-seth# seth contract list jsacct
    Address of contracts by nonce for account with alias 'jsacct'
    4: db8d25c9a87196272b234dd080ba9270d41fa557
    ```

14. 컨트랙트 계정에 대한 세부 사항을 표시하려면 다음을 입력합니다.

    ```
    seth show account db8d25c9a87196272b234dd080ba9270d41fa557
    ```

15. 새로 배포된 컨트랙트를 Seth-RPC로 호출하고 2를 예치하려면 다음을 입력합니다.

    ```
    ubuntu@ip-172-31-90-67:~/sawtooth-seth$ curl -d '{"jsonrpc": "2.0",
    "method": "eth_sendTransaction", "id": 2, "params": [{"from":
    "0x3b50ebebf7d0de388f6ce229958fcd7c7dfd3a48", "data":
    "0xf04991f00000000000000000000000000000000000000000000000000000000
    00000002", "to": "0xdb8d25c9a87196272b234dd080ba9270d41fa557"}]}' -
    H "Content-Type: application/json" localhost:3030

    {"jsonrpc":"2.0","result":"0x37c1cd1df933ba1f37153a7f9f3a8fbbf7725a
    59df4694c15832cab3b4fc46dd02e43e886413161f32c8a58f7ab81bcd69b092f06
    e5b5f6f183c65dc7ea29910","id":2}
    ```

16. 컨트랙트 계정에 대한 정보를 표시하려면 다음을 입력합니다.

    ```
    seth show account db8d25c9a87196272b234dd080ba9270d41fa557
    ```

작동 원리

Seth는 Sawtooth 네트워크에서 Ethereum 컨트랙트를 운영하고 상호 작용하는 두 가지 방법 — Seth 클라이언트 CLI, Seth RPC — 을 제공합니다. 컨트랙트를 배포하려면 Solidity 컴파일러 `solc`를 사용하여 컨트랙트를 컴파일해야 합니다. Seth CLI와 RPC는 컨트랙트를 배포하고 호출하기 위해 16진수로 인코딩된 바이트 데이터를 입력받습니다.

Seth CLI는 계정과 컨트랙트를 운영하기 위해 다음 명령을 제공합니다.

```
seth [OPTIONS] account <create | import | list>
seth [OPTIONS] contract call [call-OPTIONS] [alias] [address] [data]
```

Sawtooth 플랫폼에서, 배포된 Solidity 컨트랙트를 Seth CLI로 호출하기 위해서는 16진 인코딩된 바이트를 생성해야 합니다. 이를 위해, 스마트 컨트랙트의 ABI[22]는 컨트랙트에서 실행할 기능과 함수 파라미터를 지정합니다. ethereumjs-abi 라이브러리(https://github.com/ethereumjs/ethereumjs-abi)를 사용하여, Seth CLI 클라이언트와 호환되는 입력 데이터를 인코딩할 수 있습니다. 라이브러리의 `abi.simpleEncode` 메소드는 다음과 같이 입력 데이터를 인코딩하는데 사용됩니다.

```
abi.simpleEncode("function(input argument type list):(return value type)",
"data")
```

컨트랙트 배포 및 호출과 같은 트랜잭션은 네트워크에 저장됩니다. 트랜잭션 요청은 이 트랜잭션에 대한 트랜잭션 ID도 반환합니다. 다음 명령을 사용하여 트랜잭션 세부 사항을 쿼리할 수 있습니다.

```
seth show receipt transaction-id
```

---

[22] (역자) ABI(Application Binary Interface): 컨트랙트의 함수를 호출하고 결과 데이터를 받기 위한 방식

Seth RPC는 Sawtooth 네트워크와 통신하는 Ethereum 클라이언트 어플리케이션을 개발하는데 사용됩니다. Seth RPC는 Ethereum JSON-RPC API를 기반으로 하며, 클라이언트 어플리케이션의 HTTP 요청을 수락하는 웹 서버입니다. 요청을 수락한 다음, 요청을 수행하기 위해 해당 요청을 Sawtooth 검증자 노드로 보냅니다.

Seth-RPC에 요청을 제출하려면, Seth-RPC가 시작될 때 트랜잭션의 EOA가 잠금해제 되어야 합니다. 본 예제에서는 Docker-Compose 파일의 Seth-RPC 시작 명령에 EOA 계정을 추가했습니다.

Seth RPC는 Ethereum JSON-RPC API에 정의된 대부분의 기능을 지원합니다. 가장 널리 사용되는 API는 컨트랙트 또는 메시지 호출 트랜잭션을 작성하는데 사용되는 `eth_sendTransaction`입니다.

이 API의 주요 파라미터는 다음과 같습니다.

- `from`: 트랜잭션이 발송된 주소
- `to`: 트랜잭션이 전달되는 주소
- `data`: 컨트랙트의 컴파일된 코드, 또는 호출된 메소드 서명 및 인코딩 된 파라미터의 해시값. 자세한 내용은 Ethereum Contract ABI를 참조 바랍니다.
- `Returns`: 트랜잭션의 해시값

Seth의 Ethereum EOA와 컨트랙트 계정 권한 허용

본 예제에서는 Seth의 EOA와 컨트랙트 계정에 권한을 부여하는 방법^{provisioning}을 살펴봅니다.

수행 절차

1. Docker-Compose로 Seth Docker 이미지를 구동합니다.

```
sudo docker-compose up
```

2. `seth-cli-go` 컨테이너에서 bash 쉘을 실행합니다.

```
sudo docker exec -it seth-cli-go bash
```

3. 컨트랙트 계정 권한을 확인합니다.

```
seth show account "da9fae99224516db78935d7cb91724e851c5b3fa"
Address: da9fae99224516db78935d7cb91724e851c5b3fa
Balance: 0
Nonce : 1
Perms : -root,+send,+call,-contract,-account
Storage:
0000000000000000000000000000000000000000000000000000000000000001 ->
000000000000000000000000da9fae99224516db78935d7cb91724e851c5b3fa
0000000000000000000000000000000000000000000000000000000000000000 ->
0000000000000000000000000000000000000000000000000000000000000002
```

4. 이 컨트랙트 계정에 대한 권한은 다음과 같습니다.

```
Perms : -root,+send,+call,-contract,-account
```

5. EOA 계정 권한을 확인합니다.

```
root@c0f26cde1222:/project/sawtooth-seth# seth show account
1dd8fb9b9742d0c6de2c02614e738a72ac872452
Address: 1dd8fb9b9742d0c6de2c02614e738a72ac872452
Balance: 0
Code :
Nonce : 51
Perms : +root,+send,+call,+contract,+account
(No Storage Set)
```

6. EOA나 컨트랙트 계정에 대한 권한을 설정하려면 다음을 입력합니다.

```
seth permissions set alias --wait --address address --
```

```
permissions="-root,+send,+call,+contract,+account"
```

7. 별칭alias은 루트 권한이 있는 계정의 별칭입니다. 주소는 EOA 계정 주소 또는 컨트랙트 주소입니다. 본 예제에서 배포된 컨트랙트 계정으로부터, 다음과 같이 전송 및 호출 권한을 취소revoke할 수 있습니다.

```
root@c0f26cde1222:/project/sawtooth-seth# seth permissions set
kevin --wait --address "da9fae99224516db78935d7cb91724e851c5b3fa" -
-permissions="-root,-send,-call,-contract,-account"
Enter Password to unlock kevin:
Permissions changed of da9fae99224516db78935d7cb91724e851c5b3fa
root@c0f26cde1222:/project/sawtooth-seth# seth show account
"da9fae99224516db78935d7cb91724e851c5b3fa"
Address: da9fae99224516db78935d7cb91724e851c5b3fa
Balance: 0
Perms : -root,-send,-call,-contract,-account
Storage:
0000000000000000000000000000000000000000000000000000000000000001 ->
000000000000000000000000da9fae99224516db78935d7cb91724e851c5b3fa
0000000000000000000000000000000000000000000000000000000000000000 ->
0000000000000000000000000000000000000000000000000000000000000002
```

8. 전체 기본 주소global default address 권한을 표시하려면 다음을 입력합니다.

```
root@c0f26cde1222:/project/sawtooth-seth# seth show account
"0000000000000000000000000000000000000000"
Address: 0000000000000000000000000000000000000000
Balance: 0
Code :
Nonce : 1
Perms : +root,+send,+call,+contract,+account
(No Storage Set)
```

9. 전체 기본 주소에 대한 권한을 설정하려면 다음을 입력합니다.

```
root@c0f26cde1222:/project/sawtooth-seth# seth permissions set
kevin --wait --address global --permissions="-
```

```
all,+send,+contract,+call,-account"
Enter Password to unlock kevin:
Permissions changed of 0000000000000000000000000000000000000000
```

작동 원리

Seth는 EOA 계정 및 컨트랙트 계정에 대해 미리 정의된 권한 세트를 지원합니다.

- root: 다른 계정에 대한 권한 변경
- call: 배포된 컨트랙트 실행
- contract: EOA 계정에서 새 컨트랙트 배포
- account: 새로운 EOA 계정 생성
- all: 모든 권한

`seth permission` CLI를 사용하여, EOA 또는 컨트랙트 계정에서 권한을 부여하거나 거부할 수 있습니다. 개별 계정에 대해, + 접두사는 권한이 부여되었음을 나타내고, - 접두사는 권한이 거부되었음을 나타냅니다.

새 계정이 생성되면, 다음과 같이 권한이 상속inherited됩니다.

- 새로운 EOA의 경우, 해당 권한은 전역 기본 제로 주소global default zero address에서 상속됩니다.
- 새 컨트랙트 계정의 경우, 해당 권한은 컨트랙트를 배포한 EOA 계정에서 상속됩니다.

Seth가 초기에 설정되면, 기본적으로 모든 권한이 새 계정에 부여됩니다. 여기에는 root, account, contract, call 권한이 포함됩니다. 여러 개의 최고 외부 계정super external accounts이 설정된 뒤, 새 배포에서는 새 계정과 컨트랙트 권한을 제한하기 위해 전역 기본 제로 주소의 권한을 불러와야 합니다.

CHAPTER 7

Hyperledger Iroha 구동

Hyperledger Iroha는 **리눅스 재단**이 호스팅하는 범용 퍼미션 블록체인 시스템입니다. Soramitsu, Hitachi, NTT DATA, Colu가 이 프로젝트에 기여했습니다. Hyperledger Iroha는 C++로 작성되었으며, **Yet Another Consensus(YAC)**라는 BFT[23] 합의 알고리즘을 사용합니다. Hyperledger Iroha는 간단한 배포와 빠른 개발이 장점입니다. 디지털 자산, 신원, 은행 간 결제 등을 관리하는 어플리케이션에서 사용할 수 있습니다.

Hyperledger Iroha는 다음과 같은 주요 기능을 제공합니다.

- 피어 노드를 사용한 간단한 배포
- 역할 기반의 권한 모델role-based permission model을 사용하여 도메인의 계정 및 자산 관리
- 기본 명령 및 쿼리를 사용한 빠른 개발
- 일반 자산 및 계정 관리용 스마트 컨트랙트를 기본으로 제공함
- 네트워크와 상호 작용하는 쉽고 간단한 Iroha CLI
- Iroha Torii를 통한 Java, Python, C++용 클라이언트 라이브러리 세트

---

[23] (역자) BFT: Byzantine Fault-tolerance

Iroha 네트워크와 각 컴포넌트는 다음 다이어그램과 같이 구성됩니다.

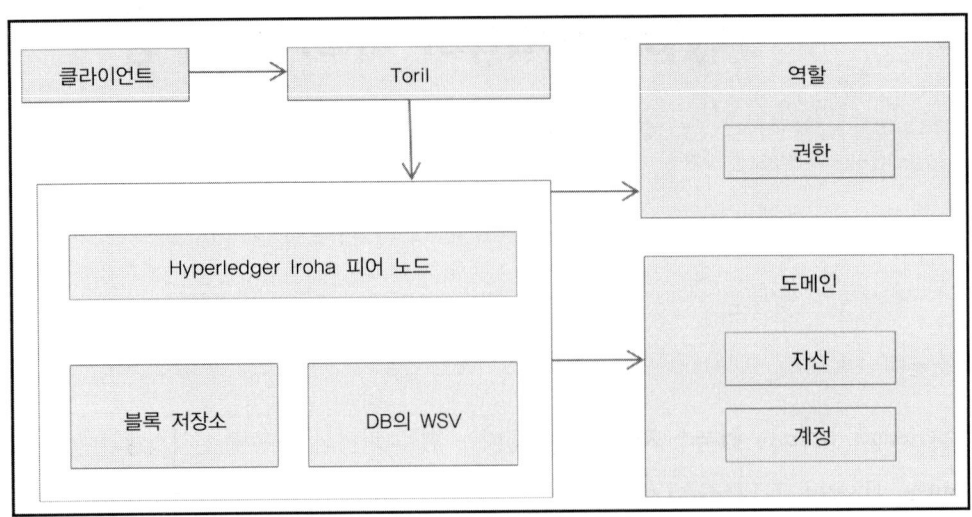

Iroha 네트워크는 피어 노드로 구성되며, **가십**gossip **프로토콜**로 서로 통신합니다. Iroha는 지정된 블록 저장소에 블록을 저장하고, 시스템의 현재 상태인 **WSV**World State View를 PostgreSQL 데이터베이스에 저장합니다.

Iroha의 기능 중 하나는 권한 관리 및 계정 생성을 제공하는 것으로, 각 계정에는 권한에 대한 역할이 할당됩니다. 역할 기반의 권한 모델은 유연하기 때문에, 시스템의 계정에 허용된 작업 및 리소스를 충분히 관리할 수 있습니다.

Iroha는 미리 구축된 명령 및 쿼리 세트를 제공하여 일반적인 자산 및 계정 작업을 수행합니다. 조직의 다양한 어플리케이션을 위해, 기본 명령을 사용하여 자산과 계정을 도메인에 정의할 수 있습니다.

또한 **gRPC** 기반 Torii를 통해 네트워크와 통신하기 위하여 Iroha는 Python, Java, C++ 등 여러 언어를 위한 클라이언트 라이브러리 세트를 배포합니다. Torii는 클라이언트가 Iroha 네트워크와 상호 작용하기 위한 진입점entry point으로, gRPC를 사용하여 C++로 구현되었습니다. gRPC는 Google이 개발한 원격 프로시저 호출 프레임워크입니다. gRPC 클라이언트 어플리케이션에서, 로컬 객체를 호출하는 것과 같은 방식으로 원격 서버의 메소드를 호출할 수 있습니다. gRPC는 **protobuf**를 사용하여 **IDL**Interface Definition Language과 메시지 교환 형식을 정의합니다.

gRPC 어플리케이션을 개발하기 위해, 먼저 protobuf 파일에 서비스 및 관련 메소드를 정의합니다. 둘째, protobuf 파일을 gRPC 도구로 컴파일하여, 다른 언어를 위한 서버 스켈레톤 코드 및 클라이언트 스텁stub 코드를 생성합니다. 생성된 서버 스켈레톤 코드를 기반으로, 서버 측의 실제 비즈니스 로직을 구현합니다. Iroha의 경우, gRPC 서버는 Torii입니다. 클라이언트 어플리케이션은 생성된 스텁 파일을 사용하여 gRPC 서버의 메소드를 쉽게 호출할 수 있습니다. 이 때 TCP와 같은 통신 채널을 사용합니다.

이 장에서는 **Hyperledger Iroha**을 활용하는 몇 가지 예제를 다룹니다.

- AWS에 Hyperledger Iroha 설치하기
- Hyperledger Iroha 설정하기
- CLI로 Hyperledger Iroha와 상호 작용하여 암호화폐 생성하기
- 클라이언트 라이브러리로 Hyperledger Iroha와 상호 작용하기

AWS에 Hyperledger Iroha 설치하기

본 장의 예제를 설치하고 실행하려면, 다음 소프트웨어가 준비된 AWS의 EC2 인스턴스가 필요합니다.

- Ubuntu 16.04.5 LTS
- 6장의 Docker 설치 안내서를 참조하여 Docker CE를 설치합니다.
- 6장의 Git 설치 안내서를 참조하여 버전 컨트롤 Git을 설치합니다.

수행 절차

다음 단계를 실행하여 AWS에 Hyperledger Iroha를 설치합니다.

1. Hyperledger Iroha Docker 네트워크를 생성합니다.

```
ubuntu@ip-172-31-90-67:~/iroha$ sudo docker network create iroha-
network
7b3be1160967f0021b99cd4e89d05f362590254edde311c391030ccd9c635a5d
```

2. Iroha 상태 데이터베이스인 PostgreSQL을 시작하려면, 다음 명령을 입력하여 PostgreSQL Docker 컨테이너를 구동합니다.

```
ubuntu@ip-172-31-90-67:~/iroha$ sudo docker run --name postgresDB \
> -e POSTGRES_USER=postgres \
> -e POSTGRES_PASSWORD=mysecretpassword \
> -p 5432:5432 \
> --network=iroha-network \
> -d postgres:9.5
Unable to find image 'postgres:9.5' locally
5: Pulling from library/postgres
c1f213be5edb: Pull complete
Digest:
sha256:f4603c7b8aaf418393edb8cd5e2d1abd91d686ab571302dc83f887ea4a
56286b
Status: Downloaded newer image for postgres:9.5
5fe47dbc49027617ad6c6e5c6ba57092bfbb485f3aba6dacc70e2a5183b1d9ba
```

3. `blockstore`를 생성합니다.

```
ubuntu@ip-172-31-90-67:~/iroha$ sudo docker volume create
blockstore
blockstore
```

4. 네트워크를 설정합니다. 본 예제에서는 Iroha 예제의 설정 파일, 제네시스 블록, 키 쌍을 사용합니다. 실제 비즈니스 사용을 위해 Iroha 네트워크를 구성하려면, 조직을 위해 다음을 생성해야 합니다.

```
ubuntu@ip-172-31-90-67:~/iroha$git clone
https://github.com/hyperledger/iroha
Cloning into 'iroha'...
remote: Enumerating objects: 1575, done.
remote: Counting objects: 100% (1575/1575), done.
```

```
remote: Compressing objects: 100% (1336/1336), done.
remote: Total 1575 (delta 460), reused 596 (delta 182), pack-reused 0
Receiving objects: 100% (1575/1575), 3.58 MiB | 0 bytes/s, done.
Resolving deltas: 100% (460/460), done.
Checking connectivity... done.
```

5. Iroha Docker 컨테이너를 구동합니다.

```
ubuntu@ip-172-31-90-67:~/iroha$ sudo docker run -it --name iroha -p
50051:50051 -v $(pwd)/iroha/example:/opt/iroha_data -v
blockstore:/tmp/block_store --network=iroha-network --
entrypoint=/bin/bash hyperledger/iroha:develop
Unable to find image 'hyperledger/iroha:develop' locally
develop: Pulling from hyperledger/iroha
Digest:
sha256:106030d779109a21412ec2bb58cacb6459653074e813d1c027691f9f3b
8ac85a
Status: Downloaded newer image for hyperledger/iroha:develop
```

6. Iroha 데몬daemon을 시작합니다.

```
root@8a0356adcbe3:/opt/iroha_data# irohad --config config.docker --
genesis_block genesis.block --keypair_name node0
[2018-11-03 17:38:04.844225244][th:20][info] MAIN start
[2018-11-03 17:38:04.844847536][th:20][info] MAIN config
initialized
```

🔎 작동 원리

Iroha는 소스코드에서 빌드할 수 있지만, Docker 이미지를 사용하여 Iroha 네트워크를 설치하는 것이 더 쉽고 빠릅니다. 블록체인과 연동하는 Iroha 테스트 환경을 설정하기 위해, 본 예제에서는 Docker로 Iroha를 설치하고 예제 설정, 키 쌍 등을 사용합니다.

이전 단계에서는, Iroha 노드와 데이터베이스 간의 간편한 네트워크 통신을 위해 가상 Docker 네트워크를 만들었습니다. 그런 다음 블록을 유지하기 위해 블록 저장소를 만들

없고, 테스트를 위해 단일 Iroha 피어 네트워크를 구동했습니다.

Hyperledger Iroha 설정하기

이 예제에서는 Iroha 피어 노드를 구성하는 법과 Iroha 네트워크의 도메인, 역할, 권한, 계정을 정의하는 방법을 배우겠습니다.

사전 준비

Iroha 네트워크를 설정하기 전에 'AWS에 Hyperledger Iroha 설치하기' 예제에 설치된 Iroha 네트워크를 다시 구동합니다. 그리고 Iroha Docker 컨테이너에 텍스트 편집기를 설치하여, 본 예제의 Iroha 설정 파일을 편집합니다.

1. 다음 명령을 사용하여 이전 예제에 설치된 Iroha Docker 컨테이너를 다시 구동합니다.

    ```
    ubuntu@ip-172-31-90-67:~/iroha/iroha$ sudo docker start postgresDB
    postgresDB
    ubuntu@ip-172-31-90-67:~/iroha/iroha$ sudo docker start iroha
    iroha
    ubuntu@ip-172-31-90-67:~/iroha/iroha$ sudo docker exec -it iroha /bin/bash
    root@8a0356adcbe3:/opt/iroha_data# irohad --config config.docker --keypair_name node0
    [2018-11-10 02:04:43.703153002][th:19][info] MAIN start
    [2018-11-10 02:04:43.705004415][th:19][info] MAIN config initialized
    [2018-11-10 02:04:43.706783634][th:19][info] IROHAD created
    ```

2. Iroha 컨테이너에서 nano 텍스트 편집기를 설치합니다.

    ```
    root@b551830ade0e:/opt/iroha_data# apt-get update
    Get:1 http://security.ubuntu.com/ubuntu xenial-security InRelease [107 kB]
    ```

```
root@b551830ade0e:/opt/iroha_data# apt-get install nano
Reading package lists... Done
```

💡 수행 절차

다음 단계에 따라 Iroha를 구성합니다.

1. bash Iroha 컨테이너로 이동합니다.

   ```
   sudo docker exec -it iroha /bin/bash
   ```

2. config.docker 설정 파일에서 Iroha 네트워크 파라미터를 지정합니다.

   ```
   {
       "block_store_path" : "/tmp/block_store/",
       "torii_port" : 50051,
       "internal_port" : 10001,
       "pg_opt" : "host=postgresDB port=5432 user=postgres
                               password=mysecretpassword",
       "max_proposal_size" : 10,
       "proposal_delay" : 5000,
       "vote_delay" : 5000,
       "mst_enable" : false
   }
   ```

3. genesis.block 파일에서 제네시스 설정을 지정합니다. 네트워크가 생성될 때 피어 노드를 먼저 추가하면 됩니다.

   ```
   "addPeer": {
       "peer": {
           "address":"0.0.0.0:10001",
           "peerKey":"vd1YQE0TFeDrJ5AsXXyOsGAsFiOPAFdz30BrwZEwiSk="
       }
   }
   ```

4. admin 역할을 추가합니다.

```
"createRole": {
        "roleName":"admin",
        "permissions":[
            "can_add_peer",
            "can_add_signatory",
            "can_create_account",
            "can_create_domain",
            "can_get_all_acc_ast",
            "can_get_all_acc_ast_txs",
            "can_get_all_acc_detail",
            "can_get_all_acc_txs",
            "can_get_all_accounts",
            "can_get_all_signatories",
            "can_get_all_txs",
            "can_get_blocks",
            "can_get_roles",
            "can_read_assets",
            "can_remove_signatory",
            "can_set_quorum"
        ]
}
```

5. 도메인을 추가합니다.

```
"createDomain": {
        "domainId":"ico",
        "defaultRole":"user"
}
```

6. admin 계정을 추가하고, 계정에 admin 역할을 할당합니다.

```
"createAccount": {
        "accountName":"admin",
        "domainId":"ico", "publicKey":
        "MToH5jhHdu2VRHcQ0V5ZFIRzzPwFKmgTF6cqafKkmRA="
        }
},
"appendRole": {
        "accountId":"admin@ico",
```

```
                    "roleName":"admin"
}
```

작동 원리

Iroha 데몬 명령(irohad)은 Iroha 피어 노드를 구동하는데 사용됩니다. 이를 위해 다음 파라미터가 설정됩니다.

- config: 블록 저장소 경로, 클라이언트 포트, 피어 포트, 데이터베이스 등을 설정하는 파일
- keypair_name: 피어가 사용하는 공개키/개인키 파일 이름
- genesis_block: 헷저hedger를 구동하기 위한 네트워크 및 도메인, 역할, 계정 등의 초기 블록. 기존 Iroha 네트워크를 다시 시작하는 경우, 이 파라미터는 무시됩니다.

Iroha 데몬 설정 파일에서 파라미터는 다음과 같습니다.

block_store_path	블록을 저장하는 경로
torii_port	클라이언트 포트 (기본은 50051)
internal_port	피어 간 통신 포트 (기본은 10001)
pg_opt	PostgresSQL 데이터베이스 연결
max_proposal_size	블록 프로포절proposal의 최대 크기
proposal_delay	프로포절을 구동하는 기간 (단위는 ms)
vote_delay	합의를 위한 투표를 다른 피어 노드에게 전송하기 전에 기다리는 기간 (단위는 ms)
mst_enable	다중 서명multi-signatures 트랜잭션의 활성화/비활성화

genesis_block 파일에서 피어, 도메인, 역할, 권한, 계정 등을 지정할 수 있습니다. Hyperledger Iroha는 역할 기반의 권한 제어를 제공합니다. 네트워크를 구동할 때, genesis_block 파일에서 역할과 계정을 설정할 수 있습니다. 헷저가 구동할 때 내장built-in 명령을 사용하여 이 정보들을 업데이트할 수도 있습니다.

다음은 Iroha 시스템의 여러 카테고리를 위한 주요 권한 목록입니다.

- 계정에 대한 권한:

can_create_account	can_get_all_acc_detail	can_get_domain_acc_ast
can_set_detail	can_get_domain_accounts	can_get_all_acc_ast_txs
can_get_all_accounts	can_get_all_acc_ast	can_get_domain_acc_ast_txs

- 역할에 대한 권한:

can_create_role	https://iroha.readthedocs.io/en/latest/maintenance/permissions.html#can-create-role
can_append_role	https://iroha.readthedocs.io/en/latest/maintenance/permissions.html#can-append-role
can_get_roles	https://iroha.readthedocs.io/en/latest/maintenance/permissions.html#can-get-roles

- 자산에 대한 권한:

can_create_asset	https://iroha.readthedocs.io/en/latest/maintenance/permissions.html#can-create-asset
can_receive	https://iroha.readthedocs.io/en/latest/maintenance/permissions.html#can-receive
can_transfer	https://iroha.readthedocs.io/en/latest/maintenance/permissions.html#can-transfer

- 부여 가능한 권한:

can_set_my_account_detail	https://iroha.readthedocs.io/en/latest/maintenance/permissions.html#can-set-my-account-detail
can_transfer_my_assets	https://iroha.readthedocs.io/en/latest/maintenance/permissions.html#can-transfer-my-assets
can_get_my_acc_detail	https://iroha.readthedocs.io/en/latest/maintenance/permissions.html#can-get-my-acc-detail

Admin 계정은 다른 계정의 역할 및 권한을 업데이트 할 수 있습니다. 그리고 개인$^{in\text{-}dividual}$ 계정은 다른 계정이 자신의 자산, 거래 등에 접근할 수 있는 권한을 업데이트 할 수 있습니다.

CLI로 Hyperledger Iroha와 상호 작용하여 암호화폐 생성하기

Iroha CLI는 인터랙티브하고 유연하며, 공통의 기본 기능을 제공합니다. 이를 통해 네트워크 피어, 도메인, 계정, 자산을 관리하고, Iroha 네트워크를 활용한 트랜잭션 및 쿼리를 수행합니다.

본 예제에서는 Iroha CLI를 사용하여 다음 트랜잭션을 수행합니다. 이를 통해 Iroha가 기본 제공하는 자산, 계정 관리 솔루션, 기타 기능을 시연할 수 있습니다.

- hotcoin 자산 생성
- 관리자 계정에 hotcoin 추가
- 계정 간 hotcoin 이체
- hotcoin 계정 잔액 조회

사전 준비

다음 절차를 순서대로 실행합니다.

1. bash Iroha 컨테이너로 이동합니다.

   ```
   sudo docker exec -it iroha /bin/bash
   ```

2. genesis.block 설정 파일에서 nano를 사용하여 test 도메인 ID를 ico로 업데이트합니다. 샘플 키 파일의 이름을 ico로 변경합니다. 작업을 간단히 하기 위하여 Iroha 예제의 키 파일을 재사용합니다. 하지만 실제 환경에서 계정 및

피어의 모든 키 파일은 다음과 같이 생성되어야 합니다.

```
root@b551830ade0e:/opt/iroha_data# mv admin@test.priv admin@ico.priv
root@b551830ade0e:/opt/iroha_data# mv admin@test.pub admin@ico.pub
root@b551830ade0e:/opt/iroha_data# mv test@test.priv user@ico.priv
root@b551830ade0e:/opt/iroha_data# mv test@test.pub user@ico.pub
```

3. 다음 명령을 사용하여 Iroha 데몬 노드를 구동합니다.

```
irohad --config config.docker --genesis_block genesis.block --keypair_name node0
```

수행 절차

CLI를 사용하여 암호 화폐를 작성하려면 다음 단계를 실행합니다.

1. Iroha CLI를 실행합니다.

```
iroha-cli -account_name admin@ico
```

Iroha CLI 메뉴에서 사용할 수 있는 옵션은 다음과 같습니다.

```
root@b551830ade0e:/opt/iroha_data# iroha-cli -account_name admin@ico
Welcome to Iroha-Cli.
Choose what to do:
1. New transaction (tx)
2. New query (qry)
3. New transaction status request (st)
> :
```

2. '1. New transaction (tx)'을 선택하여 트랜잭션을 수행합니다. Iroha CLI 에서 사용 가능한 트랜잭션 명령은 다음과 같습니다.

```
Forming a new transactions, choose command to add:
1. Detach role from account (detach)
2. Add new role to account (apnd_role)
3. Create new role (crt_role)
4. Set account key/value detail (set_acc_kv)
5. Transfer Assets (tran_ast)
6. Grant permission over your account (grant_perm)
7. Subtract Assets Quantity (sub_ast_qty)
8. Set Account Quorum (set_qrm)
9. Remove Signatory (rem_sign)
10. Create Domain (crt_dmn)
11. Revoke permission from account (revoke_perm)
12. Create Account (crt_acc)
13. Add Signatory to Account (add_sign)
14. Create Asset (crt_ast)
15. Add Peer to Iroha Network (add_peer)
16. Add Asset Quantity (add_ast_qty)
0. Back (b)
```

3. 14번을 선택합니다. Iroha CLI를 사용하여 ico 도메인에서 hotcoin 자산을 생성합니다.

```
> : 14
Asset name: hotcoin
Domain Id: ico
Asset precision: 2
Command is formed. Choose what to do:
1. Add one more command to the transaction (add)
2. Send to Iroha peer (send)
3. Go back and start a new transaction (b)
4. Save as json file (save)
> : 2
```

4. 16번을 선택하여 hotcoin 자산을 admin 계정에 추가합니다.

```
> : 16
Asset Id: hotcoin#ico
Amount to add, e.g 123.456: 100
Command is formed. Choose what to do:
1. Add one more command to the transaction (add)
2. Send to Iroha peer (send)
3. Go back and start a new transaction (b)
4. Save as json file (save)
> : 2
Peer address (0.0.0.0):
Peer port (50051):
[2018-11-16 18:25:06.198633382][th:267][info] TransactionResponseHandler Trans
Congratulation, your transaction was accepted for processing.
Its hash is b68c625a85bd5f02ecd7a7192562ef8fc9e46f59965daa5f258f779973488ab8
```

5. 쿼리를 수행하여 admin 계정의 코인 잔액을 확인합니다. '2. New query (qry)'와 '8. Get Account's Assets(get_acc_ast)'을 차례로 선택하면 됩니다. Iroha CLI에서 사용 가능한 쿼리는 다음과 같습니다.

```
Choose what to do:
1. New transaction (tx)
2. New query (qry)
3. New transaction status request (st)
> : 2
Choose query:
1. Get all permissions related to role (get_role_perm)
2. Get Transactions by transactions' hashes (get_tx)
3. Get information about asset (get_ast_info)
4. Get Account's Transactions (get_acc_tx)
5. Get Account's Asset Transactions (get_acc_ast_tx)
6. Get all current roles in the system (get_roles)
7. Get Account's Signatories (get_acc_sign)
8. Get Account's Assets (get_acc_ast)
9. Get Account Information (get_acc)
0. Back (b)
> : 8
Requested account Id: admin@ico
Requested asset Id: hotcoin#ico
Query is formed. Choose what to do:
1. Send to Iroha peer (send)
2. Save as json file (save)
0. Back (b)
> : 1
Peer address (0.0.0.0):
Peer port (50051):
[2018-11-16 18:30:42.276903040][th:267][info] QueryResponseHandler [Account Assets]
[2018-11-16 18:30:42.277411973][th:267][info] QueryResponseHandler -Account Id:- admin@ico
[2018-11-16 18:30:42.277569686][th:267][info] QueryResponseHandler -Asset Id- hotcoin#ico
[2018-11-16 18:30:42.277580860][th:267][info] QueryResponseHandler -Balance- 100
```

6. 5번을 선택합니다. hotcoin 자산을 admin 계정에서 user 계정으로 이체하는 트랜잭션을 수행합니다.

```
> : 5
SrcAccount Id: admin@ico
DestAccount Id: user@ico
Asset Id: hotcoin#ico
Amount to transfer, e.g 123.456: 40
Command is formed. Choose what to do:
1. Add one more command to the transaction (add)
2. Send to Iroha peer (send)
3. Go back and start a new transaction (b)
4. Save as json file (save)
> : 2
Peer address (0.0.0.0):
Peer port (50051):
[2018-11-16 18:49:10.742907608][th:300][info] TransactionResponseHandler Trans
Congratulation, your transaction was accepted for processing.
Its hash is a9f7381344a0c06093288d7cfb3b1f311cfe13b455a231505f14a46ad51495e3
```

7. 쿼리를 수행하여 admin 계정과 user의 잔액을 확인합니다. admin 계정의 잔액은 이제 60입니다.

```
> : 8
Requested account Id (admin@ico):
Requested asset Id (hotcoin#ico):
Query is formed. Choose what to do:
1. Send to Iroha peer (send)
2. Save as json file (save)
0. Back (b)
> : 1
Peer address (0.0.0.0):
Peer port (50051):
[2018-11-16 18:50:46.584175354][th:300][info] QueryResponseHandler [Account Assets]
[2018-11-16 18:50:46.584618395][th:300][info] QueryResponseHandler -Account Id:- admin@ico
[2018-11-16 18:50:46.584677876][th:300][info] QueryResponseHandler -Asset Id- hotcoin#ico
[2018-11-16 18:50:46.584687992][th:300][info] QueryResponseHandler -Balance- 60
-------------------
```

작동 원리

본 예제에서는 새로운 Iroha 네트워크를 구동했습니다. 이를 위해 Iroha의 genesis.block 파일에서 도메인, 계정, 역할을 설정했습니다. 또한 Iroha CLI를 사용하여 다양한 트랜잭션(자산 생성, 자산을 계정으로 이체, 계정 잔액 쿼리)을 수행했습니다. Iroha CLI는 블록체인의 스마트 컨트랙트 형태인 Iroha 기본pre-built 명령 및 쿼리 세트를 사용합니다. 기본 공통 스마트 컨트랙트는 Iroha 커뮤니티에 의해 검증되었기 때문에 안전합니다. 또한 소규모 블록체인 DApp을 위한 기본 솔루션을 제공합니다. 조직을 위해 블록체인 네트워크를 쉽고 빠르게 구축하고, 자산 및 계정을 생성하고, 기본 CRUD 트랜잭션을 수행할 수 있습니다.

Iroha 명령은 스마트 컨트랙트 형태로, Iroha WSV^{World State View}에서 자산 및 계정의 상태를 변경하는 작업을 수행합니다. 명령은 트랜잭션을 통해 블록체인 네트워크에 적용됩니다. 그 다음, Iroha 피어는 시스템의 스냅샷에 해당하는 WSV의 현재 상태를 확인하고 변경합니다. 여러 트랜잭션이 블록으로 구성되고, 트랜잭션 기록을 유지하기 위해 변경 불가능한immutable 블록 저장소에 보관합니다.

Iroha는 단일 트랜잭션과 배치batch 트랜잭션을 둘 다 지원합니다. 트랜잭션은 하나 이상의 명령으로 구성되고, 순서대로, 원자적atomically으로 수행됩니다.

Iroha 트랜잭션의 기본 페이로드와 프로토^{proto} 정의는 다음과 같습니다.

- 작성 시간(밀리세컨드)
- 생성자 계정
- 쿼럼^{Quorum} 필드(필요한 서명 갯수)
- 명령

명령은 다음과 같이 정의할 수 있습니다.

```
message ReducedPayload{
    repeated Command commands = 1;
    string creator_account_id = 2;
    uint64 created_time = 3;
    uint32 quorum = 4;
}
```

계정과 자산은 명령의 기본 모델입니다. 계정을 나타내는 이름 형식은 `accountid@domain`이고, 자산을 나타내는 이름 형식은 `assetid#domain`입니다. 다음 명령들은 현재 Iroha 버전에서 구현되었으며, 도메인, 계정, 자산, 역할 및 권한에 대한 기본 CRUD 작업과 프로토 정의를 제공합니다.

```
message Command {
    oneof command {
    AddAssetQuantity add_asset_quantity = 1;
    AddPeer add_peer = 2;
    AddSignatory add_signatory = 3;
    AppendRole append_role = 4;
    CreateAccount create_account = 5;
    CreateAsset create_asset = 6;
    CreateDomain create_domain = 7;
    CreateRole create_role = 8;
    DetachRole detach_role = 9;
    GrantPermission grant_permission = 10;
    RemoveSignatory remove_sign = 11;
    RevokePermission revoke_permission = 12;
    SetAccountDetail set_account_detail = 13;
```

```
    SetAccountQuorum set_quorum = 14;
    SubtractAssetQuantity subtract_asset_quantity = 15;
    TransferAsset transfer_asset = 16;
}
```

쿼리는 시스템의 현재 상태를 요청하는 스마트 컨트랙트로, 상태를 업데이트하지 않습니다. 기본 페이로드와 프로토 정의는 다음과 같습니다.

- 작성 시간(밀리세컨드)
- 생성자 계정
- 쿼리 카운터(클라이언트 측의 쿼리 요청 갯수)
- 질문

쿼리는 다음과 같이 정의할 수 있습니다.

```
message QueryPayloadMeta {
    uint64 created_time = 1;
    string creator_account_id = 2;
    // used to prevent replay attacks.
    uint64 query_counter = 3;
}
```

Iroha는 다음과 같은 내장 쿼리를 제공하여 계정, 자산, 역할 및 거래 상태에 대해 질의[inquire]할 수 있습니다. 쿼리 프로토 정의는 다음과 같습니다.

```
message Query {
    message Payload {
        QueryPayloadMeta meta = 1;
        oneof query {
            GetAccount get_account = 3;
            GetSignatories get_account_signatories = 4;
            GetAccountTransactions get_account_transactions = 5;
            GetAccountAssetTransactions get_account_asset_transactions = 6;
            GetTransactions get_transactions = 7;
            GetAccountAssets get_account_assets = 8;
```

```
            GetAccountDetail get_account_detail = 9;
            GetRoles get_roles = 10;
            GetRolePermissions get_role_permissions = 11;
            GetAssetInfo get_asset_info = 12;
            GetPendingTransactions get_pending_transactions = 13;
    }
}
```

추가 정보

Iroha CLI는 계정을 위한 키 쌍을 생성하는 기능도 제공합니다. Iroha 키 쌍 예제를 재사용하지 않고, 본 예제에서 관리자 및 사용자 계정에 대한 키 쌍을 새로 생성할 수 있습니다. 실제 상황에는, 어플리케이션의 키를 생성하는 안전한 접근 방식을 선택해야 합니다.

새 계정을 식별하기 위한 개인/공캐키 쌍을 생성하려면, 다음과 같이 Iroha CLI 명령을 입력합니다.

```
root@b551830ade0e:/opt/iroha_data# iroha-cli --new_account --account_name newuser@ico --pass_phrase newuserpassphrase --key_path ./
[2018-11-18 17:03:19.877331834][th:358][info] CLI-MAIN Public and private key has been generated in current directory
```

클라이언트 라이브러리로 Hyperledger Iroha와 상호 작용하기

Iroha 네트워크에 DApp을 구축하는 가장 쉬운 방법은 Iroha 클라이언트 라이브러리를 사용하는 것입니다. Iroha 클라이언트 어플리케이션은 Iroha 클라이언트 라이브러리에 있는 빌더builders를 사용하여 쉽게 개발할 수 있습니다. 빌더는 gRPC 전송을 통해 Iroha 네트워크와 통신합니다.

본 예제에서는 Iroha Python 클라이언트 라이브러리를 사용하여 샘플 클라이언트 어플리케이션을 구현하고, Iroha 네트워크와 상호 작용하겠습니다. 다음과 같은 트랜잭션이 수행됩니다.

- 이전 예제에서 생성한 hotcoin 자산의 계정 간 이체
- hotcoin 계정 잔액 조회

사전 준비

Iroha 클라이언트 라이브러리를 빌드하고 작업하려면, 다음의 종속성dependencies이 설치되어 있어야 합니다.

- automake: Git의 Iroha 프로젝트처럼, GNU 코딩 표준을 준수하는 Makefile을 자동으로 생성하는 도구입니다.

```
sudo apt install automake
automake --version
```

- bison: 범용 언어 파서parser입니다

```
sudo apt install bison
bison --version
```

- cmake: 크로스 플랫폼으로 컴파일되고 빌드된 어플리케이션을 관리하는 도구로, 소스코드로부터 Iroha를 빌드하는데 사용됩니다.

```
wget https://cmake.org/files/v3.11/cmake-3.11.4.tar.gz
tar -xvzf cmake-3.11.4.tar.gz
cd cmake-3.11.4/
./configure
make
sudo make install
cmake --version
# cmake version 3.11.4
```

- `git`: 컴퓨터에 설치된 Git 버전 관리 도구를 확인하려면, 다음 명령을 사용합니다.

```
ubuntu@ip-172-31-90-67:~$ git --version
git version 2.7.4
```

- `python3`와 `pip3`: 컴퓨터에 Python과 PIP가 설치되어 있는지 확인하려면, 다음 명령을 사용합니다.

```
ubuntu@ip-172-31-90-67:~$ python3 --version
Python 3.5.2
ubuntu@ip-172-31-90-67:~$ pip3 --version
pip 8.1.1 from /usr/lib/python3/dist-packages (python 3.5)
```

- `boost`: C++ boost 라이브러리

```
git clone https://github.com/boostorg/boost /tmp/boost;
cd /tmp/boost ; git submodule update --init --recursive);
(cd /tmp/boost ; /tmp/boost/bootstrap.sh);
(cd /tmp/boost ; /tmp/boost/b2 headers);
(cd /tmp/boost ; /tmp/boost/b2 cxxflags="-std=c++14" install);
ldconfig;
rm -rf /tmp/boost
cat /usr/local/include/boost/version.hpp | grep "BOOST_LIB_VERSION"
ubuntu@ip-172-31-90-67:~$ cat /usr/local/include/boost/version.hpp
 | grep "BOOST_LIB_VERSION"
// BOOST_LIB_VERSION must be defined to be the same as
BOOST_VERSION
#define BOOST_LIB_VERSION "1_69"
```

- `swig`: 다른 프로그래밍 언어(Python, Java, C#, Go)와 C++ 간 상호 운용성을 제공하는 소프트웨어 개발 도구입니다.

```
sudo apt install libpcre3-dev
wget http://prdownloads.sourceforge.net/swig/swig-3.0.12.tar.gz
tar -xvf swig-3.0.12.tar.gz
cd swig-3.0.12
```

```
./configure
make
sudo make install
```

- C++ 용 `protobuf`: Google에서 만든 언어 중립적이고 플랫폼 중립적인 데이터 직렬화 기법입니다.

```
CMAKE_BUILD_TYPE="Release"
git clone https://github.com/google/protobuf /tmp/protobuf;
(cd /tmp/protobuf ; git checkout
106ffc04be1abf3ff3399f54ccf149815b287dd9);
cmake \
    -DCMAKE_BUILD_TYPE=${CMAKE_BUILD_TYPE} \
    -Dprotobuf_BUILD_TESTS=OFF \
    -Dprotobuf_BUILD_SHARED_LIBS=ON \
    -H/tmp/protobuf/cmake \
    -B/tmp/protobuf/.build;
cmake --build /tmp/protobuf/.build --target install;
ldconfig;
rm -rf /tmp/protobuf
protoc --version
ubuntu@ip-172-31-90-67:~$ protoc --version
libprotoc 3.5.1
```

수행 절차

먼저, Python 클라이언트 라이브러리를 설치합니다.

1. Iroha Python 클라이언트 라이브러리는 Git 저장소의 Iroha 소스코드로부터 빌드하거나, `pip3`을 사용하여 설치할 수 있습니다. 본 예제에서는 `pip3`을 사용하여 설치합니다.

```
ubuntu@ip-172-31-90-67:~/iroha/iroha$ pip3 install iroha
Collecting iroha
Installing collected packages: iroha
Successfully installed iroha-0.0.24
```

2. Iroha Python example 폴더에서 gRPC Python 컴파일 패키지를 설치합니다.

   ```
   ubuntu@ip-172-31-90-67:~/iroha/iroha/example/python$ pip3 install
   grpcio-toolsCollecting
   grpcio-tools
   Downloading
   https://files.pythonhosted.org/packages/c7/7e/f5f51c104eb41d6cfdc76
   b69c523fb9017747185fe1c0dfe4aea7d8f27fa/grpcio_tools-1.16.1-cp35-
   cp35m-manylinux1_x86_64.whl (22.8MB)
   Installing collected packages: six, grpcio, setuptools, protobuf,
   grpcio-tools
   ```

3. Iroha Python example 폴더에서 Python 클라이언트 라이브러리용 Iroha .proto 파일을 컴파일합니다.

   ```
   ubuntu@ip-172-31-90-67:~/iroha/iroha/example/python$ protoc --
   proto_path=../../shared_model/schema --python_out=.
   ../../shared_model/schema/*.proto
   ```

4. *pb2* Python 목록이 생성됩니다.

   ```
   ubuntu@ip-172-31-90-67:~/iroha/iroha/example/python$ ls -li *pb2*
   539405 -rw-rw-r-- 1 ubuntu ubuntu 5572 Nov 18 17:52 block_pb2.py
   539406 -rw-rw-r-- 1 ubuntu ubuntu 41494 Nov 18 17:52
   commands_pb2.py
   39407 -rw-rw-r-- 1 ubuntu ubuntu 10396 Nov 18 17:52 endpoint_pb2.py
   539412 -rw-rw-r-- 1 ubuntu ubuntu 14531 Nov 18 17:52
   primitive_pb2.py
   539413 -rw-rw-r-- 1 ubuntu ubuntu 2938 Nov 18 17:52 proposal_pb2.py
   539415 -rw-rw-r-- 1 ubuntu ubuntu 36901 Nov 18 17:52
   qry_responses_pb2.py
   539416 -rw-rw-r-- 1 ubuntu ubuntu 31371 Nov 18 17:52 queries_pb2.py
   539417 -rw-rw-r-- 1 ubuntu ubuntu 10694 Nov 18 17:52
   transaction_pb2.py
   ```

5. Python 클라이언트 라이브러리용 Iroha gRPC .proto 파일을 컴파일합니다. Iroha Python example 폴더로 이동하고, 다음 명령을 입력하여 Iroha gRPC .proto 파일을 컴파일합니다.

```
ubuntu@ip-172-31-90-67:~/iroha/iroha/example/python$ python3 -m
grpc_tools.protoc --proto_path=../../shared_model/schema --
python_out=. --grpc_python_out=.
../../shared_model/schema/endpoint.proto
```

호환되지 않는 protoc 버전 문제가 발생할 경우, endpoint_pb2.py에서 serialized_options=None 옵션을 모두 삭제해야 합니다. 생성된 gRPC Python 파일을 찾고 검색하려면 다음 명령을 사용합니다.

```
ubuntu@ip-172-31-90-67:~/iroha/iroha/example/python$ ls -li *grpc*
539418 -rw-rw-r-- 1 ubuntu ubuntu 6078 Nov 18 18:03
endpoint_pb2_grpc.py
```

6. Iroha Python 클라이언트 라이브러리를 사용하여 트랜잭션을 제출하는 클라이언트를 구현합니다. 클라이언트 예제인 ico_hotcoin_client_txn.py는 Iroha Python 예제를 기반으로 구현됩니다. 이 예제는 ico 도메인의 admin 계정에서 user 계정으로 10 hotcoin을 전송합니다. 간단한 예제이므로 트랜잭션 상태를 구독하지 않았습니다. ico_hotcoin_client_txn.py의 메인 소스코드 스냅샷은 다음과 같습니다.

```
tx_builder = iroha.ModelTransactionBuilder()
crypto = iroha.ModelCrypto()
admin_priv = open("../admin@ico.priv", "r").read()
admin_pub = open("../admin@ico.pub", "r").read()key_pair =
crypto.convertFromExisting(admin_pub, admin_priv)
def send_tx(tx, key_pair):
   tx_blob =
iroha.ModelProtoTransaction(tx).signAndAddSignature(key_pair).finis
h().blob()
   proto_tx = transaction_pb2.Transaction()
   if sys.version_info[0] == 2:
      tmp = ''.join(map(chr, tx_blob))
   else:
      tmp = bytes(tx_blob)
   proto_tx.ParseFromString(tmp)
   channel = grpc.insecure_channel('127.0.0.1:50051')
```

```
    stub = endpoint_pb2_grpc.CommandServiceStub(channel)
    stub.Torii(proto_tx)

def transfer_hotcoin_from_admin_to_user():
    """
    Transfer 10 hotcoin from admin@ico to user@ico
    """
    tx = tx_builder.creatorAccountId(creator) \
        .createdTime(current_time()) \
        .transferAsset("admin@ico", "user@ico", "hotcoin#ico",
                "Transfer 10 from admin to user", "10.00").build()
    send_tx(tx, key_pair)
    print("Hash of the transaction: ", tx.hash().hex())

transfer_hotcoin_from_admin_to_user()
```

다음 명령을 사용하여, admin에서 user로 hotcoin을 전송하는 ico_hotcoin_client_txn.py를 구동합니다.

```
ubuntu@ip-172-31-90-67:~/iroha/iroha/example/python$python3
ico_hotcoin_client_txn.py
Hash of the transaction:
360b30b88374b49898568a0fbd1f4b9d409fb5429f972949f176a11a27ef084e
```

7. 계정 자산 잔액을 쿼리하는 클라이언트를 구현할 때, Iroha Python 클라이언트 라이브러리를 사용합니다. 클라이언트 예제인 ico_hotcoin_client_query.py도 Iroha Python 예제를 기반으로 구현됩니다. 이 예제는 ico 도메인의 admin 계정에서 hotcoin 잔액을 쿼리하는 매우 간단한 클라이언트입니다. ico_hotcoin_client_query.py 메인 소스코드 스냅샷은 다음과 같습니다.

```
query_builder = iroha.ModelQueryBuilder()
query_counter = 1

def send_query(query, key_pair):
    query_blob =
iroha.ModelProtoQuery(query).signAndAddSignature(key_pair).finish()
.blob()
```

```python
    proto_query = queries_pb2.Query()
    if sys.version_info[0] == 2:
        tmp = ''.join(map(chr, query_blob))
    else:
        tmp = bytes(query_blob)
    proto_query.ParseFromString(tmp)
    channel = grpc.insecure_channel('127.0.0.1:50051')
    query_stub = endpoint_pb2_grpc.QueryServiceStub(channel)
    query_response = query_stub.Find(proto_query)
    return query_response

def get_admin_hotcoin_balance():
    """
    Get the hotcoin balance after the transfer for amin@ico asset hotcoin#ico
    """
    global query_counter
    query_counter += 1
    query = query_builder.creatorAccountId(creator) \
        .createdTime(current_time()) \
        .queryCounter(query_counter) \
        .getAccountAssets("admin@ico") \
        .build()
    query_response = send_query(query, key_pair)
    print(query_response)
get_admin_hotcoin_balance()
```

8. `ico_hotcoin_client_query.py`를 실행하여 admin 계정의 잔액을 조회하려면, 다음 명령을 입력합니다.

```
ubuntu@ip-172-31-90-67:~/iroha/iroha/example/python$python3
ico_hotcoin_client_query.py
account_assets_response {
    account_assets {
        asset_id: "hotcoin#ico"
        account_id: "admin@ico"
        balance: "100.00"
    }
}
```

```
query_hash:
"9ff8b6f891efc377e8dd3fa0dabc6319621b9101b217da5d6bc33aefb9fd8e9f"
```

작동 원리

본 예제에서는 Python 프로그래밍 언어를 사용하여 Iroha 클라이언트 어플리케이션을 개발합니다. 이를 위해 Iroha Python 클라이언트 라이브러리와 관련된 종속성을 설치했습니다. 샘플 어플리케이션은 Iroha Python 클라이언트 템플릿을 기반으로 구현됩니다. 이 샘플 어플리케이션은 계정 간에 코인을 이체하고, 계정 잔액을 확인하는 쿼리를 수행합니다. 클라이언트 어플리케이션은 Iroha SDK를 사용하여 Iroha 네트워크와 상호 작용하는 방법을 보여주는 트랜잭션을 수행합니다.

본 예제에서는 Python을 사용한 Iroha 클라이언트용 gRPC 스텁 파일을 생성하고, .proto 파일인 endpoint.proto의 Iroha Torii용 IDL 서비스 정의^{definition}를 생성했습니다. Transaction 및 Query 정의는 다음과 같습니다.

- Transaction 정의

```
service CommandService {
    rpc Torii (Transaction) returns (google.protobuf.Empty);
    rpc ListTorii (TxList) returns (google.protobuf.Empty);
    rpc Status (TxStatusRequest) returns (ToriiResponse);
    rpc StatusStream(TxStatusRequest) returns (stream ToriiResponse);
}
```

- Query 정의

```
service QueryService {
    rpc Find (Query) returns (QueryResponse);
    rpc FetchCommits (BlocksQuery) returns (stream BlockQueryResponse);
}
```

트랜잭션 샘플 파일인 ico_hotcoin_client_txn.py에서, 다음과 같이 Command-

ServiceStub의 `Torii` 메소드를 호출하여 Iroha Troii 엔드포인트로 트랜잭션을 보냅니다.

```
channel = grpc.insecure_channel('127.0.0.1:50051')
stub = endpoint_pb2_grpc.CommandServiceStub(channel)
stub.Torii(proto_tx)
```

쿼리 샘플 파일인 `ico_hotcoin_client_query.py`에서, 다음과 같이 `QueryService`에서 `Find` 메서드를 호출하여 쿼리를 Iroha Troii 엔드포인트로 보냅니다.

```
channel = grpc.insecure_channel('127.0.0.1:50051')
query_stub = endpoint_pb2_grpc.QueryServiceStub(channel)
query_response = query_stub.Find(proto_query)
```

개발자가 `Torii`로 보낼 트랜잭션 및 쿼리를 쉽게 구축할 수 있도록, Iroha는 Python 클라이언트 라이브러리인 `iroha.py`에서 `ModelTransactionBuilder`와 `ModelQueryBuilder`를 모두 제공합니다. `iroha.py`는 `swig`를 사용하여 Iroha C++ 로직 및 기능을 Python 클라이언트에 제공하는 유틸리티 모듈입니다. `ModelTransactionBuilder`와 `ModelQueryBuilder` 빌더 클래스는 사용하기 쉽고, 간편한[fluent] 방식으로 명령 또는 쿼리에 메소드를 제공합니다. `ico_hotcoin_client_txn.py` 예제에서 빌더는 다음과 같이 사용됩니다.

```
tx = tx_builder.creatorAccountId(creator) \
    .createdTime(current_time()) \
    .transferAsset("admin@ico", "user@ico", "hotcoin#ico", "Transfer 10 from admin to user", "10.00").build()
```

본 예제에서는 Iroha 클라이언트 SDK를 사용하여 예제 Iroha 클라이언트 어플리케이션을 구현했습니다. Iroha 클라이언트 어플리케이션의 기본 구조는 다음과 같습니다.

- 생성자용 키 페어 로드[load]
- 빌더를 사용하여 트랜잭션 또는 쿼리 작성

- 가져온 키 페어를 사용하여 트랜잭션 또는 쿼리 서명
- gRPC 스텁을 사용하여 트랜잭션 또는 쿼리 요청 보내기

CHAPTER 8
Hyperledger Indy 구동

Hyperledger Indy는 리눅스 재단이 관리하는 제품군의 분산 원장으로, 분산 디지털 신원identity 관리를 위해 만들어졌습니다. Hyperledger Indy는 인큐베이션incubation 단계에 있으며, 현재 배포판에서 Hyperledger Indy가 제공하는 개념과 기능을 살펴보기 위해 Indy CLI를 사용할 것입니다.

본 장에서는 CLI로 Hyperledger Indy를 탐색하는 몇 가지 예제를 다룹니다.

- AWS에 Hyperledger Indy와 Indy CLI 설치하기
- Indy CLI로 Hyperledger Indy 탐색하기

소개

Hyperledger Indy는 공개된 퍼미션 블록체인 네트워크로, 개인정보 보호를 위해 설계되었습니다. 분산 원장 기술로 분산 및 자체 주권self-sovereign 신원 관리 기능을 제공합니다. 신원 소유자는 개인 데이터를 완전히 제어하여, 선택된 정보만 공개하고 다른 개인 데이터를 노출시키지 않을 수 있습니다. Hyperledger Indy는 신원 관리 및 증가하는 신원 보안 요구(예: 개인정보 보호, 개인정보 유출, 데이터 유출 및 신분 도용)에 대처하기 위한 대체 솔루션을 제공합니다.

Hyperledger Indy의 주요 개념은 다음과 같습니다.

- **자체 주권 신원**Self-sovereign identity: 중앙 식별 기관 없이, 개인 및 사업체는 자신의 신원, 자격 증명credential, 주장claim을 블록체인 네트워크에서 관리하고 증명할 수 있습니다.
- **영지식 증명**Zero knowledge proof: 다른 당사자 사이에 필요한 정보만 공유 및 노출됩니다. 민감한 데이터를 완전히 공개하지 않고도, 에이전트 간에 자격 증명(주장/증명)이 검증됩니다.

Hyperledger Indy는 다음 프로젝트로 구성되어 있습니다.

- indy-node: **indy-plenum 기반**의 분산원장을 구현한 것으로, **RBFT**Redundant Byzantine Fault-Tolerance 합의 프로토콜을 사용합니다. RBFT는 합의 성능을 향상시키기 위해 제안되었습니다. 이 프로토콜에 따르면 마스터 인스턴스가 오더링ordering을 계산하고, 백업 인스턴스는 중복 계산 및 모니터링을 수행합니다.
- indy-sdk: Indy 네트워크와 상호 작용하는 클라이언트 라이브러리입니다. 기본적으로 C 언어로 호출가능한c-callable 라이브러리이며, 프로그래밍 언어마다 다른 래퍼wrappers가 있습니다. Indy CLI 도구에서도 사용됩니다.
- indy-crypto: Indy의 암호화 라이브러리로, **Apache Milagro 암호화 라이브러리(AMCL)**를 기반으로 합니다. C, Rust, Python API 등을 지원합니다.

Hyperledger Indy 네트워크는 분산 원장으로, 다음과 같은 특성을 가진 분산 신원을 위해 특별히 설계되었습니다.

- RBFT 합의 프로토콜을 실행하는 노드 컬렉션 풀collection pool
- 분산 원장은 여러 가지 용도의 원장이 존재하며, 각 노드에 복제되어 있습니다.
  - **풀 원장**pool ledger: 노드 트랜잭션과 관련된 트랜잭션
  - **설정 원장**config ledger: 풀 설정을 위한 트랜잭션
  - **도메인 원장**Domain ledger: 신원 어플리케이션에 특화된 트랜잭션
- 원장의 초기 트랜잭션을 정의하기 위한 두 가지 유형의 제네시스 트랜잭션:

- 풀 제네시스 트랜잭션은 네트워크에서 부트스트랩 노드를 정의합니다.
- 도메인 제네시스 트랜잭션은 초기 신뢰할 수 있는 신원을 정의합니다.

AWS에 Hyperledger Indy와 Indy CLI 설치하기

본 예제에서는 Hyperledger Indy에 대한 내용 및 AWS에 Indy를 설치하는 방법에 대해 자세히 살펴봅니다.

사전 준비

본 예제를 설치하고 실행하려면, 다음 설정을 따른 AWS EC2 인스턴스가 필요합니다.

- Ubuntu 16.04.5 LTS(GNU / Linux 4.4.0-1069-aws x86_64)
- 6장의 Docker 설치 안내서를 참조하여 Docker CE를 설치합니다.
- 6장의 Git 설치 안내서를 참조하여 Git을 설치합니다.

수행 절차

다음 단계에 따라 Indy와 Indy CLI를 설치합니다.

1. `indy-sdk` 소스코드를 다운 받습니다. `~/indy`라는 폴더를 만들고, `indy-sdk` 소스코드를 다운로드합니다.

    ```
    git clone -b rc --depth=1
    https://github.com/hyperledger/indy-sdk.git
    ```

2. Docker 파일로부터 Indy Docker 이미지를 빌드합니다. `indy-sdk` 폴더로 이동하여, Indy Docker 이미지를 빌드합니다.

```
sudo docker build -f ci/indy-pool.dockerfile -t indy_pool .
```

```
ubuntu@ip-172-31-90-67:~/indy/indy-sdk$ sudo docker build -f
ci/indy-pool.dockerfile -t indy_pool .
Sending build context to Docker daemon 119.4MB
Step 1/22 : FROM ubuntu:16.04
---> a597cf115cd3
......
Successfully built ad625c5e93d9
Successfully tagged indy_pool:latest
```

3. 빌드된 Docker 이미지를 사용하여, 로컬 호스트에서 Indy 네트워크를 구동합니다.

```
sudo docker run -itd -p 9701-9708:9701-9708 indy_pool
```

indy_pool 컨테이너가 실행 중인지 확인하고, indy_pool Docker 컨테이너 이름을 가져옵니다. 나중에 Docker 명령을 사용하여 Indy Docker 컨테이너를 중지했다가 다시 시작하려면, Docker 컨테이너 이름이 필요합니다. 본 예제에서 Indy Docker 컨테이너 이름은 stoic_mendeleev입니다.

```
ubuntu@ip-172-31-90-67:~/indy/indy-sdk$ sudo docker ps -a
CONTAINER ID IMAGE COMMAND CREATED STATUS PORTS NAMES
c6feb453b2b9 indy_pool "/usr/bin/supervisord" 6 days ago Up 2
seconds 0.0.0.0:9701-9708->9701-9708/tcp stoic_mendeleev
```

다음 명령을 입력하여, 구동 중인 Indy 컨테이너의 쉘에 로그인합니다.

```
ubuntu@ip-172-31-90-67:~/indy/indy-sdk$ sudo docker exec -it
stoic_mendeleev /bin/bash
indy@c6feb453b2b9:/$
```

4. Ubuntu AWS 호스트에 indy-sdk를 설치하려면, AWS 호스트의 ~/indy 폴더에서 다음 명령을 수행합니다.

```
sudo apt-key adv --keyserver keyserver.ubuntu.com --recv-keys
```

```
68DB5E88
sudo add-apt-repository "deb https://repo.sovrin.org/sdk/deb xenial stable"
sudo apt-get update
sudo apt-get install -y libindy
ubuntu@ip-172-31-90-67:~/indy$ sudo apt-get install -y libindy
Reading package lists... Done
Building dependency tree
Reading state information... Done
......
Get:1 http://us-east-1.ec2.archive.ubuntu.com/ubuntu
xenial/universe amd64 libsqlite0 amd64
2.8.17-12fakesync1 [139 kB]
Get:2 https://repo.sovrin.org/sdk/deb xenial/stable amd64 libindy
amd64 1.6.8 [2,662 kB]
......
Setting up libsqlite0 (2.8.17-12fakesync1) ...
Setting up libindy (1.6.8) ...
Processing triggers for libc-bin (2.23-0ubuntu10) ...
```

5. `indy-cli`를 설치합니다.

```
sudo apt-get install -y indy-cli
ubuntu@ip-172-31-90-67:~/indy$ sudo apt-get install -y indy-cli
Reading package lists... Done
......
Preparing to unpack .../indy-cli_1.6.8_amd64.deb ...
Unpacking indy-cli (1.6.8) ...
Setting up indy-cli (1.6.8) ...
```

작동 원리

본 예제에서는 Indy 소스코드 저장소를 다운로드 한 다음, Indy Docker 컨테이너를 빌드했습니다. 그리고 AWS 로컬 호스트에서 Indy 네트워크 테스트를 구동했습니다. 또한, Indy 테스트 풀과 상호 작용하기 위해 `indy-sdk`와 `indy-cli`를 설치했습니다.

Indy Docker 컨테이너에서 Indy 노드를 시작하는 명령은 '`/usr/bin/python3/usr/local/bin/start_indy_node Node1 0.0.0.0 9701 0.0.0.0 9702`'입니다.

Python 모듈인 start_indy_node의 파라미터는 'node_name node_ip node_port client_ip client_port'입니다.

노드를 실행하고 클라이언트 간에 통신하기 위해, Indy 네트워크 노드는 두 쌍의 IP 또는 포트를 사용합니다. 첫 번째 IP 또는 포트 쌍은 노드 간 통신을 위한 것이고, 두 번째 IP 또는 포트 쌍은 클라이언트와 노드 간 통신을 위한 것입니다.

추가 정보

본 예제에서 설치된 Indy 네트워크의 설정 및 제네시스 트랜잭션 정의 파일을 찾아보려면, 다음 명령을 사용하여 Indy Docker 컨테이너에 로그인합니다.

```
sudo docker exec -it stoic_mendeleev /bin/bash
```

Indy 컨테이너의 bash 쉘에서 /etc/indy 아래에서 Indy 노드의 다른 부분을 위한 Indy 시스템 설정 파일 및 설정 디렉토리를 찾아볼 수 있습니다.

```
# Current network
# Disable stdout logging
enableStdOutLogging = False
# Directory to store ledger.
LEDGER_DIR = '/var/lib/indy'
# Directory to store logs.
LOG_DIR = '/var/log/indy'
# Directory to store keys.
KEYS_DIR = '/var/lib/indy'
# Directory to store genesis transactions files.
GENESIS_DIR = '/var/lib/indy'
# Directory to store backups.
BACKUP_DIR = '/var/lib/indy/backup'
# Directory to store plugins.
PLUGINS_DIR = '/var/lib/indy/plugins'
# Directory to store node info.
NODE_INFO_DIR = '/var/lib/indy'
NETWORK_NAME = 'sandbox'
```

예를 들어, 노드 제네시스 트랜잭션 파일은 GENESIS_DIR=/var/lib/indy로 명시됩니다. 샌드박스 테스트 네트워크의 제네시스 파일은 /var/lib/indy/sandbox 폴더의 domain_transactions_genesis와 pool_transactions_genesis 파일입니다. 네트워크에서 초기 신원을 생성하기 위한 샘플 트랜잭션은 다음과 같습니다.

```
{"reqSignature":{},"txn":{"data":{"dest":"Th7MpTaRZVRYnPiabds81Y","role":"2
","verkey":"~7TYfekw4GUagBnBVCqPjiC"},"metadata":{"from":"V4SGRU86Z58d6TV7P
BUe6f"},"type":"1"},"txnMetadata":{"seqNo":2},"ver":"1"}
```

Indy CLI로 Hyperledger Indy 탐색하기

이 예제에서는 Indy 네트워크의 지갑wallet, **DID**Decentralized Identifier, 풀, 원장 트랜잭션에 대한 설계 및 그 의도intention를 살펴봅니다.

- **지갑**: Hyperledger Indy는 새로운 방식인 **분산 키 관리 시스템(DKMS)**으로 ID를 관리합니다. DKMS는 블록체인 네트워크와 같은 분산 원장 기술에서 신원을 관리하는 기술입니다. 기존의 **공개 키 인프라(PKI)** 기반 접근 방식이 중앙 집중식 CA에서 발급한 인증서 별로 신원을 관리하는 것과는 다릅니다. Hyperledger Indy에서 신원은 자체 주권self-sovereign이 있으며 각 참가자가 관리합니다. 신원 소유자는 자신의 신원과 자격 증명을 완전히 제어하며, 중앙 집중식 신원 제공자identity providers나 인증 기관certificate authorities과는 독립적으로 동작합니다.

  신원 소유자는 개인 키, 신원, 비밀번호, 자격 증명, 기타 암호화 자료를 생성하여 지갑에 저장합니다. 네트워크의 각 참가자는 지갑의 개인 데이터를 사용하여 네트워크의 신원 및 자격 증명을 통신, 서명, 증명합니다. 결과적으로 지갑의 보안이 소유자와 엔터티에 필수적입니다.

  클라이언트의 `wallet`은 기본적으로 `'~/.indy_client'`라는 사용자의 홈 디렉토리에 저장됩니다. 또한 다음과 같이 SQLite 데이터 파일에 저장됩니다.

```
ubuntu@ip-172-31-90-67:~/.indy_client/wallet/mywallet$ ls -lia
total 132
539445 drwxrwxr-x 2 ubuntu ubuntu  4096 Dec 10 04:24 .
534504 drwxrwxr-x 3 ubuntu ubuntu  4096 Dec 10 04:22 ..
539448 -rw-r--r-- 1 ubuntu ubuntu 57344 Dec 10 04:24 sqlite.db
539453 -rw-r--r-- 1 ubuntu ubuntu 32768 Dec 14 16:52 sqlite.db-shm
539451 -rw-r--r-- 1 ubuntu ubuntu 32992 Dec 10 04:34 sqlite.db-wal
```

- **DID**: DID는 엔터티 또는 개인 소유자의 전역 고유 식별자로, 중앙 기관에서 관리할 필요없이 분산 원장으로 등록할 수 있습니다(https://w3c-ccg.github.io/did-spec/#dfn-dlt). 분산 네트워크이며 중앙 기관이 없어도 원장에서 해석resolve할 수 있습니다.

프라이버시 보호를 위해서, 엔터티 또는 신원 소유자는 여러 DID를 소유할 수 있습니다. Indy의 DID는 다음 특성을 가집니다.

  - 지속성Persistency
  - 글로벌 해석 가능Globally resolvable
  - 암호화 검증 가능
  - 탈 중앙화

Hyperledger Indy에는 두 가지 유형의 DID가 있습니다. 첫 번째 유형은 **Verinym**입니다. Verinym DID는 법적 신원 또는 신원 소유자의 고유 식별자입니다. 두 번째 유형은 **pseudonym**으로, 디지털 관계 또는 참가자 간 연결의 프라이버시를 유지하는데 사용됩니다. pseudonym을 하나의 디지털 관계만 유지하는데 사용하는 경우, 쌍별pairwise 식별자라고 부르며 두 참가자 간의 보안 연결을 유지합니다.

Hyperledger Indy는 퍼미션permissioned 네트워크입니다. DID는 Indy 네트워크에서 서로 다른 유형의 역할(**Steward** 또는 **Trust Anchor**)을 합니다. Steward 역할은 Indy 네트워크를 운영하는 개인이나 조직을 위한 것입니다. Steward 역할을 가진 개인이나 조직은 Indy 노드 및 노드 풀을 생성하고 구성할 수 있습니다. 또한 다른 DID를 생성, 업데이트, 삭제하고 NYM 트랜잭션을 게시할 수도 있습니다. Trust Anchor는 주로 DID를 게시하고, NYM 및 스키마 트랜잭션을 원장에 게시하는 데 사용됩니다. 다른 DID를 원장에 등록하려면, NYM 트랜잭션을 보내는 DID가 Trust Anchor 역할이 있어야 합니다. 그렇지 않으면 트랜잭션이 Indy 풀에서 거부됩니다.

Indy CLI에서 nym 트랜잭션을 통해 새로운 DID가 ledger에 등록될 수 있습니다. 본 예제에서는 먼저 Th7MpTaRZVRYnPiabds81Y라는 이름의 did를 임포트 했습니다. 이 did는 테스트 네트워크의 부트스트랩 네트워크 제네시스 파일에서 Steward 역할로 정의되어 있습니다. 그런 다음 DID를 활성화하고, nym 트랜잭션을 전송하여 새 작업을 등록했습니다.

```
pool(sandbox):wallet(mywallet):did(Th7...81Y):indy> ledger nym
did=JRAoDbiV2tRfWSL3jcRKCk verkey=~6iKD9dkZEypiugWbDEHsXw
role=TRUST_ANCHOR
```

- **자격 증명**Credential **스키마 및 자격 증명 정의**: 자격 증명 스키마는 속성 목록을 설명하는 기본 시맨틱semantic 구조입니다. 이 속성 목록은 검증 가능한verifiable 자격 증명에 포함됩니다. 자격 증명 정의는 검증 가능한 자격 증명을 서명하고 발행할 발행자를 정의하는 데 사용됩니다. 검증 가능한 자격 증명은 특정 자격 증명 스키마를 만족합니다.

다음 다이어그램은 Hyper ledger Indy 시스템에서 검증 가능한 자격 증명 및 DID의 개념을 보여줍니다.

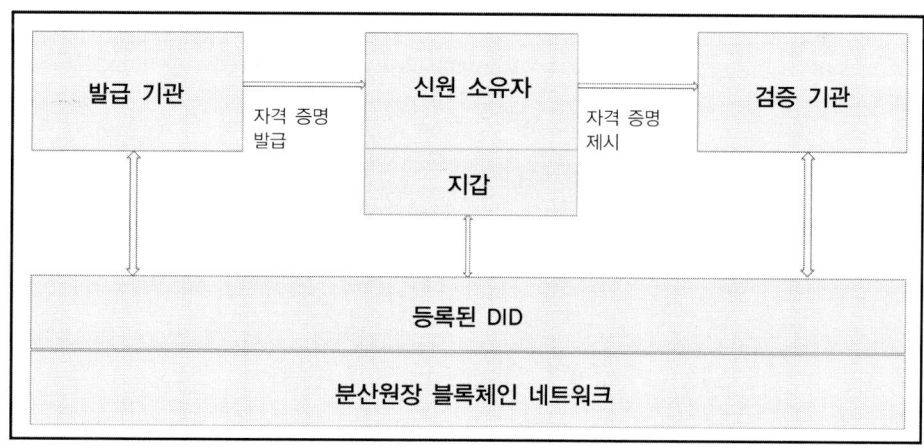

조직은 Indy 네트워크의 발급issuer 기관 또는 검증verifier 기관일 수 있습니다. 발급 기관은 신원 소유자에게 자격 증명(예: 출생증명서, 운전 면허증, 대학 학위)을 발급합니다. 검증 기관은 신원 소유자가 제시한 자격 증명을 검증할 수 있습니다. 또한 자격 증명이 Indy 네트워크를 통해 신뢰할 수 있는 발급 기관이 발급한 것임을 검증할 수 있습니다. 각 엔터티는 자신의 DID를 원장 블록체인 네트워크에 등록합니다. 엔터티 및 신원 소유자는 원장에 게시된 DID를 통해 DID의 소유권을 식별할 수 있습니다. 그리고 DID가 발급한 자격 증명이 신뢰할 수 있고 변조되지 않았는지 검증할 수 있습니다.

기본 동작 과정은 다음과 같습니다. 검증 기관이 신원 소유자의 정보(예: 사용자가 운전 면허증이 있는지 여부)가 필요한 경우, 검증 기관은 신원 소유자에게 증명proof 요청을 보냅니다. 그런 다음 신원 소유자는 DMV[24]와 같은 발급 기관에 보낼 자격 증명 요청을 만듭니다. 소유자가 운전 면허증을 가지고 있고 자격 증명에 서명하면, 발급 기관은 자격 증명을 신원 소유자에게 발급합니다. 그러면 신원 소유자는 자격 증명을 검증 기관으로 돌려보냅니다. 검증 기관은 자격 증명에 표시된 발급 기관의 DID와 서명을 검증한 뒤 원장에 등록합니다. 발급 기관의 DID가 원장에 등록된 DID와 일치하면 자격 증명이 신뢰됩니다. 자격 증명이 조작되면, 발급 기관의 암호화 서명이 변경됩니다.

검증 가능한 자격 증명으로부터 발급 기관의 신원 및 서명을 확인할 수 있습니다. 디지털 서명 형식별로 다른 암호화 기법이 필요합니다. Indy에서 자격 증명은 영지식 증명 서명기법(http://groups.csail.mit.edu/cis/pubs/lysyanskaya/c102b.pdf—**Camenisch-Lysyanskaya(CL)**)을 사용합니다. 이 기법은 자격 증명 소유자가 실제 데이터를 공개하지 않고 자격 증명에 대한 증명을 제시할 수 있게 해줍니다.

- **트랜잭션**: Indy CLI의 원장 명령 그룹이 NYM, 스키마, 노드, 기타 유사한 트랜잭션을 원장에게 보냅니다. 이들 거래는 Indy 블록체인 네트워크에 저장됩니다. Indy의 각 트랜잭션은 트랜잭션 메타데이터와 트랜잭션 별 데이터로 구성됩니다. 기본 구조는 다음과 같습니다.

---

[24] (역자) DMV(Department of Mobile Vehicles): 미국의 차량 관리국

```
{
    "ver": < transaction version>, "txn": {
        "type": < transaction type>,
        "data": < transaction specific data fields>,
    },
    "txnMetadata": {
        "txnTime": < transaction POSIX timestamp>,
        "seqNo": < unique sequence number of the transaction in ledger >,
    },
    "reqSignature":< submitter's signature >
}
```

지원되는 트랜잭션 유형은 다음과 같습니다.

- NODE = 0
- NYM = 1
- ATTRIB = 100
- SCHEMA = 101
- CLAIM_DEF = 102
- POOL_UPGRADE = 109
- NODE_UPGRADE = 110
- POOL_CONFIG = 111

NYM 트랜잭션에서 지원되는 역할은 다음과 같습니다.

- None(common USER)
- 0(TRUSTEE)
- 2(STEWARD)
- 101(TRUST_ANCHOR)

테스트 네트워크에서 초기 트랜잭션을 생성하기 위한 제네시스 트랜잭션은 다음과 같은 식으로 정의됩니다.

```
{"reqSignature":{},"txn":{"data":{"dest":"Th7MpTaRZVRYnPiabds81Y","role":"2
","verkey":"~7TYfekw4GUagBnBVCqPjiC"},"metadata":{"from":"V4SGRU86Z58d6TV7P
BUe6f"},"type":"1"},"txnMetadata":{"seqNo":2,"ver":"1"}
```

위의 트랜잭션 구조에서, 트랜잭션이 NYM 트랜잭션(type 1)이며, 새 DID인 `Th7MpTa-RZVRYnPiabds81Y`를 작성하는데 사용되고, 원장에서 Steward(role 2)로 사용되고 있음을 알 수 있습니다.

Indy CLI는 Heperledger Indy 프로젝트에서 제공하는 공식적인 커맨드라인 도구로, Indy 풀 블록체인 네트워크와 상호 작용하기 위해 사용됩니다. 본 예제에서 다음 명령을 살펴보겠습니다.

- 지갑 관리
- DID 관리
- Indy 풀 관리
- NYM, 스키마, 노드 트랜잭션을 Indy 풀 원장에 게시

사전 준비

Indy Docker 컨테이너가 중지된 경우, 다음 명령을 사용하여 Indy Docker 컨테이너를 구동합니다.

```
ubuntu@ip-172-31-90-67:~/indy/indy-sdk$ sudo docker start
stoic_mendeleev
```

수행 절차

다음 단계를 실행하면 Indy CLI에 대한 자세한 내용을 이해하는데 도움이 됩니다.

Indy CLI 실행

`indy-sdk` 디렉토리에서, 다음과 같이 `indy-cli`를 실행합니다.

```
ubuntu@ip-172-31-90-67:~/indy/indy-sdk$ indy-cli
indy>
```

지갑 생성, 열기, 나열하기(listing)

다음 단계를 수행합니다.

1. 지갑을 생성합니다.

   ```
   indy> wallet create mywallet key
   Enter value for key:
   Wallet "mywallet" has been created
   ```

2. 지갑을 엽니다.

   ```
   indy> wallet open mywallet key
   Enter value for key:
   Wallet "mywallet" has been opened
   wallet(mywallet):indy>
   ```

3. 지갑의 내용을 나열합니다.

   ```
   wallet(mywallet):indy> wallet list
   +----------+---------+
   |   Name   |  Type   |
   +----------+---------+
   | mywallet | default |
   +----------+---------+
   Current wallet "mywallet"
   ```

DID 생성, 가져오기, 사용하기

다음 단계를 수행합니다.

1. 샌드박스 테스트 네트워크 도메인의 제네시스 파일인 domain_transactions _genesis에서 사전 정의된 Steward DID를 가져옵니다. admindid.txt 임포

트 파일은 다음과 같습니다.

```
{
"version": 1,
"dids": [{
"did": "Th7MpTaRZVRYnPiabds81Y",
"seed": "000000000000000000000000Steward1"
}]
}
```

2. 샌드박스 테스트 네트워크를 위해 미리 정의된 Steward DID를 가져옵니다.

```
wallet(mywallet):indy> did import /home/ubuntu/indy/indysdk/
admindid.txt
Did "Th7MpTaRZVRYnPiabds81Y" has been created with
"~7TYfekw4GUagBnBVCqPjiC" verkey
DIDs import finished
```

3. 새 DID를 생성합니다.

```
wallet(mywallet):indy> did new
Did "JRAoDbiV2tRfWSL3jcRKCk" has been created with
"~6iKD9dkZEypiugWbDEHsXw" verkey
```

4. 지갑의 DID를 나열합니다.

```
wallet(mywallet):indy> did list
+--------------------------+--------------------------+------------+
|           Did            |          Verkey          |  Metadata  |
+--------------------------+--------------------------+------------+
| JRAoDbiV2tRfWSL3jcRKCk   | ~6iKD9dkZEypiugWbDEHsXw  |     -      |
+--------------------------+--------------------------+------------+
| Th7MpTaRZVRYnPiabds81Y   | ~7TYfekw4GUagBnBVCqPjiC  |     -      |
+--------------------------+--------------------------+------------+
```

5. 트랜잭션 요청을 Indy에 전송하는데 사용된 신원을 지정합니다.

```
wallet(mywallet):indy> did use Th7MpTaRZVRYnPiabds81Y
```

```
Did "Th7MpTaRZVRYnPiabds81Y" has been set as active
wallet(mywallet):did(Th7...81Y):indy>
```

Indy 노드 풀 생성, 연결, 나열하기

다음 단계를 수행합니다.

1. 샌드박스 테스트 네트워크를 위한 제네시스 파일을 사용하여 CLI에서 Indy 풀 구성을 생성합니다.

   ```
   wallet(mywallet):did(Th7...81Y):indy>pool create sandbox
   gen_txn_file=
   /home/ubuntu/indy/indy_sdk/cli/docker_pool_transactions_genesis
   Pool config "sandbox" has been created
   ```

2. 생성된 Indy 풀의 샌드박스에 Indy CLI를 연결하려면 다음 명령을 사용합니다.

   ```
   wallet(mywallet):did(Th7...81Y):indy> pool connect sandbox
   Pool "sandbox" has been connected
   ```

3. `pool list` 명령을 사용하여 CLI에서 풀을 나열합니다.

   ```
   pool(sandbox):wallet(mywallet):did(Th7...81Y):indy> pool list
   +---------+
   |  Pool   |
   +---------+
   | sandbox |
   +---------+
   Current pool "sandbox"
   ```

원장에게 NYM 트랜잭션 보내기

다음 단계를 수행합니다.

1. 새 DID를 테스트 Indy 풀의 샌드박스에 게시[post]하고, 이름이 TRUST_ANCHOR

인 새 DID 역할을 할당합니다.

```
pool(sandbox):wallet(mywallet):did(Th7...81Y):indy> ledger nym
did=JRAoDbiV2tRfWSL3jcRKCk verkey=~6iKD9dkZEypiugWbDEHsXw
role=TRUST_ANCHOR
Nym request has been sent to Ledger.
Metadata:
+------------------------+----------------+--------------------+-
---------------------+
| From | Sequence Number | Request ID | Transaction time |
+------------------------+----------------+--------------------+-
---------------------+
| Th7MpTaRZVRYnPiabds81Y | 17 | 1544417908972843261 | 2018-12-10
04:58:29 |
+------------------------+----------------+--------------------+-
---------------------+
Data:
+------------------------+-------------------------+---------------+
| Did | Verkey | Role |
+------------------------+-------------------------+---------------+
| JRAoDbiV2tRfWSL3jcRKCk | ~6iKD9dkZEypiugWbDEHsXw | TRUST_ANCHOR |
+------------------------+-------------------------+---------------+
```

2. 원장으로부터 DID에 대한 NYM 트랜잭션을 가져옵니다.

```
pool(sandbox):wallet(mywallet):did(Th7...81Y):indy> ledger get-nym
did=JRAoDbiV2tRfWSL3jcRKCk
Following NYM has been received.
Metadata:
+------------------------+----------------+--------------------+-
---------------------+
| Identifier | Sequence Number | Request ID | Transaction time |
+------------------------+----------------+--------------------+-
---------------------+
| Th7MpTaRZVRYnPiabds81Y | 17 | 1544418107983346566 | 2018-12-10
04:58:29 |
+------------------------+----------------+--------------------+-
---------------------+
Data:
+------------------------+----------------------------------------
```

```
+----------------------+----------------------+----------------+
| Identifier | Dest    | Verkey               | Role           |
+----------------------+----------------------+----------------+
| Th7MpTaRZVRYnPiabds81Y | JRAoDbiV2tRfWSL3jcRKCk |              |
| ~6iKD9dkZEypiugWbDEHsXw | TRUST_ANCHOR      |                |
+----------------------+----------------------+----------------+
```

자격 증명 스키마 및 자격 증명 정의 트랜잭션을 원장에 게시하기

다음 단계를 수행합니다.

1. ledger에 대한 샘플 자격 증명 스키마를 생성합니다.

```
pool(sandbox):wallet(mywallet):did(Th7...81Y):indy> ledger schema
name=mydriverlicense version=1.0 attr_names=name,age,licensenumber
Schema request has been sent to Ledger.
Metadata:
+------------------------+-----------------+--------------------+----------------------+
| From                   | Sequence Number | Request ID         | Transaction time     |
+------------------------+-----------------+--------------------+----------------------+
| Th7MpTaRZVRYnPiabds81Y | 18              | 1544418399030903286 | 2018-12-10 05:06:39 |
+------------------------+-----------------+--------------------+----------------------+
Data:
+----------------+---------+--------------------------------+
| Name           | Version | Attributes                     |
+----------------+---------+--------------------------------+
| mydriverlicense | 1.0    | "licensenumber","age","name"   |
+----------------+---------+--------------------------------+
```

2. ledger로부터 샘플 자격 증명 스키마를 쿼리합니다.

```
pool(sandbox):wallet(mywallet):did(Th7...81Y):indy> ledger getschema
```

```
did=Th7MpTaRZVRYnPiabds81Y name=mydriverlicense version=1.0
Following Schema has been received.
Metadata:
+-------------------------+----------------+-------------------+-
--------------------+
| Identifier | Sequence Number | Request ID | Transaction time |
+-------------------------+----------------+-------------------+-
--------------------+
| Th7MpTaRZVRYnPiabds81Y | 18 | 1544418499351543236 | 2018-12-10
05:06:39 |
+-------------------------+----------------+-------------------+-
--------------------+
Data:
+------------------+---------+------------------------------+
| Name | Version | Attributes |
+------------------+---------+------------------------------+
| mydriverlicense | 1.0 | "licensenumber","age","name" |
+------------------+---------+------------------------------+
```

3. 테스트 자격 증명 정의를 ledger에게 보냅니다. 이것은 cred-def 명령의 작동 방식을 보여주기 위해서만 필요합니다. schema_id와 primary는 유즈케이스에 따라 설정해야 합니다.

```
pool(sandbox):wallet(mywallet):did(Th7...81Y):indy>
ledger cred-def schema_id=18 signature_type=CL tag=1
primary={"n":"1","s":"2","rms":"3","r":{},"rctxt":"4","z":"5"}
NodeConfig request has been sent to Ledger.
Metadata:
+-------------------------+----------------+-------------------+-
--------------------+
| From | Sequence Number | Request ID | Transaction time |
+-------------------------+----------------+-------------------+-
--------------------+
| Th7MpTaRZVRYnPiabds81Y | 21 | 1544419102597743998 | 2018-12-10
05:18:22 |
+-------------------------+----------------+-------------------+-
--------------------+
Data:
+------------------------------------------------------------+
```

```
| Primary Key |
+--------------------------------------------------------+
| {n:"1",r:{"master_secret":"3"},rctxt:"4",s:"2",z:"5"} |
+--------------------------------------------------------+
```

4. ledger로부터 자격 증명 정의를 쿼리합니다.

```
pool(sandbox):wallet(mywallet):did(Th7...81Y):indy>
ledger get-cred-def schema_id=18 signature_type=CL tag=1
origin=Th7MpTaRZVRYnPiabds81Y
Following Credential Definition has been received.
Metadata:
+--------------------------+-----------------+--------------------+-
---------------------+
| Identifier | Sequence Number | Request ID | Transaction time |
+--------------------------+-----------------+--------------------+-
---------------------+
| Th7MpTaRZVRYnPiabds81Y | 21 | 1544419207049800109 | 2018-12-10
05:18:22 |
+--------------------------+-----------------+--------------------+-
---------------------+
Data:
+--------------------------------------------------------+
| Primary Key |
+--------------------------------------------------------+
| {n:"1",r:{"master_secret":"3"},rctxt:"4",s:"2",z:"5"} |
+--------------------------------------------------------+
```

작동 원리

Indy CLI에서, 실행할 명령을 대화식으로 지정합니다. Indy CLI의 명령 형식은 다음과 같습니다.

```
<command-group> <command> < param-name>=<param-value>...
```

현재 버전의 주요 명령 그룹은 지갑, DID, 풀, 원장입니다.

CHAPTER 9

Hyperledger 블록체인 확장성 및 보안

지금까지 Hyperledger 블록체인과 도구를 다루면서, 각 블록체인 별로 스마트 컨트랙트를 설정하고 실행하는 방법을 살펴보았습니다. 하지만 블록체인 확장성, 성능, 보안에 대해서는 많이 다루지 않았습니다. 본 장에서는 다음과 같은 이슈를 다룰 것입니다.

- Hyperledger 블록체인 확장성 및 성능
- Hyperledger 블록체인 보안
- Hyperledger 성능 측정

Hyperledger 블록체인 확장성 및 성능

퍼블릭 블록체인에서는 누구나 네트워크에 참여하여 트랜잭션을 실행할 수 있습니다. 비트코인bitcoin은 **PoW**Proof of Work 기반 합의 알고리즘을 실행하는데, 블록 1개의 생성 시간이 10분이고 고정 블록 크기는 1 MB입니다. 트랜잭션 최대 처리량은 초당 3.3-7 트랜잭션입니다. 6개 블록의 확정confirmation 대기 시간latency은 약 1시간이 걸립니다.

Hyperledger Fabric의 전체 프로세스를 간략히 살펴보겠습니다. 먼저, 트랜잭션 메시지가 오더링ordering 서비스에 제출됩니다. 오더러는 다양한 채널로부터 트랜잭션을 수신하고, 채널마다 이러한 메시지를 큐에 넣습니다. 오더러는 채널마다 새로운 트랜잭션 블록을 만들고, 가십 프로토콜을 통해 모든 피어에게 블록을 전달합니다. 가십 프로토콜은 채널의 피어를 연결하고, 확장 가능한 방식으로 원장 및 채널 데이터를 브로드캐스트합니다. 트랜잭션 메시지는 동일한 조직 내에서 주고받거나, 같은 채널 내 다른 조직의 피어 간에 주고받을 수 있습니다. 네트워크에 더 많은 피어를 추가하면, 참석한 채널 피어의 성능에만 영향을 미칩니다. 다른 채널은 영향을 받지 않습니다. 이 프로토콜은 네트워크 동작과 분리되어 있기 때문에, 데이터 무결성, 데이터 일관성, 확장성을 보장합니다. 퍼블릭 블록체인인 비트코인에서는 모든 트랜잭션이 일련의 순차적 작업을 통해 블록으로 처리되며 원장에 추가됩니다. 강력한 하드웨어를 사용하더라도, 이 순차적 프로세스 때문에 성능 이점을 많이 얻지 못합니다.

Hyperledger Fabric에서는 오더링 서비스에서 합의consensus가 이루어집니다. 더 많은 피어를 추가하면 동시성concurrency이 향상됩니다. 오더링 서비스는 모듈 방식으로 설계되어서 완전히 탈부착pluggable 가능합니다. 어플리케이션 유즈케이스를 위해, 확장 가능한 합의 메커니즘(Solo, Kafka, BFT[25])을 선택할 수도 있습니다. Kafka는 대표적인 분산된, 결함 허용의fault-tolerant, 고성능 메시지 플랫폼으로 배치batch 처리가 가능합니다. Hyperledger Fabric의 Kafka 오더링 메커니즘은 Apache Kafka를 활용하여 실시간으로 보증된endorsed 트랜잭션 데이터를 처리합니다. 오더러 클러스터로 설정할 수 있는 오더링 서비스는, Kafka 클러스터로 메시지를 처리합니다. 이를 통해 각 오더러 프로세스가 트랜잭션을 수신하고 동일한 순서로 블록을 생성하도록 합니다. 이러한 이벤트 중심 동기화sync 설계는 성능을 향상시킵니다. Kafka 합의는 제품화production 용도로 권장됩니다.

수행 절차

Hyperledger Fabric의 일부 성능 제약은 다음과 같습니다.

- 블록 크기 스케일링
- 보증인 스케일링
- 보증인 정책
- 채널 및 리소스 할당

---

[25] (역자) BTF(Byzantine Fault Tolerance): 비잔틴 결함 감내

블록 크기 스케일링

블록 크기를 늘리면 블록의 트랜잭션 처리량이 증가합니다. 하지만 많은 다른 요소가 성능에 영향을 미칩니다. 블록 크기가 증가하면 더 많은 컴퓨팅 파워가 필요합니다. 스토리지 요구 사항이 증가하고, 더 많은 네트워크 대역폭이 필요합니다.

제어와 관련된 Fabric 설정(configtx.yaml)을 통해, 메시지-트랜잭션 처리량을 다음과 같이 조정할 수 있습니다.

```
Orderer: &OrdererDefaults

    # Orderer Type: The orderer implementation to start
    # Available types are "solo" and "kafka"
    OrdererType: solo

    Addresses:
    # Batch Timeout: The amount of time to wait before creating a batch
    BatchTimeout: 2s

    # Batch Size: Controls the number of messages batched into a block
    BatchSize:

        # Max Message Count: The maximum number of messages to permit in a batch
        MaxMessageCount: 10

        # Absolute Max Bytes: The absolute maximum number of bytes allowed for
        # the serialized messages in a batch.
        AbsoluteMaxBytes: 99 MB

        # Preferred Max Bytes: The preferred maximum number of bytes allowed for
        # the serialized messages in a batch. A message larger than the preferred
        # max bytes will result in a batch larger than preferred max bytes.
        PreferredMaxBytes: 512 KB
```

다음은 몇 가지 설정입니다.

- MaxMessageCount: 배치마다 한 블록으로 허용할 최대 메시지/트랜잭션 갯수를 정의합니다.
- AbsoluteMaxBytes: 배치 하나에서 직렬화된 트랜잭션/메시지에 허용되는 절대absolute 최대 바이트 크기입니다.
- PreferredMaxBytes: 배치에서 허용되는 선호되는preferred 최대 바이트 크기입니다. 선호하는 최대 바이트보다 큰 트랜잭션/메시지는, 선호하는 최대 바이트보다 큰 배치를 생성합니다.

MaxMessageCount를 늘려 처리량을 최대화할 수 있습니다. 다른 경우에는 트랜잭션 처리량을 최적화하기 위해 `configtx.yaml`의 파라미터를 조정할 수 있습니다.

다음은 블록 크기와 **트랜잭션 도달률**Arrival Rate이 성능에 미치는 영향을 조사한 연구 결과입니다.

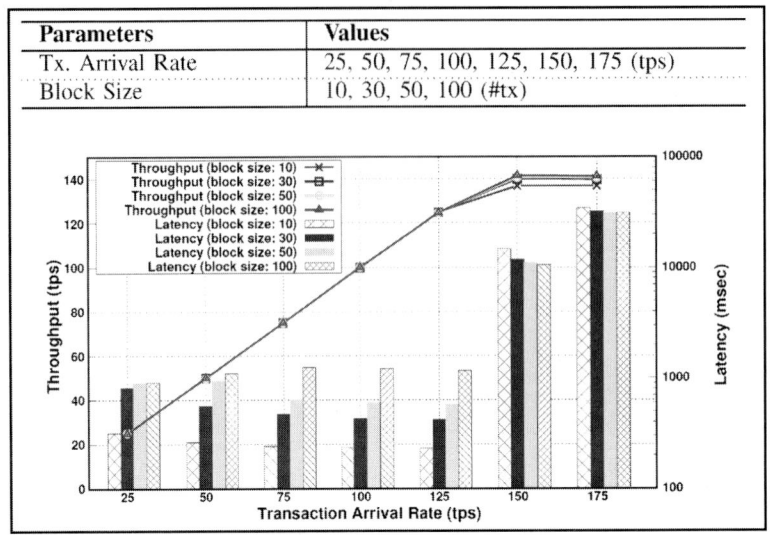

트랜잭션 도달률이 증가하면, **처리량**도 선형으로 증가합니다. 약 **140 tps**에서 처리량은 한계점saturation point에 도달하며, **지연 시간**Latency이 크게 증가합니다. 모든 블록 크기는 비슷한 지연 시간을 갖습니다. 피어가 오더링된 트랜잭션을 수신하면, **VSCC(Validation System Chaincode)**를 호출하여 트랜잭션의 유효성을 검증하기 때문입니다. VSCC 단계 중에, 검증 요청 수가 빠르게 증가하면 커밋 지연 시간에 영향을 줄 수 있습니다. 한계점 이전에 트랜잭션 속도가 증가하면, 블록 크기가 작을수록 빠릅니다. **도달률**이 증가해도 보증 및 브로드캐스트 지연 시간에는 영향을 미치지 않습니다. 하지만 트랜잭션 **지연 시간**에는 영향을 미칩니다. 결과는 다음과 같습니다.

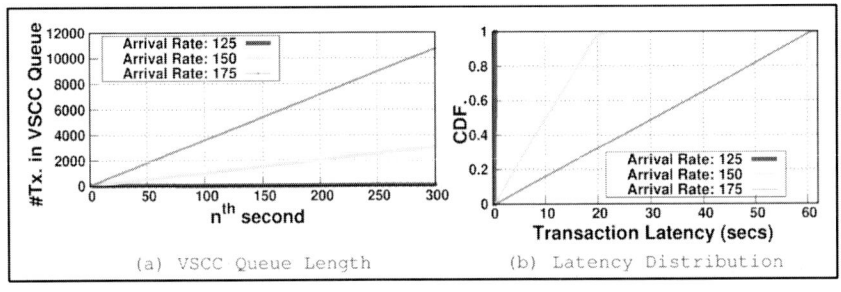

보증인 스케일링

피어 메시지 통신은 동일 채널 내에서 발생합니다. 보증인 노드를 다른 채널에 추가하면 채널 성능에 영향을 미치지 않습니다. 그러나 같은 채널에서 보증인 노드를 추가하면, 성능 처리량이 크게 영향을 받습니다.

본 섹션에서는 주로 동일 채널 내에서의 보증인 스케일링에 중점을 둡니다. 즉, 채널 하나로 제한하여 테스트를 수행합니다.

다음 연구 결과는 **보증인** 노드 추가에 따른 **tps**를 보여줍니다.

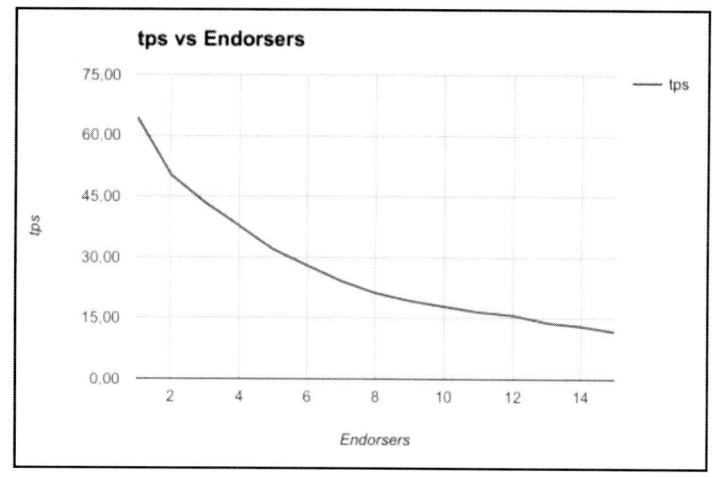

보증인 노드가 증가할수록 처리량이 급격히 감소함을 알 수 있습니다. 보증인이 체인코드를 실행할 때, 이들 보증인 노드는 서로 독립적으로 실행됩니다. 각 보증인은 같은 채널의 모든 보증인 노드와 메시지를 교환해야 합니다. 이는 프로세스의 메시지 네트워크 통신 부담을 크게 증가시키고, 성능 처리량에 영향을 미칩니다. 결과적으로, 같은 채널에서 보증인 수를 제한하는 것이 일반적입니다.

보증인 정책

Hyperledger Fabric에서는 사용자가 보증 정책을 정의할 수 있어서, 피어가 체인코드를 실행하는 법을 설정할 수 있습니다. 보증 정책에 따라 VSCC를 호출하여 트랜잭션을 검증하고, 거래 결과를 원장에 추가할 수 있습니다. 부울^{Boolean} 로직 문법을 사용하여, 보증 정책을 표현할 수 있습니다.

문법은 다음과 같습니다.

```
EXPR (E [, E...])
```

다음은 보증 정책의 몇 가지 예입니다.

```
AND('Org1.member', 'Org2.member') requests 1 signature from each of the two
principals

AND('Org1.member', OR('Org2.member', 'Org3.member')) requests a member of
the Org1 MSP and either 1 signature from a member of the Org2 MSP or 1
signature from a member of the Org3 MSP.
```

다음은 보증 정책의 영향을 조사한 몇 가지 연구 결과입니다.

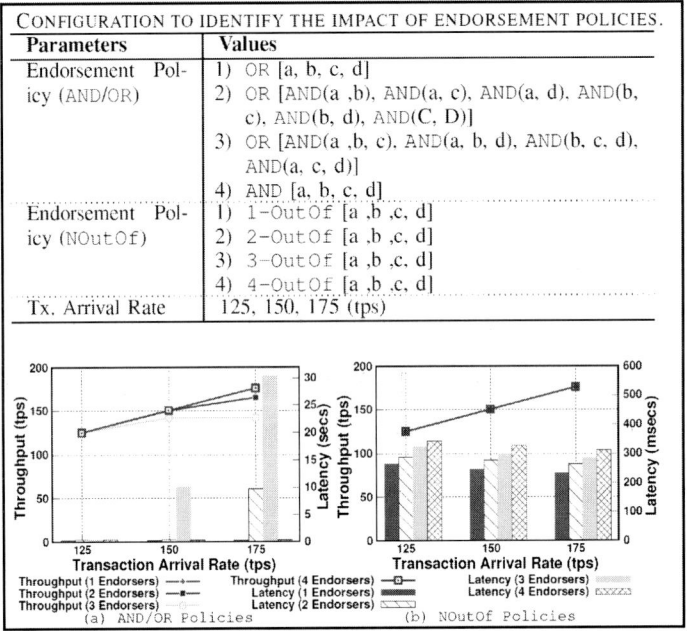

VSCC 대기 시간과 리소스 소비를 줄이기 위해, Fabric 신원, 서명, 하위 정책 갯수를 줄일 수 있습니다.

채널 및 리소스 할당

연구에 따르면, 채널을 더 추가할수록 처리량이 증가하고 대기 시간이 감소합니다. 리소스 활용 비율도 증가합니다.

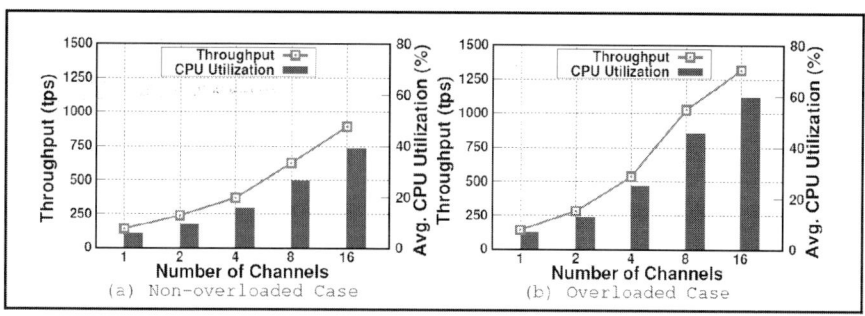

동일 채널의 네트워크 멤버들만 유효성 검사를 수행하고, 원장 프로세스를 커밋합니다. 채널 트랜잭션은 다른 채널과 분리되어 있습니다. 채널 수를 늘리면 트랜잭션 보증, 유효성 검사, 커밋을 동시에 실행할 수 있습니다. 이는 처리량을 높이고 리소스 활용도를 높입니다.

Hyperledger 블록체인 보안

퍼블릭 블록체인과 달리, Hyperledger Fabric은 퍼미션 기반 블록체인 네트워크입니다. 퍼미션 블록체인 네트워크는 각 노드의 신원을 알고 있으며, 모든 참가자가 서로를 알고 있습니다. 모든 노드가 서로를 신뢰할 수 있으므로, 신뢰를 구축하기 위한 마이닝 파워가 필요 없습니다. 덕분에, BFT 프로토콜과 같은 다양한 합의 메커니즘을 선택할 수 있습니다. 퍼미션 블록체인의 중앙 집중식 신원 관리는 시빌^{Sybil} 공격을 방지합니다. 네트워크의 참여자는 체인코드로 제어되는 이체, 쿼리, 트랜잭션 호출을 수행할 수 있습니다. 엔터프라이즈 어플리케이션에는 종종 복잡한 엔터프라이즈 보안 표준이 필요한데, 퍼미션 네트워크는 이 시나리오에 매우 적합합니다.

Hyperledger Fabric은 네트워크의 각 구성원에 대한 인증서를 발급하기 위한 모듈식 CA 컴포넌트인 Fabric CA를 제공합니다. Fabric CA는 사용자 등록, 인증서 발급, 갱신, 해지 등을 허용합니다. 네트워크 사용자는 인증서를 제시하여 자신의 신원과 소유권^{ownership}을 증명할 수 있습니다. 승인된Authorized 인증서를 사용하여 트랜잭션에 서명하고, 네트워크에서 수행되는 작업을 검증할 수 있습니다. 이를 통해 네트워크 활동에 대한 ACL[26] 기반 접근 제어가 가능하며, 등록된 사용자의 모든 트랜잭션을 네트워크가 추적할 수 있습니다. 네트워크의 멤버들은 ACL 기반 접근 제어를 통해 프라이빗private 및 기밀confidential 채널, 어플리케이션, 데이터 접근이 제어됩니다. 채널의 승인된 참가자는 디지털 자산을 안전하게 공유하고 교환할 수 있습니다. 보안 채널에는 연관된 원장이 존재하는데, 이 원장에는 트랜잭션 원장 데이터와 업데이트 가능한 월드 스테이트world state 데이터가 포함됩니다. 채널의 각 피어는 원장 사본을 저장합니다.

본 섹션에서는 Fabric CA 클라이언트와 서버를 설정하겠습니다. 그런 다음 사용자 신원을 생성하고 등록register and enroll합니다.

수행 절차

Fabric CA 서버를 설치하기 전에 미리 준비되어야 할 소프트웨어가 있습니다. Go 버전 1.10 이상을 설치하고 GOPATH 환경변수가 올바르게 설정되어 있는지 확인합니다. Go 설치 방법에 대한 자세한 내용은 1장을 참조바랍니다.

Fabric CA 서버

다음 단계를 수행합니다.

1. Golang 개발 환경을 설정합니다.

    ```
    mkdir go
    export GOPATH=/home/ubuntu/go
    export PATH=/usr/local/go/bin:$GOPATH/bin/:$PATH
    ```

2. `libtool` 및 `libtdhl-dev` 패키지를 설치합니다.

    ```
    sudo apt install libtoollibltdl-dev
    ```

---

[26] (역자) ACL(Access Control List): 접근 제어 목록

3. fabric-ca-server와 fabric-ca-client를 설치합니다.

   ```
   go get -u github.com/hyperledger/fabric-ca/cmd/...
   ```

   fabric-ca-server 및 fabric-ca-client 바이너리가 설치되었습니다. $GO-PATH/bin 아래에 fabric-ca-client와 fabric-ca-server가 설치되어 있는지 확인합니다.

   ```
   ubuntu@ip-172-31-7-32:~/go$ ls -lrt
   total 12
   drwxrwxr-x 3 ubuntu ubuntu 4096 Jan 25 05:30 src
   drwxrwxr-x 3 ubuntu ubuntu 4096 Jan 25 05:30 pkg
   drwxrwxr-x 2 ubuntu ubuntu 4096 Jan 25 05:30 bin
   ubuntu@ip-172-31-7-32:~/go$ cd bin
   ubuntu@ip-172-31-7-32:~/go/bin$ ls -lrt
   total 41340
   -rwxrwxr-x 1 ubuntu ubuntu 19629432 Jan 25 05:30 fabric-ca-client
   -rwxrwxr-x 1 ubuntu ubuntu 22698344 Jan 25 05:30 fabric-ca-server
   ```

4. 다음 명령을 입력하여 fabric-ca-server를 구동합니다.

   ```
   fabric-ca-server start -b admin:adminpw
   ```

   출력은 다음과 같습니다.

   ```
   ubuntu@ip-172-31-7-32:~$ fabric-ca-server start -b admin:adminpw
   2019/01/25 05:35:29 [INFO] Created default configuration file at /home/ubuntu/fabric-ca-server-config.yaml
   2019/01/25 05:35:29 [INFO] Starting server in home directory: /home/ubuntu
   2019/01/25 05:35:29 [INFO] Server Version: 1.4.1
   2019/01/25 05:35:29 [INFO] Server Levels: &{Identity:2 Affiliation:1 Certificate:1 Credential:1 RAInfo:1 Nonce:1}
   2019/01/25 05:35:29 [WARNING] &{69 The specified CA certificate file /home/ubuntu/ca-cert.pem does not exist}
   2019/01/25 05:35:29 [INFO] generating key: &{A:ecdsa S:256}
   2019/01/25 05:35:29 [INFO] encoded CSR
   2019/01/25 05:35:29 [INFO] signed certificate with serial number 366523738112960211079143755629086260650659999994
   2019/01/25 05:35:29 [INFO] The CA key and certificate were generated for CA
   2019/01/25 05:35:29 [INFO] The key was stored by BCCSP provider 'SW'
   2019/01/25 05:35:29 [INFO] The certificate is at: /home/ubuntu/ca-cert.pem
   2019/01/25 05:35:30 [INFO] Initialized sqlite3 database at /home/ubuntu/fabric-ca-server.db
   2019/01/25 05:35:30 [INFO] The issuer key was successfully stored. The public key is at: /home/ubuntu/IssuerPublicKey, secret key is at: /home/ubuntu/msp/keystore/IssuerSecretKey
   2019/01/25 05:35:30 [INFO] Idemix issuer revocation public and secret keys were generated for CA
   2019/01/25 05:35:30 [INFO] The revocation key was successfully stored. The public key is at: /home/ubuntu/IssuerRevocationPublicKey, private key is at: /home/ubuntu/msp/keystore/IssuerRevocationPrivateKey
   2019/01/25 05:35:30 [INFO] Home directory for default CA: /home/ubuntu
   2019/01/25 05:35:30 [INFO] Listening on http://0.0.0.0:7054
   ```

fabric-ca-server가 구동하여 포트 7054에서 수신 대기합니다.

Fabric CA 클라이언트

fabric-ca-server를 방금 구동했습니다. 두 번째 터미널을 열고, admin 터미널과 같은 방식으로 Go path를 설정했는지 확인합니다. fabric-ca-client 등록을 실행하여 admin을 등록합시다.

```
fabric-ca-client enroll -u http://admin:adminpw@localhost:7054
```

fabric-ca-client 명령은 Fabric CA 서버의 기본 주소인 localhost:7054를 가리킵니다. 제대로 작동하면, 다음과 같은 클라이언트 및 서버 터미널 화면이 나옵니다.

Fabric CA 서버는 Fabric CA 클라이언트가 서명한 인증서를 수신하는데, 여기에는 일련번호가 있는 등록 요청이 있습니다. Fabric CA 클라이언트 창에서, 루트 CA, **등록 인증서(ECert)**, 해당 개인키, CA 인증서 체인 PEM 파일이 fabric-ca/clients/admin/msp 디렉토리에 저장되어 있음을 확인할 수 있습니다.

Fabric CA 데이터베이스

기본적으로 Fabric CA는 SQLite 데이터베이스에 사용자 정보를 저장합니다. 이전 단계에서, SQLite 데이터베이스에 관리자를 등록했습니다. 이 사용자가 SQLite 데이터베이스에 저장되어 있는지 확인하겠습니다. 먼저 SQLite를 설치합시다.

1. sqlite3을 설치하려면 다음 설치 명령을 실행합니다.

    ```
    sudo apt-get update
    sudo apt-get install sqlite3
    ```

2. 설치가 완료되면 SQLite 서버를 시작하고 fabric-ca-server.db에 연결합니다.

```
sqlite3 fabric-ca-server.db
```

SQLite CLI로 들어갑니다. 이제 몇 가지 SQLite 명령을 실행할 수 있습니다.

3. 다음 명령을 입력하여 기존 데이터베이스를 확인합니다.

```
sqlite3> .database
```

4. 이제 기존 테이블을 확인합니다.

```
sqlite3> .table
```

결과는 다음과 같습니다.

```
ubuntu@ip-172-31-7-32:~$ sqlite3 fabric-ca-server.db
SQLite version 3.11.0 2016-02-15 17:29:24
Enter ".help" for usage hints.
sqlite> .database
seq  name              file
---  ----------------  ----------------------------------
0    main              /home/ubuntu/fabric-ca-server.db
sqlite> .table
affiliations          properties
certificates          revocation_authority_info
credentials           users
nonces
sqlite>
```

5. users 테이블에서 등록된 사용자 레코드를 확인합니다.

```
sqlite3> select * from users;
```

```
sqlite> select * from users;
admin|92a3103uw23OvnwyeZMCBGfbP5eDerBAdoj7VNSXq48vQQ58jdvkrJ1tdU52|client|||[{"name":"hf.GenCRL","value":"1"},{"name":"hf.Registrar.Attributes","value":"*"},{"name":"hf.AffiliationMgr","value":"1"},{"name":"hf.Registrar.Roles","value":"*"},{"name":"hf.Registrar.DelegateRoles","value":"*"},{"name":"hf.Revoker","value":"1"},{"name":"hf.IntermediateCA","value":"1"}]|1|-1|2|0
sqlite>
```

admin 사용자가 users 테이블 아래에 저장되어 있음을 볼 수 있습니다. 이제 admin2 ID를 가진 새 사용자를 등록할 수 있습니다. 이 사용자의 affiliation은 org1.department1, hf.Revoker 속성은 true, admin 속성은 true : ecert로 설정합니다. :ecert 접미사[suffix]는 사용자 등록 인증서에 admin 속성이 포함되어 있으며, 향후 접근제어 결정에 사용될 수 있음을 의미합니다. 수행할 명령은 다음과 같습니다.

```
fabric-ca-client register --id.name admin2 --id.affiliation
org1.department1 --id.attrs 'hf.Revoker=true,admin=true:ecert'
```

6. SQLite에서 select * from users를 다시 실행합니다. 이제 새 사용자인 admin2가 데이터베이스에 성공적으로 추가되었음을 볼 수 있습니다.

작동 원리

다음 그림은 Fabric CA 아키텍처를 보여줍니다.

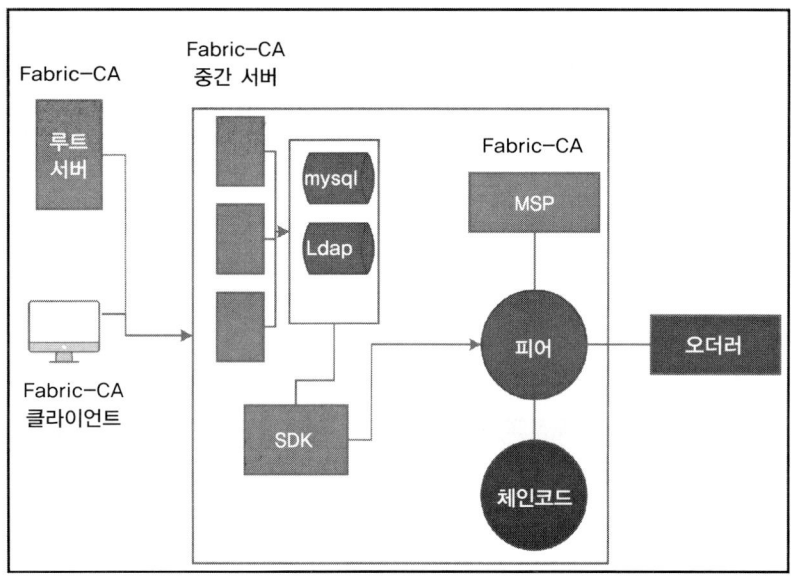

패브릭 CA **루트 서버**는 전체 CA 트리의 루트 노드입니다. 이는 중간[intermediate] Fabric CA 서버의 클러스터를 연결하여 Fabric 신원과 인증서를 관리합니다. Fabric CA 중간 서버는 저장된 사용자 데이터베이스에 연결하여, 사용자의 신원과 인증서를 추적합니다. Fabric CA 클라이언트는 Fabric SDK를 통해 이들 서버에 연결됩니다.

패브릭 CA 서버가 구동하면, 서버는 몇 가지 기본 설정 파일과 .pem 키 파일을 생성합니다.

```
fabric-ca-server-config.yaml, ca-cert.pem, IssuerPublicKey,
fabric-caserver.db
```

fabric-ca-server-config.yaml은 다양한 fabric-ca-server 명령(포트 번호, db 설정, 레지스트리 신원 정보, ca 설정 등)을 정의합니다.

fabric-ca-server-config.yaml의 예는 다음과 같습니다.

```
port: 7054
tls:
  enabled: false
  certfile:
  keyfile:
  clientauth:
    type: noclientcert
    certfiles:
ca:
  name:
  keyfile:
  certfile:
  chainfile:
registry:
  maxenrollments: -1
  identities:
    - name: <<<adminUserName>>>
      pass: <<<adminPassword>>>
      type: client
      affiliation: ""
      attrs:
        hf.Registrar.Roles: "*"
        hf.Registrar.DelegateRoles: "*"
        hf.Revoker: true
        hf.IntermediateCA: true
        hf.GenCRL: true
        hf.Registrar.Attributes: "*"
        hf.AffiliationMgr: true
db:
  type: sqlite3
  datasource: fabric-ca-server.db
  tls:
    enabled: false
    certfiles:
    client:
      certfile:
      keyfile:
affiliations:
  org1:
    - department1
    - department2
  org2:
    - department1
signing:
  default:
    usage:
      - digital signature
    expiry: 8760h
```

 설정 파일은 어플리케이션 요구에 따라 수정할 수 있습니다.

`fabric-ca-client` 도구는 `fabric-ca-client-config.yaml` 설정을 읽고 `fabric-ca-server`와 통신합니다. 클라이언트 측 명령을 실행하면 `fabric-ca-client`에서 사용자를 등록 또는 호출할 수 있습니다. 다음은 간략한 Fabric 클라이언트 설정 파일입니다.

```yaml
# URL of the Fabric-ca-server (default: http://localhost:7054)
url: <<<URL>>>
mspdir: msp
tls:
    # TLS section for secure socket connection
  certfiles:
  client:
    certfile:
    keyfile:
csr:
  cn: <<<ENROLLMENT_ID>>>
  keyrequest:
    algo: ecdsa
    size: 256
  serialnumber:
  names:
    - C: US
      ST: North Carolina
      L:
      O: Hyperledger
      OU: Fabric
  hosts:
    - <<<MYHOST>>>
  name:
  type:
  affiliation:
  maxenrollments: 0
  attributes:
enrollment:
  profile:
  label:
caname:
bccsp:
    default: SW
    sw:
        hash: SHA2
        security: 256
        filekeystore:
            # The directory used for the software file-based keystore
            keystore: msp/keystore
```

설정 파일은 fabric-ca-server에 대한 연결 URL, msp 위치, tlsconfiguration, 등록 세부 사항 등을 정의합니다. 이러한 설정을 조정하여, fabric-ca-client의 클라이언트 보안 파일 및 환경변수 생성 방법을 제어할 수 있습니다.

Hyperledger 성능 측정

우리는 블록체인 시스템이 최적의 성능을 발휘하길 기대합니다. 성능 평가의 목표는 시스템에서 트랜잭션 처리량, 대기 시간을 측정할 뿐만 아니라, OS, 네트워크, 블록체인 수준 IO 및 가용성 모두를 포괄하는 것입니다.

벤치마크는 시스템 성능을 잘 측정해야 하고, 측정 결과를 쉽게 전달할 수 있어야 합니다. 표준화된 측정 프로세스를 구축하고, 일련의 기준, 조건 또는 성능이 평가되는 프로그램을 기반으로 테스트 계획을 실행합니다. 분석 결과는 이해하기 쉬워야 하며, 분석 결과의 공정성을 사용자와 업체 모두가 만족할 수 있어야 합니다.

Hyperledger 프로젝트 중 하나는 블록체인 성능을 파악하기 위한 벤치마크 도구를 개발합니다. 이 도구는 바로 **Hyperledger Caliper**입니다. 여러 엔터프라이즈 블록체인과 연동 가능하고, 미리 정의된 유즈케이스를 통해 블록체인 성능을 측정하고 성능 테스트 보고서를 생성할 수 있습니다. 이 보고서에는 Hyperledger 성능뿐만 아니라 Scale Working Group에서 정의한 표준 성능 지표가 포함되어 있습니다. Caliper는 테스트 케이스를 구현하는데 도움이 되는 **NBI(Northbound Interfaces)** 인터페이스를 제공합니다. 현재 버전의 Caliper는 다음을 포함한 여러 블록체인 솔루션을 지원합니다.

- Fabric(v1.0+)
- Burrow 1.0
- Sawtooth 1.0+
- Iroha 1.0 beta-3
- Hyperledger Composer

Caliper는 블록체인의 몇 가지 주요 지표를 테스트 결과로 측정합니다. 주요 지표는 다음과 같습니다.

성공률, 실패율, 트랜잭션 전송률, 트랜잭션/읽기 대기 시간(최대, 최소, 평균), 트랜잭션/읽기 처리량

다음은 테스트 결과 예제입니다.

```
+------+------+------+-----------+-------------+-------------+-------------+------------+
| Name | Succ | Fail | Send Rate | Max Latency | Min Latency | Avg Latency | Throughput |
+------+------+------+-----------+-------------+-------------+-------------+------------+
| open | 583  | 0    | 38.4 tps  | 0.41 s      | 0.05 s      | 0.18 s      | 38.2 tps   |
+------+------+------+-----------+-------------+-------------+-------------+------------+
```

다른 테스트 결과 예제는 다음과 같습니다.

```
info: [bench-flow.js]: ###test result:###
info: [bench-flow.js]:
+-------+------+------+-----------+-------------+-------------+-------------+------------+
| Name  | Succ | Fail | Send Rate | Max Latency | Min Latency | Avg Latency | Throughput |
+-------+------+------+-----------+-------------+-------------+-------------+------------+
| query | 0    | 15   | 7.3 tps   | 0.00 s      | 100000.00 s | NaN s       | 0.0 tps    |
+-------+------+------+-----------+-------------+-------------+-------------+------------+
```

트랜잭션/대기 시간은 응답이 수신되고 요청이 제출되는 시간입니다. 트랜잭션/읽기 처리량은 다음 공식을 사용하여 계산됩니다.

> 트랜잭션 처리량 = 커밋된 총 트랜잭션 수 / 초 단위의 총 시간 @ #committed node

트랜잭션/읽기 처리량은 블록체인 네트워크의 모든 노드에서 유효한 트랜잭션이 커밋되는 비율입니다. 이 비율은 일반적으로 초당 트랜잭션Transaction Per Second, TPS으로 표시됩니다. 보고서 요약에는 리소스 통계도 포함됩니다. 리소스 TYPE(Process, Docker), Memory(max, avg), CPU(max, avg), 네트워크 IO(Traffic In, Traffic Out) 및 디스크 IO(Disk Read, Disc Write)가 표시됩니다.

```
info: [bench-flow.js]: ### resource stats ###
info: [bench-flow.js]:
+---------+-----------------------------+-------------+-------------+----------+----------+------------+-------------+-----------+------------+
| TYPE    | NAME                        | Memory(max) | Memory(avg) | CPU(max) | CPU(avg) | Traffic In | Traffic Out | Disc Read | Disc Write |
+---------+-----------------------------+-------------+-------------+----------+----------+------------+-------------+-----------+------------+
| Process | node local-client.js(avg)   | 102.9MB     | 101.1MB     | 33.01%   | 10.24%   | -          | -           | -         | -          |
| Docker  | dev-peer0.org2.example.co...1c-v0 | 43.9MB | 41.6MB     | 8.67%    | 5.49%    | 1.1MB      | 579.9KB     | 0B        | 0B         |
+---------+-----------------------------+-------------+-------------+----------+----------+------------+-------------+-----------+------------+
```

사전 준비

시작하기 전에, 필수 구성 요소를 설치했는지 확인해야 합니다.

- Node.js 8.x
- node-gyp
- Docker
- Docker Compose

수행 절차

Ubuntu에 로그인하고, Caliper 프로젝트를 홈 디렉토리 아래에 가져옵니다. 다음 `git` 명령을 실행합니다.

```
git clone https://github.com/hyperledger/caliper.git
```

Caliper 프로젝트의 소스코드가 모두 다운로드 됩니다. Caliper 프로젝트의 구조는 다음과 같습니다.

```
ubuntu@ip-172-31-5-77:~/caliper$ ls -lrt
total 248
-rw-rw-r--    1 ubuntu ubuntu   1538 Jan 21 03:32 README.md
-rw-rw-r--    1 ubuntu ubuntu   1580 Jan 21 03:32 PULL_REQUEST_TEMPLATE.md
-rw-rw-r--    1 ubuntu ubuntu  11358 Jan 21 03:32 LICENSE
-rw-rw-r--    1 ubuntu ubuntu   1318 Jan 21 03:32 ISSUE_TEMPLATE.md
-rw-rw-r--    1 ubuntu ubuntu   2571 Jan 21 03:32 CONTRIBUTING.md
drwxrwxr-x    2 ubuntu ubuntu   4096 Jan 21 03:32 config
drwxrwxr-x    7 ubuntu ubuntu   4096 Jan 21 03:32 benchmark
drwxrwxr-x    2 ubuntu ubuntu   4096 Jan 21 03:32 scripts
drwxrwxr-x    8 ubuntu ubuntu   4096 Jan 21 03:32 network
drwxrwxr-x    4 ubuntu ubuntu   4096 Jan 21 03:32 test
drwxrwxr-x    6 ubuntu ubuntu   4096 Jan 21 03:32 src
drwxrwxr-x    2 ubuntu ubuntu   4096 Jan 21 06:23 log
drwxrwxr-x    4 ubuntu ubuntu   4096 Jan 21 06:23 coverage
drwxrwxr-x  340 ubuntu ubuntu  16384 Jan 21 07:04 node_modules
-rw-rw-r--    1 ubuntu ubuntu   2834 Jan 21 07:04 package.json
-rw-rw-r--    1 ubuntu ubuntu 169315 Jan 21 07:04 package-lock.json
```

의존성 설치

본 섹션에서는 Caliper를 사용하여 Fabric 블록체인 성능을 테스트합니다. 현재 Caliper의 안정 버전은 v1.1.0입니다. 모든 의존성 라이브러리가 이 버전과 일치하는지 확인해야 합니다. 먼저 Caliper 폴더 아래에 grpc, fabric-ca-client, fabric-client를 설치하고, 이 세 가지 노드 라이브러리가 모두 1.10.0인지 확인합니다.

```
npm install grpc@1.10.0
npm install fabric-ca-client@1.10.0
npm install fabric-client@1.10.0
```

벤치마크 실행

모든 의존성이 설치되면, benchmark 폴더로 이동합니다. 이 폴더에는 몇 가지 미리 정의된 벤치마크가 있습니다.

```
ubuntu@ip-172-31-5-77:~/caliper/benchmark$ ls -lrt
total 20
drwxrwxr-x 3 ubuntu ubuntu 4096 Jan 21 03:32 smallbank
drwxrwxr-x 2 ubuntu ubuntu 4096 Jan 21 03:32 marbles
drwxrwxr-x 2 ubuntu ubuntu 4096 Jan 21 03:32 drm
drwxrwxr-x 4 ubuntu ubuntu 4096 Jan 21 03:40 composer
drwxrwxr-x 2 ubuntu ubuntu 4096 Jan 21 07:06 simple
```

'npm test - benchmark_name'을 입력하여 이 벤치마크를 실행할 수 있습니다. 간단한 벤치마크를 실행해 봅시다.

```
ubuntu@ip-172-31-5-77:~/caliper/benchmark$ npm test -- simple
```

간단한 벤치마크 성능 테스트가 실행됩니다. 모든 것이 제대로 실행되면, 콘솔에 다음과 같은 보고서 통계가 출력되는 것을 볼 수 있습니다.

simple 폴더 아래에 테스트 보고서가 있습니다.

생성된 HTML 보고서 파일을 열면, 다음과 같은 보고서 페이지가 표시됩니다.

Caliper의 테스트 보고서는 성능 측정 매트릭스에 대한 많은 상세 정보를 제공합니다. 이 정보는 다양한 성능 문제를 진단하고 해결하는데 도움이 됩니다.

작동 원리

다음 그림은 Caliper의 전체 아키텍처의 개요와 각 컴포넌트의 계층 구조를 제공합니다.

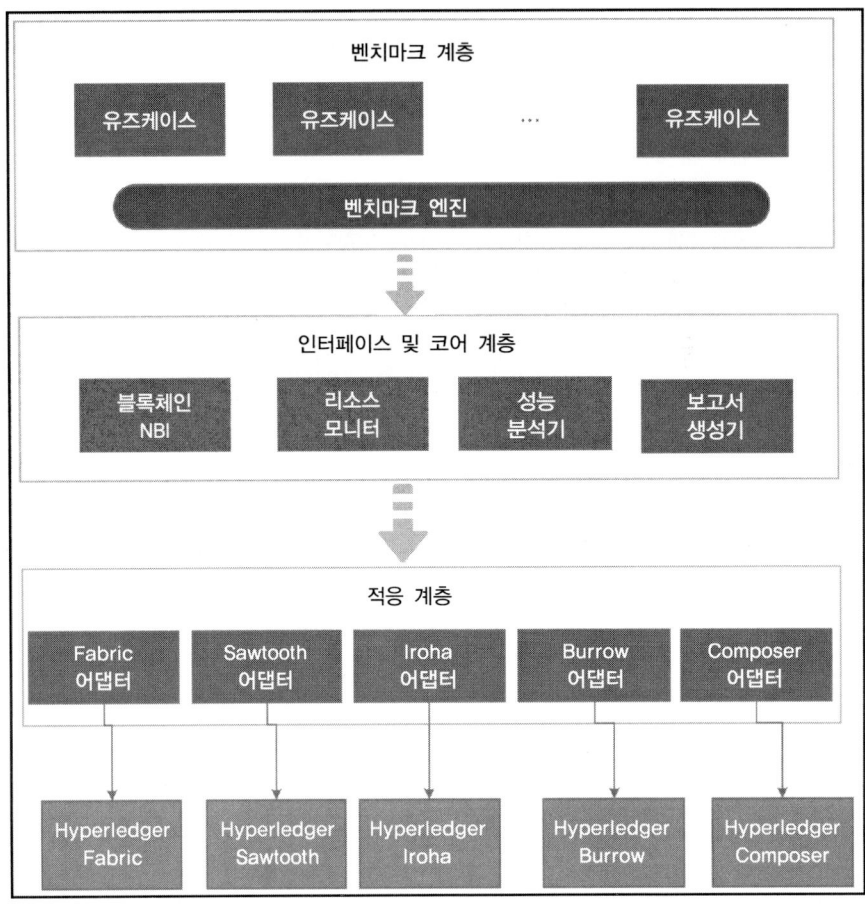

Caliper는 4개의 계층이 있습니다. **벤치마크 계층**, **인터페이스 및 코어 계층**, **적응**adaption **계층**, 실제 블록체인입니다. 서로 분리된 이 계층은 필요한 컴포넌트를 쉽게 탈부착 할 수 있습니다.

적응 계층

적응 계층은 기존 블록체인 네트워크에 직접 연결됩니다. Fabric, Burrow, Sawtooth, Iroha, Composer를 포함한 다양한 유형의 어댑터adaptor가 있습니다. 각 어댑터는 관련된 블록체인 SDK 또는 RESTful API를 사용하여 Caliper 블록체인 NBI를 구현합니다. Caliper NBI는 일반적인 블록체인 운영 방법을 정의하는 인터페이스로, 블록체인 네트워크와 상호 작용할 수 있습니다. Fabric CLI 컨테이너와 마찬가지로, 원장에서 스마트 컨트랙트를 설치, 인스턴스화, 호출, 쿼리할 수 있습니다. NBI는 어플리케이션의 클라이언트가 여러 개의 블록체인 시스템에 대한 테스트를 작성하는데 사용될 수 있습니다.

인터페이스 및 코어 계층

인터페이스 및 코어 계층은 적응 계층과 벤치마크 어플리케이션 계층을 연결합니다. 어플리케이션 계층과 상호 작용할 수 있는 NBI 인터페이스를 제공합니다. 이 계층은 NBI에 정의된 핵심 함수를 구현합니다. NBI 인터페이스에는 다음과 같은 네 가지 종류의 NBI가 제공됩니다.

- **블록체인 운영 인터페이스**: 스마트 컨트랙트 배포, 컨트랙트 호출, 원장 상태 데이터 쿼리를 정의합니다.
- **리소스 모니터**: 블록체인에서 주요 리소스 메트릭 정보(예: 트랜잭션 대기 시간, 읽기 처리량, 리소스 통계)를 읽습니다. 두 가지 종류의 모니터를 제공합니다. 하나는 로컬 프로세스를 감시하고 다른 하나는 로컬 또는 원격 Docker 컨테이너를 감시합니다.
- **성능 분석기**: 미리 정의된 구성 파일을 사용하여 성능 테스트를 수행하는 도중에, 미리 정의된 성능 통계(예: TPS, 지연, 성공률)를 분석하는 유틸리티입니다. 또한 벤치마크 결과를 제공합니다. 이 도구는 NBI 함수(예: 트랜잭션 커밋, 블록체인 데이터 쿼리, 상태 업데이트)를 호출하는 동안, 시스템의 주요 메트릭을 기록합니다.
- **보고서 생성기**: HTML 형식의 테스트 보고서를 생성하고, 콘솔에서 보고서 요약을 출력합니다.

어플리케이션 계층

어플리케이션 계층을 **벤치마크 계층**이라고 합니다. 여기에는 사전 정의된 벤치마크 테스트 케이스가 포함됩니다. Caliper는 미리 정의된 테스트 케이스가 있습니다. 각 테스트에는 설정 파일 세트가 있습니다. 이 파일은 테스트 절차, 블록체인 네트워크 설정, 성능 관련 테스트 인수를 정의합니다. 간단한 테스트 케이스 설정 파일은 다음과 같습니다.

```
test:
  name: simple
  clients:
    type: local
    number: 5
  rounds:
  - label: query
    txNumber:
    - 1000
    rateControl:
    - type: fixed-rate
      opts:
        tps: 100
    callback: benchmark/simple/query.js
monitor:
  type:
  - docker
  - process
  docker:
    name:
    - all
  process:
  - command: node
    arguments: local-client.js
    multiOutput: avg
  interval: 1
```

`rounds` 설정은 테스트를 실행하는데 필요한 라운드 수를 정의합니다. 각 라운드에 대해, `label`은 테스트 함수의 이름을 정의하고, `txNumber`는 하위 라운드 테스트 번호의 배열을 정의합니다. `rateControl`은 트랜잭션의 비율rate type 및 제출submission 비율을 지정합니다. `monitor` 섹션에서, `type`은 지원되는 리소스 타입(예: `docker`, `process`)을 정의합니다. 파일에서 `docker` 컨테이너 목록이 감시watch됩니다. `process` 섹션은 테스트 중에 명령을 실행하는 방법을 정의합니다.

Caliper는 `network` 폴더 아래에 기본 네트워크 설정 파일도 제공합니다. 예를 들어, 간단한 Fabric 테스트 케이스 네트워크 파일은 `caliper/network/fabric-v1.2` 아래에 있습니다.

이 설정 파일은 **테스트 대상 시스템**System Under Test, SUT과 상호 작용하는 방법을 지정합니다.

```
{
  "caliper" : {
    "blockchain": "fabric",
    "command" : {
      "start": "docker-compose -f network/fabric-v1.2/customdomain/docker-compose-tls.yaml up -d"
      "end" : "docker-compose -f network/fabric-v1.2/customdomain/docker-compose-tls.yaml down;do
    }
  },
  "fabric": {
    "cryptodir": "network/fabric-v1.2/customdomain/crypto-config",
    "network": {
      "orderer": {
        "url": "grpcs://localhost:7050",
        "mspid": "OrdererMSP",
        "domain": "mydomain.com",
        "user": {
          "key": ".../key.pem",
          "cert": ".../Admin@mydomain.com-cert.pem"
        },
        "server-hostname": "orderer.mydomain.com",
        "tls_cacerts": ".../tls/ca.crt"
      },
      "org1": {
        "name": "peerOrg1",
        "mspid": "org1MSP",
        "domain": "org1.mydomain.com",
        "user": {..},
        "ca": {...},
        "peer1": {..},
      }
    },
    "channel": [
      {
        "name": "mychannel",
        "config": "network/fabric-v1.2/customdomain/mychannel.tx",
        "organizations": ["org1", "org0"],
        "deployed": false
      }
    ],
    "chaincodes": [
      {"id": "simple",
       "path": "src/contract/fabric/simple/node",
       "language":"node", "version": "v0", "channel": "mychannel"}
    ]
  }
}
```

Fabric 네트워크 설정 파일은 노드(orderer 및 org1)의 정보를 정의합니다. 이 설정 파일은 트랜잭션 제출 및 유효성 검사 방법도 제어합니다. 채널 설정과 참가자 정보도 포함되어 있습니다. 체인코드는 채널 id, 배포 path, 체인코드 language, information 채널을 지정합니다.

Caliper 테스트 실행을 시작하면, 벤치마크 엔진이 마스터 벤치마크를 시작합니다. 그런 다음 네 단계로 구성된 기본 테스트 흐름을 실행합니다.

- **준비 단계**: 이 단계에서 마스터는 테스트 컨텍스트를 준비하고 스마트 컨트랙트를 네트워크에 배포 및 설치합니다. 그 다음 모니터 도구를 시작하여 백엔드 블

록체인 시스템의 리소스 소비를 감시합니다.
- **테스트 실행 단계**: 이 단계에서 마스터는 테스트 클라이언트에 작업을 할당합니다. 각 테스트 클라이언트는 테스트 케이스를 실행하는데 사용되며, 비율 컨트롤러 및 트랜잭션 갯수와 같은 특정 벤치마크 설정을 따릅니다. 각 테스트 케이스 스크립트는 SUT와의 상호 작용을 정의합니다. 이 단계에서 마스터는 테스트를 수행하기 위해 루프loop를 시작하고, 벤치마크 설정 파일을 따릅니다. 정의된 작업량workload에 따라 작업이 생성되어 클라이언트에 할당됩니다. 클라이언트가 반환한 성능 통계는 나중에 분석하기 위해 저장됩니다.
- **성능 분석 단계**: 테스트 실행 중에 테스트 클라이언트가 성능 통계를 반환했습니다. 성능 분석기는 이 데이터를 사용하여 핵심 성능 매트릭스를 분석하고 측정합니다.
- **테스트 보고서 단계**: 보고서 생성기는 테스트 결과를 수집하고, HTML 형식의 테스트 보고서를 생성합니다.

벤치마크 엔진 테스트 프로세스는 다음과 같습니다.

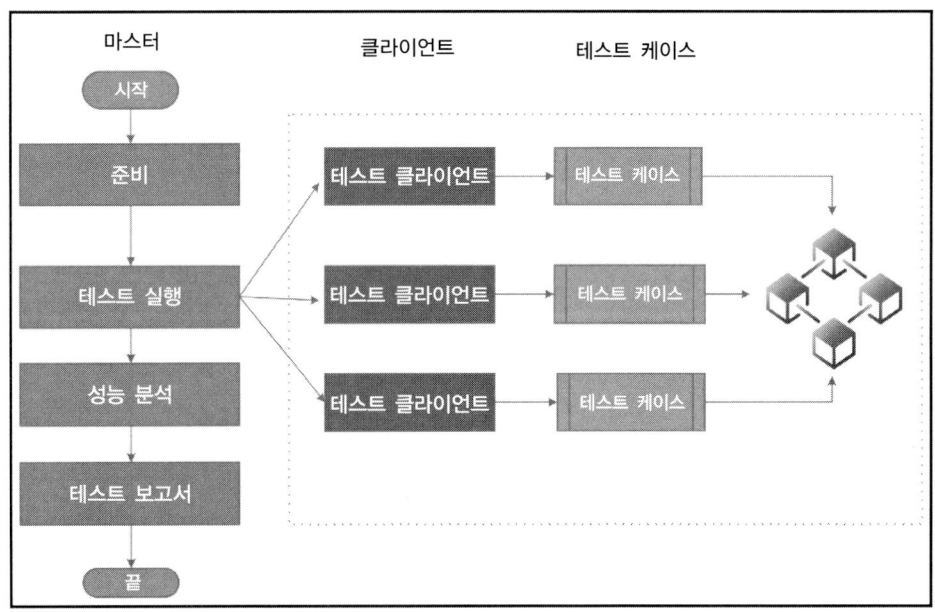

참고 사항

- Parth Thakkar. (2018). *Performance Benchmarking and OptimizingHyperledger Fabric Blockchain Platform*. Retrieved on January 23, 2019 from `https://arxiv.org/pdf/ 1805.11390.pdf`
- Mattias Scherer. (2018). *Performance and Scalability of Blockchain Networks and Smart Contracts*. Retrieved on January 23, 2019 from `http://www.diva-portal.org/smash/record.jsf?pid=diva2%3A1111497dswid=-8085`

APPENDIX

부록 Hyperledger 블록체인 생태계

본 장은 분산 원장 기술과 퍼미션 블록체인에 익숙하지 않은 사람들을 대상으로 합니다. 주요 목표는 Hyperledger 블록체인 개념을 살펴보고 Hyperledger 생태계에 필요한 지식과 중요한 기술 설계 방법론을 배우는 것입니다. 그 다음은 실제 유즈케이스를 통해 이들 기술을 적용할 시기를 배우는 것입니다. 본 장에 포함된 내용은 나머지 장을 더 잘 이해하는데 도움이 되며, 이 책에 포함된 예제를 보다 쉽게 완성할 수 있습니다.

Hyperledger 생태계의 작동 방식에 대해 이미 잘 알고 있는 독자들에게는, 본 장이 좋은 요약이 될 것입니다. 원하신다면 가장 관심있는 장으로 건너 뛰고, 필요할 때 정보를 찾으러 다시 오시면 됩니다.

본 장에서 다루는 내용은 다음과 같습니다.

- Hyperledger 제품군 소개
- Hyperledger 프레임워크 계층 구축
- Hyperledger로 비즈니스 문제 해결

이제 Hyperledger 생태계를 살펴보고, 이 책의 나머지를 살펴보겠습니다.

Hyperledger 제품군 소개

리눅스^{Linux} 재단은 2000년에 시작된 이래로 중요한 성과를 거두었습니다. 2015년 12월, 리눅스 재단은 Hyperledger 프로젝트를 오픈소스 환경으로 발표하고, 분산 원장 시스템 분석, 구축, 개발을 협업하기로 했습니다. Hyperledger 프로젝트를 만들면서 IBM, Oracle, Cisco, Red Hat, Accenture를 포함한 많은 주요 참여자를 유치할 수 있었습니다.

특히 Hyperledger는 퍼미션 블록체인 및 컨소시엄 네트워크를 위한 분산 원장 솔루션 구축에 중점을 둡니다. Hyperledger는 큰 IT 회사들로부터 인기를 얻고 있습니다. 금융업체 또한 블록체인 기술의 발전과 명성에 상당히 기여하였습니다.

Hyperledger는 블록체인을 구축하고 실험하기 위한 모듈식 오픈소스 프레임워크 및 도구로 구성된 협의체$^{Umbrella\ project}$ 프로젝트입니다. Hyperledger는 이런 프로젝트 구조를 엔터프라이즈 블록체인을 위한 온실^{greenhouse}이라고 부릅니다. 블록체인 기술을 활용하여 실용적인 어플리케이션 및 비즈니스 솔루션을 개발하기 위한 인큐베이터가 되는 것을 목표로 합니다.

새로운 프로젝트가 Hyperledger 생태계에 지속적으로 추가되고 있습니다. 글을 쓰는 시점에, Hyperledger는 10개의 액티브 프로젝트로 구성되어 있습니다. 각 프로젝트는 고유한 장점이 있으며 다양한 기능을 제공합니다. 안정화된 현재 10개의 프로젝트 중, 5개는 프레임워크이고 5개는 유틸리티 도구입니다.

우리는 여기서 각 프로젝트를 간략히 살펴볼 것입니다. 개별 프레임워크 및 도구에 대한 자세한 내용은 이 책 전반에서 확인할 수 있습니다.

프레임워크 프로젝트

프레임워크 프로젝트의 목표는 다양한 분산 원장 및 해당 컴포넌트를 구축할 수 있는 플랫폼을 제공하는 것입니다. 자세한 내용은 다음과 같습니다.

- **Hyperledger Fabric:** Fabric은 가장 널리 사용되는 Hyperledger 프레임워크입

니다. 스마트 컨트랙트(**체인코드**)는 Golang과 JavaScript로 작성되며, Docker 컨테이너에서 실행됩니다. Fabric은 뛰어난 확장성으로 유명하며, 성공적으로 확립된 아키텍처를 기반으로 기업이 분산 원장 네트워크를 구축할 수 있습니다.

- **Hyperledger Sawtooth**: Sawtooth는 1.0 버전에 도달한 두 번째 프로젝트입니다. Sawtooth-core는 Python으로 작성되었고, Sawtooth Raft와 Sawtooth Saber는 Rust로 작성되었습니다. 또한 JavaScript 및 Golang 컴포넌트가 있습니다. Sawtooth는 퍼미션 배포와 퍼미션리스^{permissionless} 배포를 모두 지원합니다. Hyperledger Burrow와의 협업을 통해 EVM[27]을 지원합니다.

- **Hyperledger Burrow**: Burrow는 EVM을 지원하는 최초의 퍼미션 원장입니다. Go로 작성되었으며 결정론적^{deterministic} 스마트 컨트랙트 엔진에 중점을 둡니다.

- **Hyperledger Indy**: Indy는 분산된 신원 관리를 목적으로 구축되었습니다. 서버 부분인 Indy 노드는 Python으로 작성되었고, Indy SDK는 Rust로 작성됩니다. 블록체인 또는 기타 분산 원장에서 디지털 신원을 관리하기 위한 도구 및 재사용 가능한 컴포넌트를 제공합니다.

- **Hyperledger Iroha**: Iroha는 복잡한 디지털 자산과 신원의 생성 및 관리를 목표로 설계되었습니다. C++로 작성되었으며 사용자 친화적입니다. Iroha는 접근 제어를 위한 강력한 역할 기반 모델을 가지고 있으며, 복잡한 분석을 지원합니다.

💡 도구 프로젝트

도구 프로젝트는 블록체인 네트워크 작업을 보다 쉽게 하기 위한 일련의 유틸리티를 제공합니다. 유틸리티는 성능 측정, 주문형$^{on-demand}$ 배포, 기존 비즈니스 모델을 사용한 비즈니스 네트워크 구축에 이르기까지 다양합니다. 다음은 Hyperledger 도구 프로젝트의 주요 내용입니다.

- **Hyperledger Composer**: Composer는 블록체인 비즈니스 네트워크를 빠르게 생성하기 위해 사용되는 도구 모음으로, JavaScript로 작성되었습니다. 개발 활동 측면에서 가장 활발한 도구입니다. Composer는 기존 비즈니스 모델과 블록

---

[27] (역자) EVM(Ethereum Virtual Machine): 이더리움 가상 머신

체인 어플리케이션 및 스마트 컨트랙트 간의 통합을 가속화하도록 설계되었습니다.

- **Hyperledger Explorer**: Explorer는 블록 세부 정보를 들여다볼 수 있는 대시보드를 제공하는데, 주로 JavaScript로 작성되었습니다. Explorer는 인증 플랫폼과 통합될 수 있으며, 타입스크립트typescript 기반의 Angular-built 반복iteration으로 Hyperledger Sawtooth 프레임워크를 지원합니다.

- **Hyperledger Caliper**: Caliper는 블록체인 성능을 측정하기 위한 벤치마크 도구로, JavaScript로 작성되었습니다. **초당 트랜잭션(TPS)**, 트랜잭션 대기 시간latency, 리소스 사용률 등을 측정합니다. Caliper는 유니크한 범용 도구이며, 기업이 분산 원장의 성능을 측정하는데 유용한 레퍼런스가 되었습니다.

- **Hyperledger Cello**: Cello는 주문형on-demand 배포 모델을 블록체인에 가져오는 프로젝트로, Go 언어로 작성되었습니다. Cello는 블록체인을 배포하고 관리하기 위한 자동화된 어플리케이션으로, 특히 분산 원장 기술을 통합하려는 기업을 위해 플러그 앤 플레이plug-and-play 형태를 가집니다. 또한 블록체인 상태, 시스템 활용도, 체인코드 성능, 블록체인 설정을 표시하는 실시간 대시 보드를 제공합니다. 현재 Hyperledger Fabric을 지원합니다.

- **Hyperledger Quilt**: Quilt는 원장 시스템 간의 상호 운용성interoperability 도구로, 완전한 운용atomic swap을 위해 ILPInterledger Protocol를 Java로 구현했습니다. Quilt는 엔터프라이즈 급의 ILP 구현으로, 지불 네트워크에 사용되는 핵심 Interledger 컴포넌트를 위한 라이브러리 및 레퍼런스 구현을 제공합니다.

이제 Hyperledger 생태계를 전반적으로 살펴봤으므로, Hyperledger 비즈니스 블록체인의 주요 설계 개념에 대해 논의하겠습니다.

Hyperledger 프레임워크 계층 구축

Hyperledger 프레임워크의 작동 방식에 대해 자세히 살펴보기 전에, Hyperledger 철학에 대해 기본적으로 이해하는 것이 좋습니다.

한눈에 보는 Hyperledger 설계 철학

다양한 산업의 다양한 요구사항을 해결하기 위해, 모든 Hyperledger 프로젝트는 다음과 같은 설계 철학을 따라야 합니다.

- **모듈식**^{Modular} : Hyperledger 아키텍처 워킹 그룹은 일반적인 문제(예. 정책, 합의, 암호화, 신원, 스마트 컨트랙트 등)를 해결하기 위한 기능 모듈을 정의합니다. 이 모듈식 접근 방식을 통해 서로 다른 개발자 커뮤니티가 독립적으로 작업하면서, 재사용 가능한 공통 빌딩 블록을 사용하여 확장 가능한 프레임워크를 개발할 수 있습니다.
- **높은 보안성**: 분산 원장에 강력한 보안을 제공함으로써, 소중한 데이터를 안전하게 유지하고 엔터프라이즈 블록체인이 참여하는 동기를 제공할 수 있습니다. Hyperledger 프로젝트는 리눅스 재단의 코어 인프라 이니셔티브에서 지정한 모범 사례를 따르고, 설계 단계부터 보안을 고려합니다. 모든 Hyperledger 알고리즘과 프로토콜은 보안 전문가 및 오픈소스 커뮤니티가 정기적으로 검토하고 감사^{audit}합니다. 자세한 내용은 https://www.coreinfrastructure.org/를 참조바랍니다.
- **상호 운용성**: 상호 운용성 및 분산 원장 기술에 대한 요구사항을 만족하기 위해서는, 대부분의 Hyperledger 스마트 컨트랙트와 어플리케이션을 다른 블록체인 네트워크에서 포팅^{porting}할 수 있어야 합니다.
- **암호 화폐 독립적**^{agnostic}: Hyperledger 프로젝트는 모든 토큰, 알트 코인, 암호 화폐와 직접적인 관계가 없습니다. Hyperledger도 자체 암호 화폐를 발행하지 않습니다. Hyperledger의 목적은 엔터프라이즈 블록체인 소프트웨어를 구축하는 것이지, 모든 종류의 암호 화폐를 관리하는 것이 아닙니다.
- **API**: 각 Hyperledger 프로젝트는 다른 시스템과의 상호 운용성을 지원하기 위해 풍부한 API 세트를 제공합니다. 이 API는 사용하기 쉬우며, 블록체인 기술이 다양한 산업으로 확장될 수 있도록 도와줍니다.

 이러한 아이디어에 대한 자세한 내용은 공식 Hyperledger 웹사이트와 관련 서적을 참조바랍니다.

이제 Hyperledger 프레임워크의 작동 방식을 살펴보겠습니다.

프레임워크 아키텍처 개요

Hyperledger 아키텍처 작업 그룹은 다음 표와 같이 9개의 비즈니스 블록체인 컴포넌트를 정의했습니다.

Table 1: Hyperledger Business blockchain components

Business Blockchain Component	Key Functions / Responsibilities
Consensus Layer	+ Generates an order agreement + Confirms correctness of block transactions; depends on Smart Contract Layer to validate transactions
Smart Contract Layer	+ Processes transaction requests + Validates transactions by executing business logic
Communication Layer	+ Transports peer-to-peer messages between nodes within a shared ledger instance
Data Store Abstraction	+ Allows other modules to use different data stores
Crypto Abstraction	+ Allows swap-out of different crypto algorithms with no impact to other modules
Identity Services	+ Establishes root of trust during initial setup of a blockchain instance + Enable identities and/or system entities enrollment, registration and changes management during network operation + Provides authentication and authorization
Policy Service	+ Manages various policies as specified by the system, including endorsement, consensus and group management policy + Interfaces and relies on other modules to enforce the polices
APIs	+ Enables applications/clients to interface with blockchains
Interoperation	+ Supports interoperation between different instances

9가지 컴포넌트 중, 합의 계층과 스마트 컨트랙트 계층은 비즈니스 블록체인의 근본fundamental입니다. 이에 대해 자세히 알아보겠습니다.

합의 계층

다양한 비즈니스 요구 사항을 충족시키기 위해, Hyperledger 커뮤니티 내에서 여러 가지 합의 메커니즘이 개발되고 있습니다. 합의 알고리즘에는 두 가지 주요 유형이 있습니다.

- **퍼미션 복권lottery 기반 알고리즘**: 경과 시간 증명Proof of Elapsed Time, PoET 및 **작업 증명** Proof of Work, PoW 포함
- **퍼미션 투표voting 기반 알고리즘**: 중복 비잔틴 결함 허용Redundant Byzantine Fault Tolerance, RBFT 및 Paxos 포함

다음 표는 합의 알고리즘 및 타입 목록, 장단점, 관련된 Hyperledger 프레임워크를 보입니다.

Table 2: Hyperledger Framework Consensus Algorithms / Types			
Hyperledger Framework	**Consensus Algorithm/ Type**	**Consensus Pros**	**Consensus Cons**
Fabric	Kafka / Permissioned voting-base; Order is done by leader; Only in-sync replicas can be leader	Offers crash fault tolerance, good speed of finality	Not Byzantine fault tolerant, system might not reach agreement in the case of malicious nodes
Sawtooth	PoET / Permissioned lottery-based, pluggable elect-ion strategy	Provides scalability and Byzantine fault tolerance	Moderate speed of finality, might need to resolve forks
Indy	RBFT / Permissioned voting-based strategy. Only orders requested by master instance are executed.	Offers Byzantine fault tolerance, good speed of finality	All nodes in the network are known and must be all connected; more nodes will need more time to reach consensus
Iroha	Sumeragi / Permissioned server reputation system	Offers Byzantine fault tolerance, good speed of finality	All nodes in the network are known and must be all connected; more nodes will need more time to reach consensus

스마트 컨트랙트

스마트 컨트랙트는 비즈니스 로직을 포함하는 코드입니다. 이 로직은 간단한 데이터 업데이트 일 수도 있고, 다양한 조건과 여러 당사자를 포함하는 보다 복잡한 트랜잭션 일 수도 있습니다. 스마트 컨트랙트는 블록체인 네트워크에 저장되며, 모든 노드에서 동시에simultaneously 실행될 수 있습니다. 네트워크가 시작되기 전에 블록체인의 검증자validators에 이미 설치된 비즈니스 로직을 '설치된installed 스마트 컨트랙트'라고 부릅니다.

다른 유형의 스마트 컨트랙트를 온-체인on-chain 스마트 컨트랙트라고 부릅니다. 비즈니스 로직이 커밋된 트랜잭션 형태로 블록체인에 배포되면, 이 코드가 원장의 일부가 되고 후속subsequent 트랜잭션에서 사용됩니다. 스마트 컨트랙트 계층은 합의 계층과 매우 밀접하게 작동하며, 다른 피어, 신원 서비스, 클라이언트 어플리케이션에 대한 합의도 포함됩니다.

스마트 컨트랙트 계층의 역할은, 트랜잭션 요청을 처리하고 비즈니스 논리를 실행하여 트랜잭션이 유효한지 확인하는 것입니다. 현재 4개의 Hyperledger 프레임워크가 스마트 컨트랙트를 지원합니다.

- Hyperledger Fabric
- Hyperledger Sawtooth
- Hyperledger Burrow
- Hyperledger Iroha

 Hyperledger 프레임워크는 워크플로우를 다르게 구현하도록 선택할 수 있습니다. 자세한 내용은 이 책의 다른 장 및 공식 Hyperledger 웹사이트를 참조바랍니다(https://www.hyperledger.org/).

스마트 컨트랙트가 블록체인 네트워크에서 트랜잭션 요청을 처리하는 절차를 살펴보겠습니다. 다음 그림에서 보이는 것처럼, 모든 Hyperledger 프레임워크에서 동일합니다.

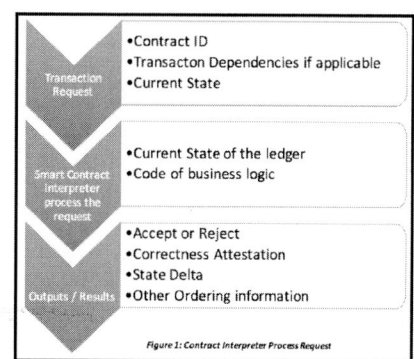

스마트 컨트랙트로 요청이 전송되면, 컨트랙트 ID, 트랜잭션 요청 정보, 현재 원장 상태, 모든 종속성이 컨트랙트 인터프리터에 의해 처리됩니다. 컨트랙트 인터프리터가 스마트 컨트랙트 코드를 실행합니다. 컨트랙트 인터프리터는 요청에 따른 결과를 생성하거나, 요청이 유효하지 않은 경우 요청을 거부합니다.

이제 Hyperledger 생태계를 활용하여 실제 비즈니스 문제를 해결하는 방법을 살펴볼 차례입니다.

Hyperledger로 비즈니스 문제 해결

실제 제품 구현의 대부분은 Hyperledger Sawtooth 및 Indy가 포함된 Hyperledger Fabric을 사용합니다. 본 섹션에서는 Hyperledger로 실제 비즈니스 문제를 해결하는 방법을 세 가지 예제를 통해 보이겠습니다. 다음 유즈케이스에서 Hyperledger Fabric, Hyperledger Sawtooth, Hyperledger Indy의 예를 살펴보겠습니다.

IBM과 Walmart – Hyperledger Fabric으로 식품 안전을 위한 블록체인 구축

유즈케이스는 문제 자체, 문제에 대한 접근 방식, Hyperledger Fabric을 사용한 최종 결과물로 나뉩니다.

문제

식품 안전은 세계적인 관심사입니다. 식중독으로 인해 매년 10명 중 1명이 병에 걸리고 약 40만 명이 사망합니다. 전 세계 식품 공급망에는 여러 참가자(예: 농부, 공급 업체, 가공 업체, 유통 업체, 소매 업체, 규제 기관, 소비자)가 있습니다. 음식과 관련된 질병이 발생하면, 음식의 출처와 상태를 추적하는데 며칠, 심지어 몇 주가 걸릴 수 있습니다.

접근 방식

Walmart와 IBM은 완전히 투명한 21세기의 디지털화되고 분산된 식품 유통 생태계를 계획하고 있습니다. 이 회사는 Hyperledger Fabric을 기반으로 식품 추적성food-traceability 시스템이라는 가설을 테스트했습니다. 이 테스트에는 두 가지 개념 증명proof-of-concept 프로젝트가 적용했습니다. 월마트의 미국 매장에서 판매된 망고와 중국 월마트 매장에서 판매된 돼지고기가 추적되었습니다.

결과

Hyperledger Fabric 블록체인 기반의 식품 추적 시스템은 두 경우 모두에서 정상적으로 작동했습니다. 중국 돼지고기의 경우, 이 시스템은 품질authenticity 인증서를 블록체인에 업로드 할 수 있게 함으로써 더 많은 신뢰를 가져왔습니다. 미국 망고의 경우, 출처를 추적하는데 필요한 시간은 7일에서 2.2초로 단축되었습니다.

시스템에서 다음 레코드가 추적됩니다.

- 농장 출처 데이터
- 배치batch 번호
- 공장 및 가공 데이터
- 만료 날짜
- 보관 온도
- 배송 정보
- 결과

파일럿 프로젝트 기간 동안, Walmart는 Hyperledger Fabric을 사용하여 5개 공급 업체의 25개가 넘는 제품의 출처를 추적할 수 있었습니다. Walmart는 최근 이 시스템을 더 많은 제품과 카테고리에 적용한다고 발표했습니다. 이 시스템을 사용하여 신선한 녹색 채소(예: 상추, 시금치)의 모든 공급 업체에게 제품을 추적하도록 요구할 것입니다.

Walmart와 함께, 많은 다른 회사들(예: Dole, Unilever, Golden State Foods, Tyson Foods, Kroger, Nestle)이 확장된 블록체인 협업expanded blockchain collaboration을 발표했습니다.

IBM의 엔터프라이즈 급 블록체인 플랫폼을 사용하는 이 연합은, 식중독 발생 원인을 격리하는데 걸리는 시간을 단축했습니다.

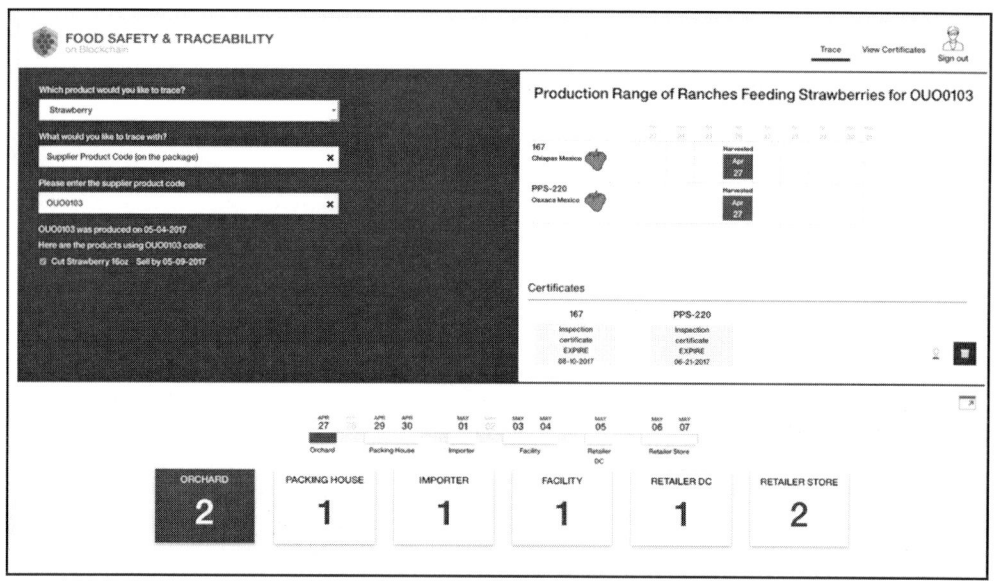

출처: IBM FoodTrust

💡 ScanTrust와 Cambio Coffee - Hyperledger Sawtooth 가 결합된 공급망 블록체인

ScanTrust SA는 안전한 고유 식별자를 사용하여 제품과 패키징을 연결하는 블록체인 기반 IoT 플랫폼을 제공합니다. 이를 통해 공급망의 투명성visibility을 보장하고, 모바일 제품을 인증할 수 있습니다. 포장 및 라벨 파트너는 ScanTrust를 통해 브랜드 소유자의 주문을 받고, 기존 자동화 제품 포장 및 라벨링 방법에 보안 코드를 통합할 수 있습니다.

문제

제품을 구입할 때, 제품의 출처를 확인하기 어렵습니다. ScanTrust는 공급망 추적 기능을 향상시키고, 고객인 Cambio Coffee가 자사의 윤리적 무역 사업에 더 많은 투명성을 제공하도록 도왔습니다.

접근 방식

Hyperledger Sawtooth는 퍼미션 배포와 퍼미션리스 배포를 모두 지원합니다. 여기에는 새로운 합의 알고리즘인 PoET이 포함되어 있는데, 이 알고리즘은 리소스 소비를 최소화해야 하는 대규모 분산 검증자를 타겟으로 합니다.

Hyperledger Sawtooth 워크플로우는 다음과 같습니다.

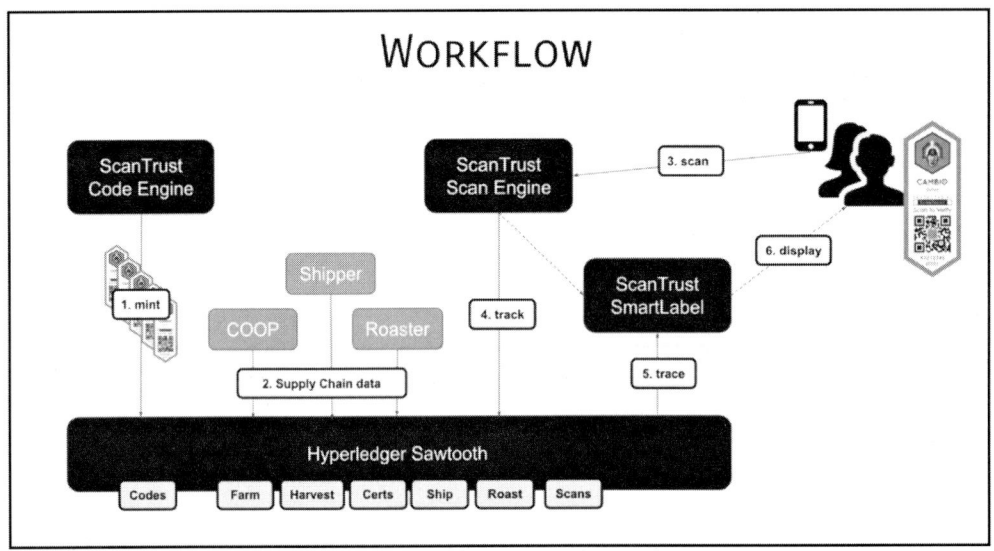

출처: ScanTrust

결과

두 가지 유용한 교훈을 얻었습니다. 먼저, 위조 방지 또는 기록 추적track-and-trace을 위해 추가한 제품 바코드를 고객 참여에도 사용할 수 있습니다(그 반대도 가능). 둘째, 위조 방지 및 고객 참여를 위해서는 고객이 바코드와 상호 작용하여 모든 혜택을 누리도록 해야 합니다. 별도의 인센티브가 필요할 수 있습니다.

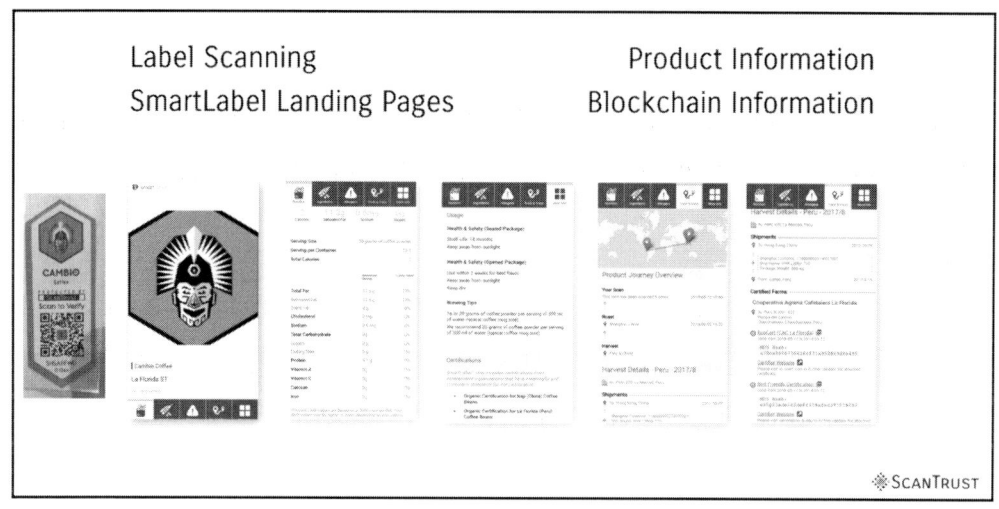

출처: ScanTrust

ScanTrust의 출처 추적 기능을 구축하는데 Hyperledger Sawtooth가 사용되었습니다. 예를 들어 직거래 유기농 커피 회사인 Cambio에서 커피 팩을 구입하고 스마트폰으로 라벨을 스캔하면, 커피가 아침 식사 테이블까지 도달한 여정 — 페루에서 수확한 뒤 선적에 이르기까지, 상하이에서 로스팅한 뒤 집으로 배달 — 을 볼 수 있습니다. 여정의 각 단계는 블록체인에 기록되므로, 데이터를 변조할 수 없습니다.

BC와 VON – Hyperledger Indy로 정부의 불필요한 행정 규제(red tape) 제거

브리티시 컬럼비아, 온타리오, 캐나다 정부가 시작한 **VON(Verifiable Organizations Network)**을 살펴 보겠습니다.

문제

캐나다 기업들의 최근 조사에 따르면, 캐나다에서 C$36,000,000,000의 규제 비용 중 거의 1/3이 불필요한 행정 규제입니다. 직원 수가 5명 미만인 회사는 규정을 준수하기 위해

근로자 당 C$6,744를 지불합니다. 캐나다의 단독 사업자라도, 적어도 세 가지 다른 세금 번호(SIN, GST/HST, CRA BN)를 사용해야 합니다.

접근 방식

정부에서 발행한 디지털 자격 증명서는 정부 양식을 작성하는데 필요한 시간을 절약할 수 있습니다. 또한 모든 정부 기관은 양식을 줄이거나 제거하고, 데이터의 정확성을 개선하며, 프로세스를 간소화할 수 있습니다.

Hyperledger Indy는 분산된 신원을 위한 도구, 라이브러리, 재사용 가능한 컴포넌트를 제공하는 오픈소스 프레임워크입니다. 조직에서 일하는 개인에게, 제어 가능한 자기 주권self-sovereign 신원을 지원합니다. 여러 개의 비밀번호와 로그인이 필요하지 않으며, 사업자가 누구에게 어떤 정보를 보여줄 것인지 제어할 수 있습니다. 이 모든 것이 VON에 이상적입니다.

이 팀은 공개 소프트웨어 스택을 조합하여, 사업자들이 신뢰할 수 있고 지속적인 디지털 관계를 구축하며 정부가 불필요한 행정규제를 폐지하게 도와줍니다.

결과

Hyperledger Indy 기반 컴포넌트를 통해, 정부 기관은 디지털 자격 증명을 쉽게 발급하고 검증하게 됩니다. VON 팀은 정부의 양식을 넘어서 광범위한 유즈케이스를 다루고자 했습니다. 유즈케이스의 예로는 의사, 간호사 및 엔지니어와 같은 회원을 등록하는 전문 협회, 식품을 유기농 또는 정결함kosher으로 인증하는 표준 그룹, 시설이 검사받았다는 인증이 필요한 사업체가 있습니다.

다음 예에서, VON은 다음 단계를 통해 동작할 수 있습니다.

1. Mary는 에코 투어 사업을 등록하고, 디지털 법인 자격 증명을 받습니다.
2. 은행의 온라인 대출 서비스가 법인 증명을 요구할 때, Mary는 디지털 법인 증명서를 제시합니다.
3. 은행은 Hyperledger Indy 기반 소프트웨어를 사용하여 Mary의 자격 증명을 확

인하고, 대출 거래를 완료합니다.

다음 그림에도 나와 있습니다.

출처: Verifiable Organizations Network

또한 OrgBook BC를 사용하여, 잠재적 공급 업체 또는 파트너의 올바른 이름을 https://orgbook.gov.bc.ca/en/organization/BC0578072에서 찾을 수 있습니다.

2019년 1월에 발표된 첫 번째 데모 프로젝트인 OrgBook BC에는 529,000개 회사의 디지털 ID와 1,400,000개의 자격 증명이 포함되어 있습니다. 다른 관할 지역에서도 비슷한 서비스가 제공될 예정입니다.

이 팀은 BC 정부의 서비스를 추가하여 OrgBook BC를 확장할 계획입니다. 그러나 이것이 끝이 아닙니다. 허가와 면허를 발급하는 BC 정부의 160개 지방 자치 단체를 지원할 예정입니다. 이들 지방 자치 단체의 대부분은 IT 기술이 제한된 소도시입니다.

찾아보기

B

byfn.sh 12

C

Camenisch-Lysyanskaya 252
chaincode-docker-devmode 57
channel 3
Composer CLI 명령 85
CouchDB 29
Credential 251
cryptogen 13
cURL 9

D

DID 250
Docker 9
Docker Compose 10

E

endorsement 3
Ethereum 178
EVM 178

F

Fabric CA 2, 269
Fabric 원장 3

G

Go 10

H

Hyperledger Caliper 277
Hyperledger Cello 292
Hyperledger Composer 77
Hyperledger Composer REST 서버 103
Hyperledger Explorer 109
Hyperledger Indy 243
Hyperledger Iroha 215
Hyperledger Quilt 292
Hyperledger Sawtooth 129

I

Iroha 데몬 명령 223

K

Kafka 264

M

Membership Services Provider, MSP 3

N

NBI(Northbound Interfaces) 인터페이스 277
Node.js 10
npm 패키지 관리자 10

O

organization 3

P

peer 2

peer CLI 명령	63		**ㅂ**	
Playground	77, 100		보증 정책	3
pseudonym	250		비즈니스 블록체인 컴포넌트	294
Python	10			

R

RBFT(Redundant Byzantine Fault-Tolerance)	244
Remix	184

ㅅ

스마트 컨트랙트	296

S

Self-sovereign identity	244
Seth	179
Seth RPC	210
Solidity	178
Steward	250

ㅇ

영지식 증명	244
오더링 서비스	2

T

Tendermint 프로토콜	179
Trust Anchor	250

ㅈ

자격 증명	251
자체 주권 신원	244
조직	3
지갑	249

ㅊ

채널	3
체인코드	43

V

Verinym	250

ㅌ

트랜잭션 도달률	266
트랜잭션 프로세서	155
트랜잭션 핸들러	155

Y

Yet Another Consensus(YAC)	215

ㅍ

피어	2

Z

Zero knowledge proof	244

ㅎ

합의 알고리즘	295

ㅁ

멤버십 서비스 제공자	3